心理健康教育读本

魏丽丽　冯先杰　侯艳丽　主编

·郑州·

图书在版编目(CIP)数据

心理健康教育读本/魏丽丽,冯先杰,侯艳丽主编. —郑州:河南大学出版社,2017.7
ISBN 978-7-5649-2983-1

Ⅰ.①心… Ⅱ.①魏… ②冯… ③侯… Ⅲ.①心理健康—健康教育—高等学校—教学参考资料 Ⅳ.①G444

中国版本图书馆 CIP 数据核字(2017)第 195984 号

责任编辑　朱春华　姚占伟
责任校对　朱春华
封面设计　王　韧

出　版	河南大学出版社		
	地址:郑州市郑东新区商务外环中华大厦 2401 号		
	邮编:450046	电话:0371-86059701(营销部)	
	网址:www.hupress.com		
排　版	郑州市今日文教印制有限公司		
印　刷	郑州市运通印刷有限公司		
版　次	2018 年 2 月第 1 版	印　次	2018 年 2 月第 1 次印刷
开　本	787mm×1092mm　1/16	印　张	15.5
字　数	368 千字	定　价	38.00 元

(本书如有印装质量问题,请与河南大学出版社营销部联系调换)

编者寄语

　　大学生是当今社会最活跃、最富有朝气、最敏感的群体,往往首当其冲地受到各种变化的冲击。大学阶段是大学生世界观、人生观、价值观形成的关键时期,也是大学生心智成熟的重要阶段。理想与现实、独立与依赖、社交与封闭等矛盾相互交织,考验着大学生的心理承受能力。如何避免或消除心理压力造成的心理障碍或危机,以正常的心理状态适应当前复杂的社会环境,提高大学生综合素质,塑造健全人格,开发潜能,增强心理健康教育的针对性、实效性,使大学生保持乐观、积极的人生态度,促进其人格完善,成为大学教育工作中不可缺少的内容。它将对21世纪人才的培养质量产生积极而深远的影响,所以,开展大学生的心理健康教育,全面提高跨世纪人才素质是高等教育需要面临和解决的问题之一。

　　为了使心理健康教育的内容体现全面性、实用性、针对性和可操作性,我们结合部分高校开展心理健康教育的工作经验,参考国内外心理健康教育专家的研究及实践成果,并紧密结合大学生学习生活的实际,编写了《心理健康教育读本》。本教材以为大学生提供心理健康指导、普及心理健康知识为出发点,旨在帮助大学生解决现实生活和学习中遇到的各种心理问题,并为其正确处理各种心理问题提供科学的方法。本教材具有如下特点:

　　1.《心理健康教育读本》是专为高校在读大学生编写的心理健康教育教材,理论联系实际,针对性强。它将心理学原理与大学生思想动态相结合,针对在校大学生存在的心理问题作了认真分析并结合理论依据,提出了一些建议。

　　2.本教材内容编排遵循科学性、系统性、可操作性的原则,旨在促进大学生掌握心理学知识体系。

　　3.本教材既有案例分析,又有知识拓展、心理测试、心理能力训练等教学环节;既可以活跃课堂气氛、加深课堂知识的认识和理解,也可以增加大学生的自我探索能力。

　　本书由魏丽丽、冯先杰、侯艳丽任主编,李敏、王彦、马卓昊等任副主编。具体分工如下:侯艳丽、冯先杰编写第一、二、三、四章,魏丽丽编写第五、六、七、八章,王彦、李敏编写第九、十章,冯先杰、马卓昊编写第十一、十二章。这些老师既有丰富的教学经验,又有在高职院校一线学生心理咨询的经历。希望本教材能够更多地满足学生的心理需求。

本书既可作为高等院校心理教育、心理咨询及其他专业的公共教材，也可以作为广大心理卫生工作人员业余学习用书，同时也可作为对广大青少年进行心理健康教育的科普书。

在本书的编写过程中，我们借鉴了一些心理学著作和相关资料，有的在书中加以说明，有的则限于条件不能一一列出。在此向其作者表示衷心的感谢。另外，由于时间仓促、编者理论水平有限，本书难免存在不当之处，欢迎广大读者、专家批评指正。

编 者

2017 年 3 月

目 录

第一章 心理健康概述 …………………………………………… (1)
 第一节 心理健康的含义及标准 ……………………………… (1)
 第二节 大学生心理健康的现状 ……………………………… (6)
 第三节 大学生心理健康教育 ………………………………… (15)

第二章 大学生心理健康教育的生理基础 ……………………… (23)
 第一节 心理的本质 …………………………………………… (23)
 第二节 心理的生理基础 ……………………………………… (26)
 第三节 大学生的生理特点与心理健康教育 ………………… (29)

第三章 大学生心理健康教育的人格基础 ……………………… (36)
 第一节 人格概述 ……………………………………………… (36)
 第二节 大学生的人格障碍 …………………………………… (40)
 第三节 健全人格的塑造 ……………………………………… (47)

第四章 情绪、情感与心理健康教育 …………………………… (54)
 第一节 情绪和情感概述 ……………………………………… (54)
 第二节 情绪、情感的表现与种类 …………………………… (59)
 第三节 大学生常见负性情绪 ………………………………… (63)
 第四节 大学生情绪、情感的调控 …………………………… (66)

第五章 人际关系与心理健康教育 ……………………………… (74)
 第一节 人际关系 ……………………………………………… (74)
 第二节 大学生的人际关系与心理健康 ……………………… (79)
 第三节 人际交往的原则和艺术 ……………………………… (91)

第六章　大学生学习与心理健康 （99）

第一节　学习概述 （99）
第二节　学习动机 （105）
第三节　大学生常见的学习心理问题与调适 （109）

第七章　大学生恋爱心理与心理健康 （117）

第一节　爱情概说 （118）
第二节　大学生恋爱问题与调适 （126）

第八章　大学生性心理与心理健康 （137）

第一节　性心理健康概述 （138）
第二节　大学生性心理的发展特征 （139）
第三节　大学生性心理困扰及调适 （143）
第四节　大学生性心理健康教育对策 （151）

第九章　互联网与心理健康 （158）

第一节　互联网与大学生 （159）
第二节　网络与大学生心理健康 （163）
第三节　网络成瘾 （167）
第四节　大学生互联网应用教育对策 （172）

第十章　择业中的心理问题与自我调适 （177）

第一节　大学生择业心理与准备 （177）
第二节　大学生的就业与心理健康 （183）
第三节　职业生涯规划 （188）
第四节　求职技巧 （193）

第十一章　心理健康的自我维护 （200）

第一节　挫折与适应 （200）
第二节　心理危机的觉察与干预 （208）

第十二章　大学生心理咨询 （224）

第一节　心理咨询概述 （224）
第二节　大学生常见心理问题及类型 （232）
第三节　对心理咨询认识的误区 （234）

参考文献 （240）

第一章　心理健康概述

引　言

心理健康教育是大学生的一门必修课。本章主要介绍了心理健康的含义及标准、大学生心理健康现状、大学生心理健康教育的基础知识。通过本章的学习,同学们对大学生心理健康教育应有初步的认识,了解大学生心理健康的标准,为后续学习奠定基础。

学习目标

1. 了解什么是健康、什么是心理健康,认识心理健康的重要性。
2. 了解大学生心理发展的特点。
3. 掌握大学生心理健康判断标准和常见的心理问题。

第一节　心理健康的含义及标准

一、健康的概念

1948 年,联合国世界卫生组织(WHO)成立时,在其宪章中开宗明义地指出:健康不仅仅是没有病症,而且是在身体上、心理上和社会上的完满状态。

为了加深人们对健康的认识,世界卫生组织对健康的标准作了如下解释:一是有充沛的精力,能从容不迫地应付日常生活和工作压力而不感到过分紧张;二是态度积极,乐于承担责任,不论事情大小都不挑剔;三是精神饱满,情绪稳定,善于休息,睡眠良好;四是能适应外界环境的各种变化,应变能力强;五是能够抵抗一般性的感冒和传染病;六是体重得当,身材匀称,站立时头、肩、臂的位置协调;七是反应敏锐,眼睛明亮,眼睑不发炎;八是牙齿清洁无空洞,无痛感,无出血现象,牙龈颜色正常;九是头发有光泽,无头屑;十是肌肉和皮肤富有弹性,步伐轻松自如。

1989 年,世界卫生组织将健康作了进一步解释:健康不仅是没有疾病,而且包括躯体健康、心理健康、社会适应良好和道德健康。

心理健康包括两层含义：一是无心理疾病，这是心理健康的最基本条件；二是具有一种积极发展的心理状态，即能够维持自己的心理健康，主动减少问题行为和解决心理困扰。

由此可见，衡量一个人是否健康必须从生理、心理和社会行为等方面加以分析，健康是生理健康和心理健康的协调统一。

二、心理健康的特质

精神医学者孟尼格尔（Karl Menninger）认为，心理健康是指人们对于环境及相互之间具有高效率及快乐的适应情况；不只是要有效率，也不只是能有满足感，或是能愉快地接受生活的规范，而是需要三者俱备；心理健康的人应能保持平静的情绪、敏锐的智能、适于社会环境的行为和愉快的气质。

心理学家英格里斯（H. B. English）给心理健康的定义是：心理健康是指一种持续的心理状况，当事者在那种情况下能进行良好的适应，具有生命力，并能充分发展其身心的潜能。

我国张伯源和王登峰在《大学生心理卫生与咨询》一书中将心理健康概括为：了解自我，悦纳自我；能协调和控制情绪，心境良好；人格完整和谐；智力正常，智商在80以上；心理行为符合年龄特征。

综合各家的见解，可将心理健康者的特质归纳为以下几点。

（一）积极的自我观念

（1）心理健康的人能够体验到自己的存在价值。他们了解自己的长处与短处，能进行适当的自我评价，不过分自我炫耀，也不过于自我责备，即使对自己有不满意的地方，也不妨碍其感受自己较好的一面。能悦纳自己，同时也觉得自己能为他人所接纳。心理不健康的人，则缺乏自知之明，或自高自大，目空一切；或只看到自己的缺点，对自己总是不满意。心理不健康的人由于所定的目标和理想太高，主观愿望与客观现实相距甚远，因而总是自责、自怨甚至自卑。

（2）心理健康的人有遵循社会行为规范的能力，既不过分放纵自己，也不会过分压抑自己，能实在而坦然地管理自己的言行。

（3）心理健康的人自我与镜我（即"镜中我"，由美国社会学家查尔斯·霍顿·库利在《社会组织》一书中提出）趋同性较强。一个人自己眼中的我和别人眼中的我是否一致也非常关键：二者愈趋于一致，心理愈健康；若不一致，则容易造成心理困扰。

总之，一个人心理健康的人由于有着积极的自我观念，其"理想我"与"现实我""应该我"与"实际我""镜像我"与"真实我"之间通常是协调一致的，即使有差异，也不会对其心理健康构成威胁，反而有可能促进自我的发展。

（二）悦纳他人

心理健康的人乐于与人交往，既能接受自我也能接受他人、悦纳他人，认可他人存在的重要性和作用,因而也能为他人和集体所接受,人际关系融洽。实际生活中,朋友可以满足个人的安全与归属的需要,满足爱与被爱的需要;朋友能替自己分忧解愁,有助于心理健康。良好的人际关系既反映一个人的社交能力和悦纳他人的特质,同时也是心理健康的标志之一,因为在与他人交往时感到舒服自在,感到安全与信任。一个心理健康的人,其个人思想、目标、行为能融入社会要求和习俗,能重视团体需要,并能有效地调控为社会所不容的欲望。

（三）面对现实

每一个人都是从过去经现在走向未来。心理健康的人能够面对现实、接受现实,而不会沉湎于过去或陷入不切实际的幻想之中;能总结和利用过去的经验,依据现在策划将来;既能重视现在,也能权衡过去、现在与未来的关系,预见即将来临的问题和困难,并事先设法加以解决。而心理不健康的人往往以幻想代替现实,没有足够的勇气去接受现实的挑战,常常抱怨自己生不逢时或责备环境不公而怨天尤人,对未来十分悲观。当然,心理健康的人也会遭遇挫折,也有面对失败的时候。但心理健康的人对各种经历,都能持开放的态度,既不会否认或推诿,也不会因此而否定自己,而能将其视为自身经验的一部分,坦然面对,从容应对。

（四）认知完整

每个人每天都要承受环境中的种种压力,因此对现实有正确的觉知并作出合理的解释是相当必要的。为此,正常的智力水平是心理健康必不可少的保证。心理健康的人能与现实保持良好的接触,能对环境作出客观的观察、进行有效的适应,而不是歪曲现实环境。心理不健康的人却往往对现实缺乏正确的觉知能力,杯弓蛇影,心神不宁。

（五）情绪适度

心理健康的人能恰当地调控自己的情绪,使其心情以喜悦、愉快、乐观、满意等积极的情绪状态为主,虽然也会有沮丧、愤怒、悲伤、恐惧等消极的情绪状态,但不会长久持续。其情绪表达是适度的,控制恰如其分,不会太过或不及。情绪如果不加以控制或过分压抑都有损心理健康。心理健康的人当然不是没有七情六欲,重要的是在情绪方面能够恰当地估量并表现得合乎情境。疏解消极情绪对心理健康尤为重要。如果对消极情绪不加以调控,经常以消极的情绪和态度看待人生,不仅情绪上会愈加忧郁和沮丧,而且也会感到压力越来越多、越来越重,身心不堪重负。因此,心理健康的人,心境通常是开朗、乐观的。

（六）热爱生活

心理健康的人珍惜和热爱生活,并享受人生的乐趣,而不会视生活为负担。心理健康的人乐于学习,积极工作,在学习和工作中施展才能,并能够从学习和工作成绩中得到满足和激励。对学习和工作的投入,能使人获得成就感并提高自我价值,有益于心理健康。乐于学习和工作,既反映出一个人的学习和工作能力,同时也是心理健康的一个重要指标。一个心理健康的人是热爱生活、乐于学习、勤于工作的人。

（七）丰富的人生经验

心理健康是一个实践过程。就像身体的健康需要有足够的营养和适当的锻炼一样，心理的健康也只有在个人有了丰富的人生阅历，历经生活磨炼，不断战胜挫折与失败之后，才可能真正建立起来。心理健康绝不等于心情愉快、没有烦恼那么简单，它必须从生活实践中得出，并经得起实践的检验。很难想象，一个思想简单、生活经历贫乏、一帆风顺的人，在复杂多变的现实社会环境中能拥有真正意义上的心理健康。

三、大学生心理健康的标准

大学生是一个特殊的群体。他们在情感上较社会青年更加敏感，在经济上不能自立。在人际关系方面，他们大多远离家乡，缺乏家庭的照顾。校园生活使他们脱离社会，集体生活又使他们缺乏个人空间。大学生的书本知识比较丰富，而社会经验却相对缺乏；思维活跃，但脱离实际。因此，大学生除了可能产生一般的心理问题外，这些特殊的环境还会使他们产生一些特殊的心理问题。大学生心理健康的标准既要符合一般人心理健康的标准，又要体现大学生的心理发展规律与特点，以及他们特定的社会道德的要求。据此，大学生心理健康的标准主要有以下几个方面。

（一）人格完整

人格完整是指有健全统一的人格，即表现在能力、气质、性格和动机、兴趣、理想、信念、世界观等各方面能平衡与和谐发展，不存在明显缺陷与偏差。大学生应以积极进取的人生观作为人格的核心，并以此有效地支配自己的心理行为。个体的所想、所说、所做都是协调一致的，即胸怀坦荡、言行一致、表里如一。

（二）智力正常

智力是人的观察力、注意力、记忆力、想象力、思维力、实践活动能力等的综合水平。一般来说，大学生的智力是正常的，其智力的总体水平高于同龄人。衡量大学生的智力是否正常，关键在于其是否正常地、充分地发挥了自我效能，即是否有强烈的求知欲，是否乐于学习，能否积极参与学习活动。

（三）情绪健康

情绪健康的主要标志是情绪稳定和心情愉快，这是心理健康的重要标志。情绪异常往往是心理疾病的先兆。大学生应能经常保持愉快、开朗、自信、满足的心情，善于从学习、生活和人际交往中寻求乐趣，对生活充满希望，情绪稳定，具有调节、控制自己的情绪以保持与周围环境动态平衡的能力。

（四）意志健全

意志是人意识能动性的集中表现，是人的重要精神支柱。意志健全是指大学生应有坚强的意志品质:目的明确合理,自觉性高;善于分析情况,能果断地作出决定;坚韧,有毅力,心理承受能力强;自制力好,既有实现目标的坚定性,又有排除干扰实现目标的愿望、动机、情绪和行为,不放纵任性。

(五)适应能力强

不能正确处理与周围现实环境的关系是导致心理障碍的重要原因。较强的适应能力是大学生心理健康的主要特征,其表现为:能适应大学的学习、生活和人际关系,迅速完成从中学到大学的转变;对所在学校自然环境有较好的适应能力;能和社会保持良好的接触,能正确认识社会、了解社会,心理行为能顺应社会文化的进步趋势;发现自己的目标、行为与社会需要发生矛盾和冲突时,能迅速进行自我调节和修正,以谋求和社会的协调一致,而不是逃避现实,更不是与社会需要背道而驰。

(六)正确评价自己

正确地认识、了解、悦纳自己是大学生心理健康的重要条件。一个心理健康的大学生能体验到自己的存在价值,有自知之明,能对自己的能力和性格作出恰当、客观的评价,悦纳自己的优点和缺点(如身高、相貌等)。一个心理健康的大学生对自己不会提出苛刻、非分的期望与要求,不会跟自己过不去,设定的生活目标和理想也能切合实际。同时,他们会努力发挥自身的潜能,即使面对无法补救的缺陷,也能正确接受。

(七)和谐的人际关系

建立和谐的人际关系是人们获得心理健康的重要途径。大学生和谐的人际关系应体现在:乐于与人交往,且交往动机端正,既有稳定而广泛的人际关系,又有知心朋友;在积极的交往中保持独立的人格,有自知之明,不卑不亢;能客观地评价别人和自己,在交往中善于取长补短、宽以待人、友好相处、乐于助人。

(八)心理行为符合大学生的年龄特征

在人们生命发展的不同年龄阶段,都具有相对应的心理行为表现模式。大学生应具有与年龄和角色相适应的心理行为特征,即举止言行符合其年龄特征,这是心理健康的表现。

正确理解大学生心理健康的标准应重视的方面

一、心理健康标准的相对性

事实上,大学生心理健康与不健康并无明显界限,而是一个连续、动态的过程。如果将正常比作白色,将不正常比作黑色,那么在白色与黑色之间存在着一个较大的缓冲区域——灰色区,大多数人都分布在这一区域内。

二、整体协调性

把握心理健康的标准,应以心理活动为本,考察其主客观世界的整体协调性。从心理过程看,健康的人的心理活动是一个内外统一的协调体,这种整体协调保证了个体在反映客观世界过程中的准确性和有效性。

三、个性的相对稳定性

每个人都有自己长期形成的稳定的个性心理。人的个性在没有明显和剧烈的外部因素影响下是不会轻易发生变化的。

四、发展性

不健康的心理是人在发展中不可避免的发展性问题,这个问题会随着个体的心理成长逐渐被调整,并使之趋于健康。

心理健康的标准是多层次、多方面的,要科学、正确地判断一个人的心理是否健康,必须从多个角度进行考察,还要结合不同地区、不同民族、不同文化、不同时代的具体情况综合考虑。

第二节 大学生心理健康的现状

一、大学生心理健康的现状

(一)大学生的心理特点

大学生正处在人的第二次生长发育高峰后期,他们的身体发育逐渐成熟,身体形态日趋稳定,器官机能日益完善。但大学生的心理发展明显地表现出与生理发展不同步,即心理发展滞后于生理发展,处于走向成熟但又不完全成熟的阶段。

1. 智力发展达到高峰

大学生一般思维敏捷,接受能力强,通过专业训练、系统学习,抽象逻辑思维能力得到充分的发展,智力水平大大提高,分析问题、解决问题的能力增强,其智力层次含有较多的社会性和理论色彩。这一显著特点,使大学生心理活动的内容得到极大的丰富。

2. 自我概念的增强与认知能力发展的不协调

自我概念是指个体对自身的认知、他人和自己关系的认知,以及伴随自我认知而产生的情感体验和伴随自我认知、自我情感而产生的思想倾向和行为倾向(表现为个体对思想和行为的发动、分配、维持和定向)。它是认识、情感、意志的综合体,是人心理发展过程中一个极为重要的方面。自我概念的发展不仅与年龄有关,而且与人的知识水平有关。一个人的文化素质越高,其自我意识就可能越强。大学生更多的是眼光向内,注重对自己进行体察和分析,即自我分化为主体的我和客体的我,以及理想的我和现实的我。

大学生与同龄人相比,往往有更多的成功经历,受到过较多的赞美,也被寄托了更多的希望,因此他们的自我评价偏高。大学校园这种特殊的环境,又是十分强调独立、注重自我确立的地方。许多大学生在较大的程度上按照自己的方式安排自己的生活,有着一种宽松自由的氛围。同时,由于大学生所处的独特的社会层次及具有较高的文化素质,所以他们对社会上的事有着自己的见解,他们看问题的视野可能与一般人有所不同,有一种以天下为己任的抱负和心愿。他们对事物的认识,表现出一定的片面性和幼稚性,还不能深刻、准确、全面地认识问题。这种认识与他们极强的自我概念不相协调,这种不协调可能会一直困扰着他们。

3. 思维活跃

大学生已不再满足于形式逻辑思维的水平,而是继续走向更高一层,即辩证思维。对问题的思考不限于寻求原因与结果的逻辑关系,而是把由经验决定的合理性判断也引入思考过程中,并把它当作重要的标准来使用。其思维已转向对现实计划的思考,这样的思维能力可为生活定下更明确的目标,做出更详细的准备。

4. 情绪、情感日益丰富而不稳定

大学生是一群正在成长的青年,是一个极其敏感的群体。他们的内心体验细腻微妙,对与自身有关的事物往往体察得细致入微。由于大学生内心的需要结构发生了变化,追求有其独特性,而他们的价值观念尚不稳定,时常处于波动、迷惘、抉择之中,其心理成熟又落后于生理成熟。因而,他们的情绪变化起伏大,易受周围环境变化的影响;心境变化快,情感是不稳定的。他们一方面对学习、工作、师长、同学、友谊、爱情以及对周围事物充满积极情感;另一方面又容易走向极端,出现各种不良反应或消极情绪。

5. 大学生性生理已发育成熟,性意识开始觉醒,感情欲望逐渐增强

大学生正处于青年中期,生理发育已基本完成,所以性意识的明朗化与进一步发展都是正常的。加上大学校园是年轻人的世界,每个大学生都有充分的机会与同龄的异性接触。因而意识的发展以及与之相伴而来的恋爱问题是大学生心理发展过程中的一个重要内容。一方面,性意识的发展带来强烈的按照性别特征来塑造个性和形象的精神向往,每个大学生都会在心里产生一种愿望,即成为什么样的男子或女子;另一方面,性意识的发展也带来了对异性的倾慕与追求,而这种愿望,会与大学生还不善于处理与异性之间的关系,或者他们的经济地位与心理成熟度还不足以应付这种问题相矛盾,从而带来种种不安和烦恼。

6. 社会需求迫切

为了接受系统严格的专业训练,大学生在校园里的生活期限比同龄人长,这使他们与社会有一定距离。也正因为如此,他们渴望加入社会的愿望更为迫切。在校园里,他们关注着社会,评判着各种社会现象,并希望自己加入进去,按照自己的想法去改变各种令人不满意的现象,用自己所学的专业知识服务于社会,体现自己的力量,实现自身的价值。这种迫切的社会需求与大学生正在形成的价值观相互作用,是他们将来走向社会的重要心理依据。这种心理特点支配、指导着大学生的学习态度,从而对大学时代的生活质量产生重要的影响。

(二) 大学生心理健康的状况

最近,有调查研究表明,虽然我国大学生的心理健康是主流,但有些状况令人担忧,主

要表现在以下几个方面:

1. 心理健康不佳者呈上升趋势

据有关统计资料介绍,我国高校学生的心理障碍发生率1989年是20.23％,1999年是29.30％。但这种状况还在恶化。2004年,沈阳某高校对其中3384名大学生的心理状况进行了调查。调查结果显示,41.54％的学生有心理问题,51.54％的学生有偏执倾向。并且在调查中发现有轻生想法的学生占总数的1.5％。据卫生部、世界卫生组织驻华代表处等机构透露,有16.0％到25.4％的大学生有心理障碍,这种心理障碍表现以焦虑不安、恐怖、神经衰弱、强迫症和抑郁情绪为主。研究还表明,心理健康问题女生比男生严重,农村同学比城市同学严重,一般院校比重点院校严重。

2. 心理健康问题是造成大学生辍学、自杀的主要原因

据北京市对16所院校的调查分析,因心理疾病休学、退学人数分别占因病休学、退学人数的37.9％和64.4％。在因心理疾病休学、退学的学生中,神经症患者分别占76.1％和54.8％,而神经症又以神经衰弱为主。最近几年,沈阳每年都有因心理问题而自杀的大学生,也有因心理问题离家出走的大学生,而且这种状况有上升的趋势。

3. 独生子女大学生心理障碍突出

据对天津市的有关院校调查显示,天津高校的独生子女数量大约占到大学生总数的51％;近年来出现轻微和重度心理问题的人越来越多,其中因双方同是独生子女互不体谅对方,导致恋爱失败使学业受到影响,并引发自杀倾向的,占到有自杀动机人群的90％以上。天津市一所高校近一年来接待处理不好宿舍人际关系,导致抑郁症、焦虑症、强迫症等症状的心理咨询达700余人、1100余人次,为患有严重心理障碍的学生办理休学、退学和转诊30余人次。

目前,大学生在不同情境、不同发展阶段所面临的心理问题是不同的。比如刚入学的学生不适应环境,容易出现独立与依赖的矛盾;面临理想与现实的反差,容易产生失意、压抑、焦虑甚至神经衰弱症。就学习方面来说,一是无法承受学习上的压力;二是缺乏学习兴趣,导致厌学情绪;三是存在学习困难,没有找到良好的学习方法。就人际关系方面来说,宿舍人际关系紧,与异性交往有困难。还有自我方面的问题,如自我评价问题、自我体验问题、自制力问题等。高年级学生面临着就业艰难,毕业就意味着失业的压力、恐惧、困惑、烦躁打破了他们的心理平衡,使他们意志消沉,对生活缺乏信心,对前途失去信心,对处境无能为力,找不到人生目标,更有甚者觉得生存没有意义。

不同地区、不同高校对大学生心理健康状况的调查表明,目前大学生心理问题主要包括三个方面:心理困惑、心理障碍、心理疾病。其中大部分学生有心理困惑,这是轻微的心理问题,并不影响学生的健康发展。但轻微的心理问题如得不到及时的调节和疏导,则会发展成为比较严重的心理障碍。而心理障碍如得不到及时的调适和治疗,就会发展为心理疾病。而心理疾病会严重影响到人的健康,影响到人的全面发展。

(三)大学生心理困惑的主要表现

1. 发展目标不明确

上大学前目标十分明确,一切服从这个目标,所以披星戴月、废寝忘食,哪怕是放弃最喜欢的游戏,也无怨无悔,苦战备考劲头十足。但一旦考上了大学,特别是自己不理想的学校,就变得苦闷,找不到发展目标,苦恼至极。

2. 学习不适应

大学的学习方法和中学有很大不同。有不少学生习惯了中学那样的处处离不开老师指导的学习方法,对大学以主动式、探索式为特点的学习方式难以适应。

3. 自我评价失当

有些学生到了大学后,发现很多同学多才多艺,自己相形见绌,原来的优越感和受宠地位顿时化为泡影,自尊心受到挫伤。这些学生如果不善于辩证思考和正确对待现实问题,就会产生消极的自卑感,这会妨碍自己的正常发展。

4. 恋爱心理困惑

有一部分学生思想上缺乏必要准备,更没有形成客观的择偶标准,在性心理的骚动以及感情的引导下,迅速冲破友谊的界限,谈起了恋爱。但他们缺乏解决恋爱中矛盾与冲突的修养和能力,当遇到挫折时,不知如何处理,就会产生压力与困惑。

(四) 大学生心理障碍的主要表现

心理障碍是指因为个人以及外界因素造成心理状态的某一个方面(或几方面)发展的超前、停滞、延迟、缩退或偏离。它是影响个体正常行为和活动效能的心理因素。大学生心理障碍主要表现在以下几个方面。

1. 人际关系敏感

人际关系敏感主要指在人际交往中的不自在感和自卑感。有调查表明,有半数学生有人际交往方面的心理困惑。它主要表现为:交往者缺乏主动性,在正式场合和人多的情境中紧张不安,害怕被人注视,但又不甘心被人冷落;过分在乎他人的态度,怕别人不理睬自己,担心他人的耻笑和拒绝;做事追求完美,要有绝对把握才敢尝试。还有的学生表现为在与他人交往过程中,经常发生一些摩擦、冲突和情感损伤。这一切难免引起一部分学生的孤独感,从而产生压力和焦虑。

2. 麻木或冷漠

有的学生一遇到困难和挫折,就退缩不前。当感觉自己无力战胜困难和挫折时,就失去信心和勇气,表现出漠不关心和冷漠麻木的态度。它主要表现为对学习不关心,对成绩好坏不在乎。还有的学生对专业或某一门功课缺乏兴趣,不听课或逃课。还有的同学整天沉迷于网吧或游戏。麻木或冷漠是一种综合的心理障碍,它包含着积极的认识动机缺乏、活动意向减退、情感冷漠、情绪低落、意志衰退、思想停滞等。大学生有了这种心理障碍就会缺乏进取精神,终日随波逐流,混日子,混文凭。

3. 情绪失控

有的学生受到委屈或挫折后,会引起内心愤怒,从而表现为情绪失控,出现种种攻击行为。它表现为怒目而视、破口大骂、讽刺挖苦,甚至动手打人等。有时还会寻找"出气筒"来发泄愤怒的情绪。这种情绪失控的心理会导致一部分人违法违纪,从而严重影响了学校正常的教学秩序。

4. 环境改变与心理适应障碍

有的学生对环境的改变不能适应,出现矛盾、困惑的心理。对大部分新入学的学生来说,面临的是陌生的城市、陌生的校园和集体,很多人又是第一次远离家门,所有这些情况都可能带来不同程度的环境适应问题。这些问题表现为食欲不振、失眠、神经衰弱、烦躁不安、严重焦虑,甚至想退学等。还有的学生不适应大学的学习方法,感到学习压力大,对学习失去信心,形成强烈的自卑心理,其中一部分学生表现出对现实的失落感。

5. 人格障碍与人格缺陷

人格是一个人在与环境相互作用过程中所表现出来的独立的行为模式、思维方式和情绪反映特征。在大学生中,常见到的人格障碍主要有偏执型人格障碍、强迫型人格障碍和反社会型人格障碍。以偏执型人格障碍为例,其主要表现是对挫折过于敏感,过分夸大自己的重要性,固执、猜疑、嫉妒、心胸狭窄、不接受批评。人格障碍一般始于童年或青少年,而持续到成年或终止,这些不良方面会严重影响他们的学习、人际关系和自我完善。人格缺陷是介于正常人格与人格障碍之间的一种人格状态,也可以说是一种人格发展的不良倾向,常见的有自卑、抑郁、孤僻、敏感、多疑、焦虑、对人敌视及暴躁冲动等。显然,这些状况会严重阻碍一个人的正常发展。如得不到及时、更多的帮助,人格缺陷可能会发展为各种人格障碍。

(五)大学生心理疾病的主要特征

心理疾病是由于个人及外界因素而引起个体强烈的心理反应(思维、情感、动作行为、意志)并伴有明显的身体不适感,是大脑功能失调的外在表现。心理疾病同心理障碍不同:心理障碍可以通过自我调适而消除;心理疾病大多需要经过专门的治疗,这种专门的治疗包括心理治疗和药物治疗。但心理障碍和心理疾病没有严格的界限,即轻者为障碍,重者为疾病。

常见的心理疾病有以下几种。

1. 神经衰弱

神经衰弱是一种心理隐性疾病,身体本身的神经系统没有器质性病变,仅仅是功能的减低和失调。病因是大脑长期负担过重、过度疲劳,或因精神受刺激使情绪长期处于紧张状态,导致大脑兴奋和抑制神经活动能力减弱。神经衰弱是一种比较常见的心理疾病,主要特征是易兴奋、易激动、易疲惫,并常常伴有各种躯体不适和睡眠障碍等。敏感的人和有不良性格的人,更易患此症。

大学生神经衰弱的发生率很高,主要是由生活、学习压力过大,过分紧张,缺乏面对现实的勇气和良好的适应能力造成的。如学习负担过重、人际关系紧张、家庭贫困所带来的生存压力、恋爱出现危机、就业压力过大等都是发病的诱因。如果神经处于持久的紧张状态,超过了个体所能忍受的限度,就会导致神经崩溃和失调。

2. 焦虑症

焦虑症是指持续性精神紧张或惊恐发作的状态。它使患者常常感到惶恐不安、心烦意乱,有的还会产生恐惧感。焦虑症与一般的焦虑情绪不同:一般的焦虑情绪是由具体对象、具体事物引起的,而焦虑症没有引起焦虑的具体对象和理由。焦虑症常常表现为无明显原因和理由的紧张和不安;经常提心吊胆又没有具体原因;或过分关心周围的事物,难以集中注意力,做事心烦意乱、没有耐心,并常伴有心悸、头昏、恶心、手脚发冷等症状。

3. 抑郁症

抑郁症是一种严重危害人类身心健康的常见的精神障碍疾病。它的主要症状包括失眠、心烦、反应迟钝、易怒、易激动、遇事不冷静、忧郁、持久疲劳。据2004年中国健康协会调查,在北京,每1000人里就有3个人被明确诊断为抑郁障碍患者。在2004年9月10日"世界预防自杀日"公布的一项调查数据显示,我国每年至少有25万人死于自杀;在自杀行为者中,70%患有抑郁症。目前,抑郁症已成为世界第四大疾患,到2020年可能成为仅次于心血管疾病的第二大疾患。近年来,随着生活节奏的加快、社会变化的加剧、竞争的日益激烈、心理压力的加大,抑郁症问题变得越来越普遍。

4. 恐怖症

恐怖症是对某种特定情景或物体产生强烈的恐惧,明知无害,但又不能克制的神经症。在大学生中比较常见的恐怖症是社交恐怖症。它是指对某一特定的社交场所和对象产生的恐惧心理。例如,有的学生不敢与他人目光相对,不敢和异性说话或交往,一看到对方就脸红心跳;有的学生在求职面试时变得异常紧张,甚至盗汗、心跳过速;有的学生不敢和陌生人见面等。恐怖症对人际交往、生活、学习和工作都会产生一定的不良影响。

5. 精神分裂症

精神分裂症的明显症状是情绪紊乱、思维破裂,在感知、记忆、思维、情绪和人格方面都有严重障碍,思想和行为失去逻辑,脱离现实,哭笑无常,患者心理活动和行为活动高度不协调,并常出现错觉和幻觉。如时常能听见别人听不见的声音,看见别人看不见的事物等。

6. 强迫症

强迫症指的是在有意识的自我强迫与有意识的自我反抗同时存在的情况下,二者冲突导致的病人紧张不安、痛苦难忍的情绪状态。患者知道强迫症状是异常的,但无法摆脱。如屈从于强迫观念的反复洗手、反复检查、反复询问及奇怪计数等。

其实大多数人都曾有过某些轻微的强迫观念,如不停地考虑即将发生的事情的对策。但正常人的这种想法有其合理性,也不会对其他行为产生明显的干扰。患有强迫症状的个体常有自卑、缺乏安全感、意识发展刻板僵化、内疚倾向及容易感到威胁等性格特点。

大学生常见的心理疾病还有许多,有的会直接表现在身体疾病中,如近年来在大学生中常患有紧张性头痛、心律不齐、神经性皮炎、十二指肠溃疡、月经不调等。其中,不少身体疾病都和心理有关。

二、影响大学生心理健康的因素

(一)个体生理因素

对大学生心理健康产生影响的生理因素主要有4种。

1. 遗传因素

大量研究表明,在精神疾病的病因中,尤其是精神分裂症、躁狂症、抑郁症等疾病的病因中,遗传是主要原因。

2. 躯体疾病

各种躯体疾病,尤其是慢性疾病,常会使人变得烦躁不安、敏感多疑、情绪稳定性降低、行为控制力减弱、兴趣缺乏、人际关系紧张,严重的还可能导致心理障碍。

3. 大脑的器质性病变

根据临床观察和专家的研究分析,大脑器质性病变,如脑肿瘤、脑萎缩、脑炎、脑血管疾病、脑外伤等,会直接导致各种心理异常表现,出现意识障碍、智力障碍、严重遗忘症、人格异常等。

4. 神经系统的先天素质不健全

专家认为,神经系统的先天素质不健全,如大脑皮层和皮层下神经组织相互协调出现的某种障碍、大脑皮层的兴奋和抑制过程的协调出现的某种障碍等,会导致病态人格等心理异常的出现,神经类型属弱型的人更容易受到不良因素的影响而引起不健康的心理行为。

(二) 环境变迁因素

对大多数刚踏进大学校门的学生来讲,他们所面对的是一个新奇而又非常陌生的环境,这种环境的变迁在很大程度上会带来新入学学生的适应和调整问题,即学习和生活环境的变化会增加他们适应新环境的困难。首先,学习环境发生了很大变化。大学学习的一个基本特点就是强调自主学习和独立思考的能力,即教师直接指导减少,而且学习的内容又相对灵活,学习的习惯和作息时间大部分由自己掌握。其次,生活环境上的变化也很大。这些变化主要表现为要自己独立生活,要应付一切生活琐事,这对大多数大学新生来说都是一个不小的挑战。再次,大学生对新的人际关系的适应困难。面对来自不同地方、风格特点各异的同学,如何建立协调、友好的人际关系是非常重要的。大多数学生入学前一直生活在与自己熟悉的同学或亲人之间,人际关系相对稳定,而一旦进入大学就会面临重新结识别人、确立人际关系的过程,这一过程的进展将对整个大学生活产生非常重大的影响。

 **案例分析**

男生小张,来自偏远山区,从小学习优秀,终于考入某名牌大学。到了学校,与来自全国各地的同学在一起,突然产生了强烈的自卑感。他不太会使用计算机,不懂足球和网络游戏,英语发音不纯正。更糟糕的是第一学年自己放弃了很多其他的活动,非常认真地学习,可是成绩平平,连奖学金也没拿到。他很郁闷。

有些学生在中学往往是成绩较好的,可在大学,各方面人才聚在一起,势必失去优势地位,而成为"较差"或"一般"的成员。这种地位变化越强烈,他们适应起来就越困难。

总的来看,无论是对学习和生活环境的适应,还是对人际关系以及自我地位变化的适应,都会极大地影响到大学生当时的心理健康状况。更重要的是,如果这一问题不能解决,将会严重影响他们以后的适应能力和心理健康。

(三) 社会压力因素

随着我国进一步对外开放和科学技术的不断进步以及经济全球化时代的到来,社会生活日新月异,人们面临传统观念的变革、价值体系坐标的选择、新的生活方式的适应等,这对人们来说是一种心理上的考验。美国精神分析学家哈内就认为:"许多心理变态是由于环境的不良适应而引起的。"当个体原有的心理行为不能随着外界的改变而改变时,个体就会承受较大的心理压力。现代社会中,大学生面临的挑战很多,有来自社会责任的压力,还有来自生活本身的压力,有来自竞争的压力,有来自择业就业的压力,还有来自知识更新不断加快所带来的压力等。

此外,社会变革带来的一些负效应,也给大学生心理上带来不可忽视的消极影响。例如,不良社会风气、不健康的社会意识、不文明的大众传媒等,都会对大学生产生不良影响。

知识拓展

心理学家告诉我们一个巧妙的、能缓解心理压力的技巧。这个技巧就是在内心深处先储存一些安宁祥和的记忆,在遇到心理压力时,用它来赶走压力。首先想象自己独自站在海边,整个世界均在沉睡之中,唯有自己是清醒的。你起身穿衣,走过洁白的沙滩,漫步海边,抬头仰望蓝天。突然之间,你将你的心灵投入万里无垠的宇宙之间,与天地万物合而为一。你站在那儿,好像海边的一朵浪花将要延伸至无穷无尽的蓝天。然后,记住这美好的感觉,如同背诵一首诗。先记起你所听过的海涛声和风声,再记起你所感觉过的美好的、迎面而来的凉意,然后是海的味道。空气中弥漫着咸味,你可以用舌头舔舔看,如同你正在感受那海洋的气息。记住了这些不同的味道,你便可以随时把这种美好带回来了。下一次,当你发现自己充满压力时,就闭上双眼,回想你所想象过的美好景象。一幕幕回想那安静祥和的一切,很快你的心中将会再度感受你所想象的美景,就像独自在海边所得到的那种宁谧的感受。这时你要对自己说:"我已赶走了所有的压力,我现在感到平静而且轻松。"

(四) 重要的丧失

在大学生中经常出现的丧失主要有三个方面,即重要的人际关系的丧失、荣誉的丧失和自尊的丧失。这一类的问题尽管不占多数,但其影响是相当大的。当然,这其中也会出现丧失亲人、朋友等事件,只是相对以上三种而言更为少见。重要的人际关系主要是指与家人、朋友,特别是恋人的关系。这些关系是大学生十分看重的,一旦这种关系丧失或出现问题,不仅会影响到他们的情绪以及学习和生活,更重要的是,可能会极大地影响到大学生对自己的看法以及对以后生活的态度。荣誉的丧失目前已成为一个很广泛的问题。自从大部分高校实行奖学金制以后,很多人自以为可以获奖学金但又没得到,或者因为其他原因影响到自己的名声甚至以后的前途(如考试不及格、作弊等)。这些重要的丧失与自尊的丧失一样,对大学生的影响是非常大的。尽管总体来讲这样的人为数不多,但却是不可忽视的。自尊的丧失在很大程度上与自我重新确认有关,当然与荣誉的丧失和重要的人际关系的丧失也有一定的关系。丧失自尊的结果往往会带来自卑和抑郁。从这一类问题发生的频率来看,因自尊丧失而造成的自卑和抑郁是非常普遍的。

总之,无论是什么样的丧失,都会在一定程度上影响到大学生的自尊心,并且严重时会使他们的情感和生活产生极大的障碍,有的甚至会出现自杀等现象。

(五)冲突与选择

尽管大学生的生活比较稳定,但他们仍面临着各种各样的冲突与选择。按冲突的内容划分,大学生所面临的冲突主要包括这些方面:专业学习与社会工作的冲突,所学专业与兴趣的冲突,学习、工作与恋爱的冲突,将来的计划与不同目标的冲突等。这些冲突对大学生的影响是不同的。对有些人来讲,这些冲突的影响可能很小,而对有些人则可能影响较大。当他们面临的冲突对他们影响较大时,要作出选择可能就比较困难了,这往往是对冲突的性质认识不清、对自我的认识不清以及内心矛盾所造成的。

知识拓展

大学生所遇到的各种冲突,大多不是非此即彼的,即不是选择其中一个就必须放弃另一个。例如,有些学生对自己所学的专业或某一门课程不感兴趣,但对其他的活动却很感兴趣。因为既然是所学专业,就必须认真学习,而绝不能放弃,同时对自己感兴趣的活动也不应放弃。当然,大学生也面临许多"非此即彼"的冲突,如考研究生还是去工作、去国营单位还是合资公司甚至是自主创业,这些都需要作出明确的选择,否则,将一直影响着自己的情绪和工作热情。不论什么冲突都向大学生提出了适应环境、取得成功的更高要求。这一问题解决得如何将直接影响心理健康状况。大学生正处在由不成熟趋向成熟的过程中,面对大学新的环境、新的角色、新的竞争带来的压力,在心里会产生各种矛盾,如发展与现实的矛盾、理想与现实的矛盾、感情与理智的矛盾、需要与满足的矛盾、闭锁性与开放性的矛盾、冲动与压抑的矛盾、积极进取与安于现状的矛盾等。这些内在的矛盾常常使年轻的大学生处于感情的波涛中,面对种种冲突不知作何选择。若不作出及时、合理的调适,这些内在的矛盾便有可能破坏心理平衡,影响心理健康。

(六)家庭环境与早期经历

在大学生中,有相当一部分人的心理健康方面的问题与家庭环境或早期的经历有关。家庭是社会的细胞,是一个人最早接触到的社会环境。家庭对一个人的性格形成和思想成长、心理发展等都起着至关重要的作用。如家庭关系不良或家庭结构不健全往往使大学生与家庭情感方面难以正常沟通,不能满足大学生正常的归属和爱的需要,影响心理健康。父母对子女的教育方法如果不当,也会出现不健康心理。如过分严厉、期望值过高,会使孩子感到有压力,进而导致自卑、胆怯,出现潜意识的抗拒情绪。如过分宠爱,会使孩子任性、依赖，不适应社会，不负责任。如父母态度冷漠，缺乏爱心，会造成孩子冷酷、抗拒或者有暴力倾向。除家庭环境的影响外，其他的早期经历，如分离、不良的经历等，都会对个体的人格特点和人际关系产生影响。

第三节 大学生心理健康教育

一、大学生心理健康教育的目标

从广泛的意义和根本的意义上说，教育的总目的就是要使受教育者的个性得到全面发展。但就大学生心理健康教育而言，其具体目标是要形成、维护和促进大学生的心理健康，从而为他们的全面发展提供良好基础。为此，从教育者的角度说，可以将大学生心理健康教育的目标分为发展性目标与补救性目标。从受教育者的角度说，又可以分为当前目标与长远目标。当然，这两种区分本身是密切联系在一起的。

（一）发展性目标与补救性目标

大学生心理健康教育的发展性目标是指要对大学生的心理素质和心理健康进行有目的的培养和促进，使他们的心理素质不断优化，形成健康的心理，从而能适应社会，健康地成长和良好地发展。补救性目标主要是针对少数在心理上出现问题的学生，是治疗性的和矫正性的。两种目标结合在一起，目的是增进全体学生的心理健康，提高大学生的学习与生活质量。

（二）当前目标与长远目标

大学生心理健康教育的当前目标往往是针对大学生个体当前存在的问题，如失恋、学习成绩差、被同学轻视、感到人生空虚无聊等，开展及时的心理辅导与治疗，以解除当事人即时的心理困扰。长远目标则往往涉及大学生心理素质的提高和健康人格的塑造，使他们有机会重新认识自己、接纳自己，进而欣赏自己，克服成长障碍，并最终迈向自我实现。在心理健康教育过程中，当前目标与长远目标应该有机地结合起来。

二、大学生心理健康教育的原则

（一）教育性原则

教育性原则是指教育者在进行心理健康教育的过程中根据具体情况，提出积极中肯的分析，始终注意培养学生积极进取的精神，帮助学生树立正确的人生观、价值观和世界观。心理健康教育是社会精神文明的重要组成部分，要充分体现社会精神文明的特征，以及它的时代性和进步性。

 **知识拓展**

针对当代大学生的特点,在开展大学生心理健康教育时应采取多种多样的方式,比如让同学们欣赏一些有积极意义的电影、杂志。例如,《荒岛余生》,汤姆·汉克斯主演,给人以巨大的力量;《风雨哈佛路》,一个贫困的哈佛女孩从不退缩的奋斗故事,看完让人充满温暖和希望;《奔腾年代》,根据真实故事改编,讲述一个中年丧子的富翁、一个不得志的赛马教练、一个从未获得成功的骑师以及一匹瘸马共同创造的奇迹;《铁拳男人》,拉塞尔·克劳主演,讲一个过气拳击手在拳台上为生存和荣誉而战;《听见天堂》,讲一个热爱电影的盲童选择了用耳朵代替眼睛,去记录他生活的点点滴滴;《卡特教练》,讲一个篮球教练率领一群看不到出路的孩子们为梦想作战;《追梦女孩》,碧昂斯主演,讲三个黑人女孩踏上充满未知的星途,最后获得成功的故事;《阳光小美女》,一部充满亲情温暖的励志片;《放牛班的春天》,讲即使是被社会遗忘的孩子,也有可能绽放生命的光芒;《荒野生存》,讲一个理想主义者的传奇、一个流浪者的故事,主人公每走一步都充满了艰辛,但他以坚韧的毅力,实践着寻找自我的梦想。

(二) 针对性原则

心理健康教育也必须根据学生的身心发展特点和规律,有针对性地实施教育。心理健康教育工作者,应该在了解学生个性差异的基础上,注意区别对待,将每一个学生看成一个不可重复的独特存在,灵活运用心理健康教育原理,扬长避短、因势利导地因材施教,这样才能收到好的教育效果。心理健康教育要关注和重视学生的个性差异,根据不同学生的不同需要,开展形式多样的、针对性强的心理健康教育活动,以提高学生的心理健康水平。

(三) 全面性原则

全面性原则是指心理健康教育不仅要坚持面向全体学生,为全体学生服务,还要运用系统论的观点指导工作。这就要求在制订心理健康教育计划时要着眼于全体学生,在确定教育内容时要考虑大多数学生共同需要及普遍存在的问题,要注意给每一个学生参与的机会,要注意学生的特殊需求并给予实际帮助,以全体学生的心理健康水平和心理素质的提高为心理健康教育的基本立足点和最终目标。

(四) 主体性原则

主体性原则是指在心理健康教育过程中要尊重学生的主体地位,注意调动学生的主动性、积极性。教育工作者要在尽其所能、全面了解学生的基础上,从满足学生的发展性需要入手,发挥学生的主动性和积极性。心理健康教育要以学生为主体,所有工作要以学生为出发点,同时要使学生的主体地位得到实实在在的体现,把教师的科学教育和学生的积极主动参与真正结合起来。主体性原则集中体现了心理健康教育的关键特征。

（五）发展性原则

发展性原则是指在大学生心理健康教育工作中，教育工作者要注意以发展变化的观点来看待学生身上出现的问题，不仅要在对问题来龙去脉的分析和核心特征的把握中善于用发展的眼光作动态考察，而且在对帮助解决问题和预测教育效果上也应具有发展的观点。运动、变化、发展是自然界与社会的普遍规律，人的心理健康问题也不例外。注重对这一过程的动态分析，"对症下药"地采取心理健康教育措施将会对促进学生身心健康发展大有裨益。

（六）尊重性原则

尊重性原则是针对心理健康教育工作者对学生的态度所提出的原则。尊重就是要尊重学生的人格与尊严，尊重学生的权利，承认学生的独立性，承认学生与教育者在人格上是平等的。心理健康教育实质上是师生双方的一种沟通过程。尊重是实现这种交往的基础，也是师生情感交流的最佳渠道。师生双方只有在人格上平等、心理上相容时，学生才能开放自我，教育者才能了解真实情况，教育才会有实际效果。如果教师不能意识到这一点，只一味将学生当作命令的对象，极易引起他们的不满、反感甚至是抵触情绪。

（七）保密性原则

保密性原则是心理健康教育极其重要的原则，是鼓励学生畅所欲言和建立相互信任关系的心理基础，同时也是对学生人格和隐私权的尊重。在心理健康教育的过程中，尤其是个别教育与辅导过程中，学生会向教育者透露许多个人的隐私、缺陷以及由此而产生的心理和行为的困扰、矛盾、冲突等。教育者有责任、有义务对所有这些信息保密。除此之外，还不得对外公布求助学生的姓名，拒绝任何（除妨碍个人和公共安全的）关于求助学生的调查，尊重求助学生的合理要求等。失密，对教育者来说，就是失职。

三、大学生心理健康教育的方法和内容

（一）大学生心理健康教育的方法

我国的大学生心理健康教育始于20世纪80年代，虽然比国外起步晚，但发展较快。1990年全国大学生心理咨询专业委员会的成立，标志着我国的大学生心理健康教育工作已经步入专业化的轨道。许多高校相继开展了不同规模的大学生心理健康教育实验。笔者总结了这些年来大学生心理健康教育工作的得失，提出了以下一些常用方法。

1. 知识传授法

知识传授法是指采用给学生开设心理健康教育课程等形式，向学生传授有关的心理学和心理健康知识的方法，这是心理健康教育最为常用的方法。目前，有不少高校为学生开设了"大学生心理健康"或"大学生心理卫生"课程，也有的学校为大学生开设了"青年心理学""社会心理学""管理心理学"等课程，这些课程受到了大学生的普遍欢迎。

2. 学科渗透法

在各科教学中渗透心理健康教育的内容，是一种事半功倍的理想方法。例如，心理健康教育与思想政治教育和道德教育相结合，可以培养学生的道德意识倾向性和道德心理品质；与美育结合，可以激发人的情感，陶冶人的心灵；与学科课程教学结合，更可广泛地培养学生的细心、耐心、负责、认真、崇尚科学等优良的心理品质。使用学科渗透法的关键在于提高广大教师的心理健康教育意识，使他们将心理健康教育视为自己不可推卸的责任。

3. 系列活动法

开展丰富多彩的系列教育活动，是对大学生进行心理健康教育行之有效的方法。系列教育活动，以一年一度的心理健康普查和"5·25"大学生心理健康主题活动周为核心，向全年辐射，可开展专题讲座、个别咨询、团体辅导、知识竞赛、朋辈辅助、心理沙龙等活动，时间可长可短，方式灵活多样，这样做有利于提高大学生的综合心理素质和心理健康水平。

4. 淬砺教育法

目前，我国大学生的心理韧性和心理耐受能力较差，这也常常成为各种心理问题的"温床"。因此，很有必要对大学生进行淬砺教育，如军事训练、远足拉练、学习磨炼、体育锻炼和社会实践等。

5. 榜样示范法

大量的教育实践表明，榜样对于青少年学生有着巨大的力量。对大学生而言，可提供的榜样包括历史上的杰出人物、现实生活的风云人物、学生身边的优秀人物以及教师自身等。其中，教师自身有着不可忽视的重要作用。

6. 心理咨询法

心理咨询是专门针对学生的心理健康和个性发展而采取的专业性的教育方法。现在各高校都已建立了自己的心理咨询机构，并配备了专职或兼职的心理咨询人员。

7. 环境优化法

在对大学生进行心理健康教育的过程中，环境的力量不可忽视。这里的环境不仅指学生身居其中的校园，还包括更广泛的内容，如家庭与社会的物质环境、文化心理环境、校园的文化活动和文化氛围等。

（二）大学生心理健康的内容

大学生心理健康教育的内容主要包括：宣传普及心理健康知识，让大学生认识心理健康对成才的重要意义，树立"身健，心健，社会功能健"的三位一体理念；介绍增进心理健康的途径，让大学生掌握科学、有效的学习方法，养成良好的学习习惯，自觉地开发心智潜能，培养创新精神和实践能力；传授心理调适的方法，让大学生学会自我心理调适，有效消除心理困惑；自觉培养坚韧不拔的意志品质和艰苦奋斗的精神，提高承受和应对挫折的能力以及社会生活的适应能力；解析心理异常现象，让大学生了解常见心理问题产生的原因及主要表现，以科学的态度对待各种心理问题。

知识拓展

大学生心理健康的标准

在衡量一个人的心理健康状况时,仅仅把握住心理健康的特质或区别出心理异常的表现还不够,还要考虑到衡量的标准,即采用什么样的立场。立场不同,即使是同样的表现,也可能得出完全不同的看法。从实际情况看,针对大学生的心理健康问题,存在下列几种不同的标准。

一、常态分配的标准

所谓常态分配,在统计学上是指由次数分配绘成的中央高起平均分向两端逐渐下降形成两侧对称的类似古钟形的曲线,即通常所说的"两头低,中间高"的分布情况。心理学研究表明,绝大多数的心理品质或属性在人群中都是符合常态分配的。如智力,特别愚笨和特别聪明的人总是少数,而大多数都介于这两种极端之间。再如内向、外向这种性格特征,特别内向孤僻和特别外向乐观的人也总是少数,而大多数也是介于这两种极端之间。在看待心理健康的问题上,若按照常态分配的标准,即认为处在两种极端情况的表现就是不健康的表现,而与大多数人一致的表现就是健康的表现。这种标准有一定的道理,因为一个人的某种或某些心理表现若与大多数人不一致,则难免要承受更大的心理压力,从而更容易出现心理问题。但这种标准可能将一些虽说出位然而积极的表现排除在健康的范畴之外,则有其消极的一面。大学生整体上讲就是积极进取、个性张扬的,用常态分配的标准来看待大学生的心理健康,可能会显得格格不入。

二、心理成熟的标准

按照心理成熟的标准,个体心理健康与否,取决于他的心理与行为表现与其年龄阶段特征是否吻合。如果是基本一致的,就看作是健康的;如果滞后或超前,就是不健康的。这种标准考虑到了学生的年龄特征,在教育过程中很有意义,但容易忽视学生的个体差异。大学生一般处在青年初期和中期,正是从青少年向成人过渡的关键期,各种心理与行为表现都还不够稳定,使用这种标准时就更要加以注意。

三、社会规范的标准

按照社会规范的标准,凡是合乎社会规范的心理与行为表现就是健康心理表现;反之,就是不健康的。对大学生来说,就是要看他的心理与行为表现是否符合大学生的行为规范。这种标准的理由似乎很充分,如果一个人在生活中总是制造麻烦、人际关系恶劣、处处与社会作对,确实很难想象他是心理健康的。但是,这种标准很容易流于简单化和片面化,忽视个体心理的真实感受,缺乏对人性的关注和对个性的尊重。

四、生活适应的标准

生活适应是指在个人与环境交互作用的过程中,个人能自由地选择自己所从事的活动,追求自己的目标,以顺应环境、调控环境或改变环境。个体与环境的关系不是固定不变的。在不同的环境下,对同样的事物,个人会因环境的不同而作出不同的调适。因而心理适应者有满足感、心情愉悦,而不会无端感到恐惧、抑郁、焦虑等。通常心理适应的好与坏是以个体与环境是否能取得和谐的关系而定,其要点有三个。

(1) 个人的心理环境与实际环境相一致。所谓心理环境是指个人因实际环境所产生的看法、想法和意念。个人的心理环境如果与实际环境相一致、相吻合,就会产生适当行为以适应其所处的环境。

(2) 能够依据实际环境调节自己的反应。环境适应良好者,对事件的处理,不会仅受制于一时一地的影响,而能考虑到广阔的时空因素,并随时调节自己的反应。

(3) 个体与环境是双向互动的关系。个人在某种情境下,必须改变其行为,以顺从环境的需要。但有时必须改变环境,以符合个人的需求。

大学生从中学进入大学,可以说已经初步迈入了社会,有着广泛的适应内容:学习的适应、人际关系的适应、恋爱及性的心理适应以及为即将正式步入社会做好心理准备等。因此,以心理适应的标准来看待大学生的心理健康有很大的现实意义。不过,在实际运用这种标准时,由于其含义不够明确和具体,相对说来不像另外几种标准那样容易把握。

综上所述,当我们对同样心理问题或现象得出不同的结论或看法时,要考虑到所持标准的不同。以争议颇多的同性恋为例,如果用常态分配的标准,由于同性恋在人群中毕竟是少数,因而也就把他们看作是有问题的、不健康的,不过主观上倒不一定有多强的排斥情绪。如果用心理成熟的标准,则会将进入青春期之后的同性恋看作是不正常的,但其实心理学界有看法认为,同性恋的成因从后天方面说最为关键的时期可能是在四五岁的时候。可见,这种标准并未抓住问题的要害。如果用社会规范的标准,则显然视同性恋为不健康的,甚至是大逆不道的。但如果是用生活适应的标准,则要视当事人能否对此有良好的生活适应,同性恋者同样可以是心理健康的。应该说,上述四种标准都有一定的意义,但也都存在某种不是,很多时候都还需要具体问题具体分析。从当前大学教育的实际情况看,人们可能习惯性地、过多地使用了社会规范的标准,从而给心理健康教育带来种种问题,甚至成了最主要的障碍之一。为此,我们认为,当前的大学生心理健康教育,应该更多地提倡生活适应这种标准,其实这也是前述WHO的健康新定义中所倡导的基本精神。

 **本章小结**

本章主要介绍了心理健康的含义及标准、大学生心理健康现状、大学生心理健康教育的基础知识。通过本章的学习,同学们要对大学生心理健康教育有初步的认识,要了解大学生心理健康的标准,为后续学习奠定基础。

 思考与练习

1. 什么叫健康?什么是心理健康?如何理解心理健康?
2. 大学生心理健康的标准是什么?你是否符合心理健康的标准?
3. 你认为心理健康对大学生的成长和发展有什么意义?
4. 大学生心理发展的一般特征是什么?影响大学生心理健康的因素有哪些?

5. 试联系本章所讲授内容,结合你的大学生活体验,对自己的心理健康状况进行检测、分析和评估。

6. 影响大学生心理健康的因素有哪些?谈谈你在大学生活、学习、人际交往等方面是否有不适感;通过本章内容的学习,谈谈如何增进自身的心理健康水平。

 **心理测验**

大学生心理健康测试

在身体健康的同时,你的心理是否健康呢?测试一下吧。对以下40道题,如果感到"经常是",画"√"号;"偶尔是",画"O"号;"完全没有",画"×"号。

测试题:

(1) 平时不知为什么总感觉心烦意乱,坐立不安。(　　)
(2) 上床后,怎么也睡不着,即使睡着也容易惊醒。(　　)
(3) 经常做噩梦,惊恐不安,早晨醒来感到倦怠无力,焦虑烦躁。(　　)
(4) 经常醒1~2小时,醒后很难入睡。(　　)
(5) 学习常使自己感到非常烦躁,讨厌学习。(　　)
(6) 读书看报,甚至在课堂上也不能专心致志,往往自己也搞不清自己在想什么。(　　)
(7) 遇到不称心的事情便就长时间沉默寡语。(　　)
(8) 感到很多事情不称心,无端发火。(　　)
(9) 哪怕一件小事情,也总是放不下,整日思索。(　　)
(10) 感到现实生活中没有什么事情能引起自己的兴趣,郁郁寡欢。(　　)
(11) 老师讲课常常听不懂,有时懂了,但忘得也快。(　　)
(12) 遇到问题常常举棋不定,迟疑再三。(　　)
(13) 经常与人争吵发火,过后又后悔不已。(　　)
(14) 经常追悔自己做过的事,有负疚感。(　　)
(15) 一遇到考试,即使有准备也紧张焦虑。(　　)
(16) 一遇到挫折,便心灰意冷,丧失信心。(　　)
(17) 非常害怕失败,行动前总是提心吊胆,畏首畏尾。(　　)
(18) 感情脆弱,稍不顺心,就暗自流泪。(　　)
(19) 自己瞧不起自己,觉得别人总在嘲笑自己。(　　)
(20) 喜欢跟比自己年幼或能力不如自己的人一起玩或比赛。(　　)
(21) 感到没有人了解自己,烦闷时别人很难使自己高兴。(　　)
(22) 发现别人在窃窃私语,便怀疑是在背后议论自己。(　　)
(23) 对别人取得的成绩和荣誉常常表示怀疑,甚至嫉妒。(　　)
(24) 缺乏安全感,总觉得别人要加害自己。(　　)
(25) 参加春游等集体活动,总有孤独感。(　　)
(26) 害怕遇见陌生人,人多时说话就脸红。(　　)

(27) 在黑夜行走或独自在家有恐惧感。（　　）
(28) 一旦离开父母,心里就不踏实。（　　）
(29) 经常怀疑自己接触的东西不干净,反复洗手或换衣服,对清洁极端注意。（　　）
(30) 担心没有锁门和东西忘记拿,或反复检查或经常躺在床又起来确认,或刚一出门又返回检查。（　　）
(31) 站在沟边、楼顶、阳台上,有摇摇晃晃要掉下去的感觉。（　　）
(32) 对他人的疾病非常敏感,经常打听,生怕自己也患同样的病。（　　）
(33) 对特定的事物如交通工具、尖状物或白色墙壁等稍微奇怪的东西有恐惧感。（　　）
(34) 经常怀疑自己发育不良。（　　）
(35) 一旦与异性交往就脸红心慌或想入非非。（　　）
(36) 对某个异性伙伴的每一个细微行为都很注意。（　　）
(37) 怀疑自己患了严重不治之症,反复看医生或去医院检查。（　　）
(38) 有依赖止痛或镇静药的习惯。（　　）
(39) 经常有离家出走或脱离集体的想法。（　　）
(40) 感到内心痛苦无法解脱,只能自伤或自杀。（　　）

评　析

"√"得2分,"O"得1分,"×"号得0分。

评价参考:

0～8分者:心理非常健康,请你放心。

9～16分者:大致还属于健康的范围,但应有所注意,可以找老师或同学聊聊,心情应保持愉快、乐观。

17～30分者:你有一些心理障碍,应采取适当的方法进行调适,或找心理老师帮忙。

31～40分者:黄牌警告,有可能患了某些心理疾病,应找专门的心理医生进行检查、治疗。

41分以上者:有严重的心理障碍,应及时找专门的心理医生治疗。

心理训练

一个人生活在世界上,总会遇到不顺心的事,会遇到各种各样的问题,心理医生有一种观点,很多时候人们的情绪受到困扰,甚至积郁成疾,实际上只是由于当事人处理问题的能力不足。因此,要想避免心理问题,做好自我心理保健,就需要一定的解决问题的能力。问题的解决方式不同,效果也会有差异。试通过下列心理训练认真体会。

请根据你目前的心理状况完成下列各题。

1. 列出你当前遇到的最棘手的问题。

2. 写出你想出的所有解决问题的对策,越多越好。

3. 分析每一种对策的利与弊,并找出解决问题的最佳方案。

第二章　大学生心理健康教育的生理基础

引　言

心理是脑的机能,是人脑对作用于大脑的客观事物的主观反映。心理是在实践活动中发生、发展的,离开了人脑和实践活动,就不会产生心理现象。人的心理发展是由低级到高级的过程。本章主要介绍了心理发生、发展的生理基础,大学生的生理特点与心理健康教育。通过本章的学习,同学们要了解心理及心理的生理基础知识,熟悉大学生的生理特点与心理健康教育,并清楚自己的心理状况。

学习目标

1. 了解心理的本质,学会区分人的心理与动物的本能。
2. 了解大学生的生理特征。
3. 掌握大学生心理健康教育的内容。

第一节　心理的本质

一、心理的本质

(一) 心理是脑的机能

现代科学研究表明,人脑约有120亿个神经细胞。细胞与细胞之间有着无限多的相互联络及通路,形成了极为精巧、复杂的结构。心理就是人脑这样一个特别复杂的物质的机能。一切心理活动按其产生方式来说都是反射。反射就是有机体对外界或内部刺激的规律性的回答。在完成反射活动的全部生理结构中,人脑是不可缺少的核心部分。没有人脑,完整的反射活动就不能进行,心理活动就失去了物质基础。

反射包括了生理的和心理的两大作用:属于生理作用部分的,是神经系统与各感觉器官所产生的生理功能;属心理作用部分的,是由感觉器官与中枢神经系统所产生的心理功能。

 **知识拓展**

当你开车到达路口,见到红灯亮时,就会立即踩刹车。从眼睛看到红灯亮起,到踩下刹车,中间所经过的时间,也许不到一秒钟。而在这极短的时间内,你却完成了一个心理活动。这个心理活动包括三个阶段:一是视觉器官(眼睛)接收到光的刺激(红灯),这是感受器收到了信息;二是由感觉神经元将信息传导至大脑,并经大脑的认知活动判定为代表停车的红灯;三是由大脑下达命令,立即采取行动(踩刹车)。显然,在这三个阶段中,眼睛看红灯与脚踩刹车是行为,而神经的传入、传出以及大脑的认知判断就是心理反射过程。

(二)心理是客观现实的主观反映

人的各种心理活动,无论是简单的感觉、知觉,还是复杂的思维,都是对具体的客观存在的物或事件的感知,思维是对感知到的"信息"进行加工的活动。所以说,心理是人脑对客观现实的反映。但人脑的反映并不像照镜子那样机械、刻板,它总带有个人的特点,是主观的反映。因为对客观现实的反映总是由一个具体的人来进行的。当一个具体的人反映客观现实时,总是受他的全部个人经验、认识水平和他的全部个性心理特征,以及当时的心理状态制约的。例如,同样一部电影,不同的人看了会有不同的感受或评价,这就是由观众的个人观念、兴趣及其当时的情绪等因素所影响的。同一个人在不同的时期或在不同的心理状态下,对同一客观事物的反映也不尽相同。所以说,人对客观现实的反映是有主观性的。

(三)心理是在实践活动中发生、发展的

心理是在实践活动中发生、发展的,这可以从两个方面加以说明:一是劳动创造了人类,也创造了人的大脑;二是人的心理是在具体的实践活动中逐渐发展的。科学心理学特别强调社会实践是人的心理发展的基础,没有人的实践活动就没有人的心理。

人的实践活动不是盲目的。人的心理发生、发展来自于实践,又反过来调节和指导实践。人的任何实际活动的产生,都以一定的需要、动机或目的为前提,即表现出人的心理的自觉能动性。

二、认知的心理构成

人的心理是一个有机的整体。出于研究的需要,心理学家把它分为两个部分,即心理过程和个性心理特征。心理过程和个性心理特征有着密切的关系。个性心理特征是通过心理过程形成的。没有对客观世界的认识,没有对外界事物的情绪反应,没有对现实事物的主观改造的意志过程,个性心理特征就无法形成。已经形成的个性心理特征又制约着心理过程,在心理过程中表现出来。例如,感觉能力影响和制约人的感觉,想象力和思维力影响着人的想象和思维等。

(一) 心理过程

心理过程包含在人的行为和活动之中。解决任何一项任务的过程,都离不开心理过程。心理过程可细分为认知过程、情感过程和意志过程。

(1) 认知过程是人最基本的心理过程。它包括感觉、知觉、记忆、想象、思维和言语等。

(2) 情感过程是人在认识客观世界的时候,不仅反映事物的属性、特性及其关系,还产生了对事物的态度。所谓态度就是在特定的情况下对特定的物体或事件作出反应的心理倾向,如喜欢、不喜欢或者满意、不满意等主观体验。

(3) 意志过程是人在实践活动中自觉地确定目的,并为实现这一目的而自觉支配和调节行为的心理过程。意志过程在克服困难和挫折时表现得更为突出。

认知、情感与意志是人的心理的基本过程,三者相互区别,又紧密联系。

(二) 个性心理特征

人在通过认知、情感和意志反映客观世界的过程中,还会形成各种各样的心理特点,这些不同的心理特点造成人与人之间的心理差异。人们的心理特点有些是暂时的、偶然的,有些是稳固的、经常出现的。我们称那些个体区别于他人,可表现于许多环境之中,相对持久、稳定的心理特点为"个性心理特征"。个性心理特征包括能力、气质和性格。

能力是一种个性心理特征,是顺利实现某种活动的心理条件。例如,音乐家对乐音的辨别力是完成演奏活动的心理条件,画家对色彩的鉴别力、形象记忆力是完成绘画活动的心理条件。心理学的研究表明,能力是在后天的社会活动中形成和发展起来的。素质是能力形成中最重要的自然基础。能力发展受个人经历、所受教育以及主观努力等因素的影响。

气质是指个体在心理活动和行为中显露在外的较为稳定的动力特征的总和。这些动力特征主要表现在心理过程的强度、速度、稳定性、灵活性及指向性等方面,例如,情感的强弱、动作的快慢、注意力集中的长短、心理活动倾向外部事物还是自身内部等。人就是由于这些特点的不同而表现出各自不同的气质类型。人的气质有不同类型,但无好坏之分。任何一种气质类型在某种情境中可能具有积极意义,而在另一种情境中可能具有消极意义。积极或消极的意义体现在对人的活动的性质或效率的影响上。

性格是指由人对现实的态度和行为方式所表现出来的个性心理特征。人与人之间的相互区别主要表现在性格差异上。通常说某人诚实、单纯,某人勇敢、果断,这些特点代表了一个人的性格。性格是十分复杂的心理构成物,它通过人对现实的态度、意志、情绪、理智等方面表现出来。性格的形成与发展受到社会历史条件、生活环境和生活经历的影响,有好坏之分。

第二节　心理的生理基础

一、认知活动的生理基础

（一）注意

注意是心理活动对一定对象的选择和集中。在注意的集中性中起重要作用的是大脑额叶。临床观察表明，额叶损伤的患者产生定向反射的病理性亢进，因而妨碍他们有目的地完成任务。这种病人对任何附加刺激都产生冲动性定向反应，不能按照言语指示集中注意。他们非常容易分心，经常根据刺激物的变化由一种工作转到另一种工作，不能按计划办事，不能根据以往的经验预测未来。

（二）感知

感觉是人们对客观事物个别属性的反映，知觉则是对其各种属性的综合反映。感知是个体认识世界的第一步。人的各种感觉器官将所感受到的感觉刺激，通过感觉冲动沿着神经通路将信息以物理、化学的方式传到大脑皮层相应区域，从而使人对周围环境的存在有感知、有认识。

（三）记忆

记忆和其他心理活动一样，有其生理基础。近年来，认知心理学和神经生理学进一步结合，促进了对记忆系统本质的探索。研究表明，词的语义加工与左前额叶密切相关，语义加工会激活左前额叶。

近年来，海马在记忆中的作用进一步得到确认。另外，皮层下组织似乎与记忆也有密切联系。病人若丘脑下部组织（透明隔、乳头体）及部分边缘系统受损伤，则短时记忆会出现明显障碍。

（四）思维

思维的神经学基础极其复杂，即便是一个极其简单的前角运动细胞也约有 10 000 多个突触，一个大脑皮层神经细胞的突触可以多达 300 000 个。所以，即使是很大范围的脑的切除或脑皮层的破坏也不会使思维活动完全丧失。但大脑某一局部的病变可影响思维活动的某一方面。例如，左侧半球颞上回后部是司管词句记忆的，这一部分的损伤会导致言语听觉记忆障碍。这种病人记不住用口语表达的问题，因而连很简单的口算题都很难解决。如果算题以书面方式呈现，情况稍微好些。但是由于在解决问题时仍然需要中间的言语环节，所以病人要完成解题的整个推理过程非常困难。又如，左侧顶—枕区系统的损伤会引起同时性（空间的）综合的严重破坏，这既表现在直接的、直观的行为中，也表现在运用符号方面。病人虽能记住算题，并主动尝试解题的方法，但由于不能理解逻辑语法结构（如不能理解"甲的苹果是乙的两倍"或"甲的苹果比乙多两个"等基本的逻辑条件），因而仍不能解答算题。

二、情绪活动的生理基础

情绪是脑的机能。现代情绪生理学的研究表明，脑的许多部位在情绪诸成分中起着不同的作用。有人用埋藏在动物下丘脑的电极对未被麻醉的动物进行逐点刺激，结果发现动物有两类行为反应：一是斗争，像发怒的模式（怒吼和发"哗哗"声、耳朵后倒、竖毛等）；二是逃避，像恐惧的模式（扩瞳、眼射来射去、头左右转动，最后逃走）。当刺激动物的下丘脑时，动物也出现愤怒和恐惧行为。因此，下丘脑被认为是支配愤怒和恐惧的中枢。

另外，边缘系统也被认为与情绪有关，它与情感反应的主要成分——愉快和痛苦相关联。若用埋藏电极刺激边缘系统的某些部位（如中隔区和下丘脑）可产生"奖赏感觉"，动物往往反复刺激，乐此不倦，表现驯服；刺激邻近其他部位时可产生"惩罚感觉"，动物犹如大难临头，表现出恐怖、痛苦、挣扎、逃遁、反抗、狂怒等反应。如果连续刺激24小时以上，还有可能导致衰竭以致死亡。因而，边缘系统和下丘脑的这些部位就被称为"愉快中枢"和"痛苦中枢"。"愉快中枢"和"痛苦中枢"不仅对决定生物的行为和动机有重要性，而且对学习和记忆也影响极大。一种既无乐趣又无苦痛的感知，即使开始有些印象，后来再重复刺激也容易逐渐淡忘。若感知伴有乐趣或苦痛，则记得牢，而且重复刺激会强化记忆。可见结合志趣的学习和强迫乏味的学习的记忆效果是截然不同的。

三、人格特征的生理基础

人格是个人所特有的思维、情感和行为模式，它表征着一个人独立于他人、区别于他人的特征总和。巴甫洛夫学派认为，神经系统的类型特点是人格的生物学基础。人格特征与个体的大脑皮质细胞群配置特点以及细胞层结构的个体特点有关。这些特点既影响个体的高级神经活动的特点，也影响个体的气质、性格和能力的特点。巴甫洛夫把动物和人类的高级神经活动类型划分为兴奋型、活泼型、安静型和抑制型四种，认为高级神经活动类型的特点决定了人的人格和行为的特点。

四、社会行为的生理基础

（一）性取向

有关性取向的基因影响研究可追溯到20世纪60年代。1964年，德裔英国心理学家艾森克（Eysenck）报告了同卵双生子成年后同性恋行为发生的一致率显著大于异卵双生子。最近一些关于男同性恋者和女同性恋者的双生子研究也发现在一些个案中，同卵双生子是同性恋者的可能性是异卵双生子的两倍以上。

另一些人则对男同性恋者的家族史进行了考察,结果发现在家族中母系的同性恋亲戚(舅舅或姨妈)比父系更多。这表明同性恋基因也许在 X 染色体上(儿子从母亲那里获得的)。再研究从母亲那里继承来的基因,结果发现大多数男同性恋者的 X 染色体上都有一块相似的区域,这在一定程度上表明了同性恋的基因基础。一直以来,人们都非常不解,虽然同性恋者不像正常人一样生养后代,但他们却没有一代代地逐渐消失,其原因何在? 而如果同性恋基因是在 X 染色体上的话,就很能解释这一点。也就是说,男人和女人一样都携带 X 染色体,因此,这种基因能一代代传递而不在行为中反映出来。

 **知识拓展**

神经内分泌学家发现,胎儿期性腺和肾上腺分泌的性激素随血液作用于脑组织,刺激脑发育中的性别形成机制,从而决定其出生后的行为类型。如胎儿期性激素分泌不足的雄鼠,出生后可能会出现雌性行为。但人类的性行为比较复杂,如个体并不是从青少年起就有异常性行为,很多人在成年或中年时才表现出明显的性心理障碍。因而,这种胎儿期决定论的神经内分泌理论,无法解释人类行为的复杂性。

(二) 社会吸引

拉什顿等认为基因相似性影响人际吸引。他对一些夫妇进行血液检验,发现具有性卷入的夫妇的基因标记有 50% 是一样的,而若把这些人随机配对(而不是让他们自己选择伴侣),他们则共有 43% 的基因标记,差异非常显著。进一步研究还发现,那些有孩子的夫妇共有 52% 的基因标记,没有孩子的夫妇仅共有 44%。这说明人们也许更容易被那些与自己有相似基因的人吸引,并发生性卷入。当然,这种吸引影响也并不只限于两性之间。人们往往倾向于同那些与自己相似的人建立友谊。拉什顿对彼此是亲密朋友的配对男性进行重复研究(所有这些人都是异性恋者,所以这些友谊没有性的成分),发现配对朋友的基因标记有 54% 的共同之处,而随机配对的人仅有 48% 的共同之处。这再次表明了基因相似性在一定程度上导致了人际吸引。

那么人们是如何识别基因相似的呢? 一种可能性是人们常常被与自己具有相同面孔和体型的人所吸引。也就是说,那些跟你相似的人看起来就像一家人,因此就吸引你了。另一种可能性是基因相似性通过气味来传播。因而,也许在你还没有意识到的时候,你已经通过细微的生理线索识别出了那些与你相似的人。显然,人类的伙伴选择不是随机的,人们往往根据各种特征来选择伙伴。在通常情况下,与自我的相似性是影响伙伴选择的重要特征。

(三) 攻击行为

人类的心理和行为都具有其生理基础,攻击行为的产生也有其生理机制。两位精神病学家马克和艾文在《暴行和脑》一书中提到,某种强烈的暴行起因于颞叶癫痫障碍。例如,一名叫怀特曼的男子杀死自己的妻子和母亲,又在德克萨斯大学的一座塔楼上用枪任意射死 14 个过路的行人。把他击毙后,对其进行尸体解剖,结果发现其大脑颞叶靠近杏仁核处有一个胡桃大小的肿瘤。另外,有相当多的暴行惯犯的脑电图(EEG)有颞叶的病变特征。

 **知识拓展**

  在群居的猴子中有一种支配性的等级制度:一两只雄猴为首领,而其他猴子则处于各级水平的从属地位。当猴王的下丘脑受到电刺激时,该猴会袭击下属的雄猴,但不袭击雌猴。当下级猴受到同样的刺激时,它则会退缩,表现出顺从的行为。因此,并不是刺激下丘脑就会自动地引发猴子的攻击行为。相反,猴子在作出反应时,会考虑到环境及过去的经验。人类也是如此,其攻击行为也有生理基础、神经机制,并受到大脑皮质的控制。

  一项对监狱里的男犯的研究发现,睾丸激素高的犯人比睾丸激素低的犯人更多地违反监狱的规定,并在监狱里更具有控制性。在对女犯和年轻男性的研究中也有同样的结果。而对于非犯罪人群,也发现睾丸激素高的人更可能袭击他人。还有研究发现,睾丸激素高的人比睾丸激素低的人在谈话中变得更不友好。在对对方的注视中,他们表达了更多的控制信息。低睾丸激素的社团成员对人友好且经常微笑,而高睾丸激素的社团成员则更粗鲁。国内研究者在上海市少年管教所在押犯中开展了一项研究,选择了 30 名聪明伶俐、反应灵活、在校时学习成绩好的各类罪犯作为研究对象,发现其激素测定中有 25 名的平均 E2(雌二醇)值明显低于正常值。这些研究有力地证明了人类攻击行为的生理基础。

第三节 大学生的生理特点与心理健康教育

一、大学生的生理发展特点

  大学时期正是大学生处于身体发展的第二次快速生长期,进入了生长稳定期的阶段。其特点是:骨化逐渐完成,身体形态日趋稳定,各器官和各系统的机能日益完善,人体发育的生殖系统达到完全成熟水平。

二、大学生生理发展对心理的影响

(一)体型对自我概念的影响

  大学生身体发育达到高峰后逐步定型,这对心理的特殊影响是促进自我概念的发展。自我概念属自我意识的范畴,主要包含两个方面的内容:一是对自己的体型、仪表、体力方面的综合看法;二是对自己智力、情操以及人格等方面的看法。这两个方面是互相联系的、统一的。从发展过程来看,个体对身体形态和仪表的自我概念成分比智力、人格等方面的认识形成要早。人在出生后6个月左右,开始对自己的镜中形象感兴趣,这个阶段属于"第一镜像阶段"。从青春期开始,在自我意识中形成的身体、仪表的观念称为"第二镜像阶段"。在这个阶段,不论是出于自我欣赏还是自我反感,对于自己身体显著的变化,内心交织着种种评价和情绪体验,直到获得恰当的自我概念为止。在青年早期阶段,身体发育速度很快,青年开始对认识"自我"感兴趣。这种兴趣首先表现在关心自己身体的形象,喜欢受到好评。然而,由于发育速度因人而异,有的青年可能出现"形态不全恐惧症"。例如,有的男青年身体不高,经常焦虑,似乎身高与"男子汉"的称号相关。早熟的男性会因在身高、体力方面都胜过同龄人,而引起周围人们的羡慕;晚熟的男性经常担心自己发育不全等。到了青年中期,即大学阶段,大学生一方面对自己的体型和仪表的特征非常敏感,另一方面能够综合个人的智能、情操和人格特点进行自我评价。随着年龄的增长,大学生为仪表和体型而忧虑的情绪逐渐减少,而认为智能、情操、品格因素更重要,甚至起主要作用。

(二) 性别差异对心理和行为的影响

随着性器官的发育和成熟,它对人的心理和行为上的影响日益明显。这种影响主要有两个方面:一是随着生理上性的发育和成熟,出现了性意识的觉醒;二是在男女体质差异的基础上,出现了性别角色社会化的不同。每一种文化都有某些关于男人和女人的行为准则,即那种文化的性别角色标准。男性和女性的行为标准在不同的文化之间差异很大,并且在同一个文化中也随着时代发展而变化。当今中国,人们不再期望妇女是依赖的、顺从的和不具竞争性的,男人也不再因乐于做家务和具有温柔的性格而受到非议。

知识拓展

男性和女性心理的差异是客观存在的,这种差异是生物学因素和环境因素相互作用的结果。生物学因素为心理的性别差异的形成提供了物质基础和自然前提,即潜在可能性。要把这种可能性变成现实性,起决定性作用的还是环境因素,其中的教育因素在形成心理发展的性别差异中起着主导作用。因为心理的性别差异是男女两性在社会化过程中逐渐形成的现实差异,环境和教育可以扩大、缩小甚至消除生物学因素对性别差异的影响。

各种文化的性别角色标准,最初大部分是由父母传给子女的。男孩儿最了解的男人通常是他的父亲,女孩儿则通过她的母亲了解女人应扮演什么角色。甚至在儿童还没有性别意识的时候,他(她)们就可能因他(她)们的性别而受到不同的对待。例如,女孩儿可能比男孩儿更受父亲的娇惯;男孩则在力量方面得到了更多的训练。在有意与无意之间,父母对待孩子的态度对孩子性别角色社会化有很大的影响。此外,教师、伙伴和其他人以及书籍、电影、电视等大众传播媒介对个体性别角色的社会化也起着十分重要的作用。可以说,大学生从各种渠道塑造着社会所期待的性别角色特征。随着性发育成熟所产生的性意识的觉醒以及自我意识的形成和发展,大学生对社会期望的性别角色特征的学习会更为自觉。

(三)生理成熟对心理成熟的影响

生理成熟是指身体各种器官发展到完成状态后,身体的生长即行停止。大学生正处于身体迅速走向成熟的时期,这个时期的生理状态对大学生心理成熟具有相当大的影响:一方面,生理成熟促进了智力和情绪的成熟;另一方面,生理成熟也影响人格的成熟。人格的成熟是在先天素质的基础上,受环境和社会关系影响的结果。人格在形成的过程中,离不开神经生理基础的作用。同时,生理上的逐步成熟也不断地同心理发生交互影响,参与人格的形成。

个人的仪表、体型,常常受到人们的主观裁判和期望,在一定程度上决定了人际关系中双方的行为和态度,影响着人格的形成。例如,一些有身体机能发育缺陷或有慢性疾病的大学生,往往依赖性强,自理能力差。周围人际关系(包括家族成员、教师和同学)也往往对他产生两种态度:一是过分照顾,二是嫌弃。其结果往往酿成病态人格。

身体的生长发育是心理发展的物质基础,人的生理发展和心理发展是密不可分的。从发展的观点来看,进入大学阶段后,大学生的身体发育处于生长高峰,躯体形态改变速度放缓并迅速走向成熟。大学生的生理发展对心理发展的特殊影响不容低估。

知识拓展

大脑两半球功能的不对称性

1860年,法国外科医生布洛卡(Broca,1824~1880)发现,大脑左半球额叶受损伤导致了运动性失语症(即患者虽然发音器官并没有毛病,却失去了说话的能力),但患者仍保留了听懂别人说话,以及写字和阅读的能力。布洛卡的发现已经证明了左半球的言语优势。为纪念布洛卡的发现,人们把左半球主管言语的区域叫作"布洛卡区"。20世纪60年代,美国神经心理学家罗杰·斯佩里(R. W. Sperry)做了"割裂脑"的实验。割裂脑手术就是切断病人联结左右两个半球的神经纤维束——胼胝体,把两个半球分裂开来。做割裂脑手术的两个病人是右利手,他们在手术前都能用左手和右手写字和画画。但在手术后,他们只保留了右手写字、左手画画的能力,右手不再会画画,左手不再会写字了。因为这时右手只受左半球支配,左手只受右半球支配。所以,这一实验结果进一步证明这样的一条结论:对于右利手的人来说,他的左半球言语功能占优势,右半球空间知觉和形象思维占优势。

本章小结

本章主要介绍了心理发生、发展的生理基础,大学生的生理特点与心理健康教育。通过本章的学习,同学们要了解心理及心理的生理基础知识,熟悉大学生的生理特点与心理

健康教育,并清楚自己的心理状况。

 思考与练习

1. 联系学习生活,探讨心理与行为之间的关系。
2. 试分析生理因素对心理健康的影响。

大学生适应量表

大学生适应量表,可以帮助您从人际关系、学习、校园生活、择业、情绪情感、自我适应与满意度等方面,全面了解自己大学生活的适应状况。下面列出了60条关于您个人情况的句子。请您仔细阅读每一个句子,根据自己最近一段时间的实际情况,在5个数字中选择一个最适合您的答案(1=不同意,2=不太同意,3=不确定,4=比较同意,5=同意)。答案无对错之分,请认真作答!

测试题:

(1) 每天的生活中总是有我感兴趣的事情。	1	2	3	4	5
(2) 如果让我再选择一次,我还是会像现在这样生活。	1	2	3	4	5
(3) 我总是感到心情愉快。	1	2	3	4	5
(4) 我平时常看与专业有关的书。	1	2	3	4	5
(5) 我很少去了解社会对人才的需求。	1	2	3	4	5
(6) 遇到灰心的事情,我常常一筹莫展。	1	2	3	4	5
(7) 我对现在的大学生活很满意。	1	2	3	4	5
(8) 我清楚地知道毕业后该继续深造还是工作。	1	2	3	4	5
(9) 我对现在的学习有很高的热情。	1	2	3	4	5
(10) 我认为自己的优点多于缺点。	1	2	3	4	5
(11) 很多人都找我和他们一起玩。	1	2	3	4	5
(12) 我不知道通过阅读各种有关择业的书籍来了解不同专业的特点和要求。	1	2	3	4	5
(13) 当我不想一个人做事时,总会找别人陪我。	1	2	3	4	5
(14) 我知道自己适合做什么工作。	1	2	3	4	5
(15) 我从不感到孤独。	1	2	3	4	5
(16) 我总是去发现自己的优点并以此来鼓励自己。	1	2	3	4	5
(17) 我的业余生活很丰富,不需要作任何改变。	1	2	3	4	5
(18) 我知道怎么夸奖别人。	1	2	3	4	5
(19) 我不会为实现自己的职业目标而制订计划。	1	2	3	4	5
(20) 和别人发生冲突时,我不知道该怎么办。	1	2	3	4	5

(21) 我很少感到紧张或焦虑。　　　　　　　　　　　　　　1　2　3　4　5
(22) 我会根据自己的实际情况培养一些业余爱好。　　　　1　2　3　4　5
(23) 我总拿自己的短处与别人的长处比较。　　　　　　　1　2　3　4　5
(24) 我经常对学习进行反思。　　　　　　　　　　　　　1　2　3　4　5
(25) 当我受到打击时,我会想到自己好的一面。　　　　　1　2　3　4　5
(26) 虽然我的业余生活很贫乏,但我不知道怎样改变这种状况。　1　2　3　4　5
(27) 我总是精力充沛,精神饱满。　　　　　　　　　　　1　2　3　4　5
(28) 我不知道如何分配学习时间。　　　　　　　　　　　1　2　3　4　5
(29) 我觉得自己的能力比别人强。　　　　　　　　　　　1　2　3　4　5
(30) 我非常厌烦现在的学习。　　　　　　　　　　　　　1　2　3　4　5
(31) 与同龄人相比,我感到很知足。　　　　　　　　　　1　2　3　4　5
(32) 我不习惯学校规定的作息时间。　　　　　　　　　　1　2　3　4　5
(33) 我不为自己的外貌而烦恼。　　　　　　　　　　　　1　2　3　4　5
(34) 在不同的学习阶段,我总是制订不同的学习目标。　　1　2　3　4　5
(35) 当我有任何困难时,有很多人愿意帮我。　　　　　　1　2　3　4　5
(36) 我有明确的职业目标。　　　　　　　　　　　　　　1　2　3　4　5
(37) 我知道如何关心别人。　　　　　　　　　　　　　　1　2　3　4　5
(38) 我的业余生活单调乏味。　　　　　　　　　　　　　1　2　3　4　5
(39) 我常常通过转移自己的注意来调整情绪状态。　　　　1　2　3　4　5
(40) 我很少对前一段的学习进行总结。　　　　　　　　　1　2　3　4　5
(41) 我会综合各种因素确定自己的择业目标。　　　　　　1　2　3　4　5
(42) 我不知道用什么办法让自己接纳自己。　　　　　　　1　2　3　4　5
(43) 很多人都愿意和我交往。　　　　　　　　　　　　　1　2　3　4　5
(44) 我非常喜欢自己的专业。　　　　　　　　　　　　　1　2　3　4　5
(45) 我不知道做什么事情能使自己高兴起来。　　　　　　1　2　3　4　5
(46) 我喜欢学校的娱乐、休闲或锻炼场所。　　　　　　　1　2　3　4　5
(47) 我总是总结考试失败的教训。　　　　　　　　　　　1　2　3　4　5
(48) 我认为大学生活中有很多不尽如人意的地方。　　　　1　2　3　4　5
(49) 我总是想办法提高记忆力、注意力等学习能力。　　　1　2　3　4　5
(50) 我善于用语言和别人进行沟通。　　　　　　　　　　1　2　3　4　5
(51) 我经常有意识地通过社会实践活动为将来的工作做准备。　1　2　3　4　5
(52) 我非常适应大学里的生活。　　　　　　　　　　　　1　2　3　4　5
(53) 不高兴时,我只会抱怨。　　　　　　　　　　　　　1　2　3　4　5
(54) 我觉得现在的宿舍很舒适。　　　　　　　　　　　　1　2　3　4　5
(55) 遇到陌生人时,我不知道如何与他们交谈。　　　　　1　2　3　4　5
(56) 当我想聊天时,总能找到人和我一起聊。　　　　　　1　2　3　4　5
(57) 我觉得自己对未来从事什么工作越来越迷茫了。　　　1　2　3　4　5
(58) 当我心情不好时,我会出去散心。　　　　　　　　　1　2　3　4　5

(59) 我觉得自己越来越适应大学的学习了。　　　　　1　2　3　4　5
(60) 我会努力参加各种活动来丰富我的业余生活。　　1　2　3　4　5

 评　析

测试题中第(5)(6)(12)(18)(19)(20)(23)(26)(28)(30)(32)(38)(40)(42)(45)(48)(53)(55)(57)题是反向计分题目,即选择1记5分,2记4分,3记3分,4记2分,5记1分。其余的题目选择1记1分,2记2分,3记3分,4记4分,5记5分。首先把反向计分的题目分数算出来,然后和其余的题目得分相加,求得适应总分。分数越高,说明适应状况越好。

体 验 放 松

目的:
1. 让学生学会释放紧张的情绪,懂得松弛之道。
2. 让学生集体体验放松的感觉,掌握自我放松的要领和技巧。

道具:
放松音乐磁带。

程序:
1. 热身"过电"游戏。

全体同学以圆形站立。伸出左手手心向下,伸出右手食指向上,与相邻同学的左手手心接触。主持人随机喊一些数字,当喊尾数是7的数字(如27、37、47……107……)时,学生要设法左手抓,右手逃,以体验心理紧张的感觉,可反复几次。

2. 让学生先体验肢体紧张的感觉。体验的顺序依次为手臂部、头部、躯干部、腿部。

(1) 手臂部的紧张。伸出右手,握紧拳,紧张右前臂;伸出左手,握紧拳,紧张左前臂;双臂伸直,两手同时握紧拳,紧张手和臂部。

(2) 头部的紧张。皱起前额肌肉,像老人那样皱起眉头;皱起鼻子和脸颊(可咬紧牙关,使嘴角尽量向两边咧,鼓起两腮,仿佛在极痛苦状态下使劲一样)。

(3) 躯干部位的紧张。耸起双肩,紧张肩部肌肉;挺起胸部,紧张胸部肌肉;拱起背部,紧张背部肌肉;屏住呼吸,紧张腹部肌肉。

(4) 腿部的紧张。伸出右腿,右腿向前用力像在蹬一堵墙,紧张右腿;伸出左腿,左腿向前用力像在蹬一堵墙,紧张左腿。

3. 让学生进行想象放松。

播放轻柔的音乐,根据主持人的指导语让学生进行想象放松:"我仰卧在水清沙白的海滩上,沙子细而柔软。我躺在温暖的沙滩上,感到舒服,感受阳光的温暖。我耳边听到海浪声音,感到温暖而舒适。微风吹来,我有说不出的舒畅感觉。微风带走我的思想,只剩下一片金黄阳光。海浪不停地拍打海岸,思维随着节奏飘荡,涌上来又退下去。温暖的海风吹来,又离去,带走了心中的思绪。我感到细沙柔软、阳光温暖、海风轻缓,只有蓝色天空和大海笼罩我的心。阳光照着我全身,身体感到暖洋洋的。阳光照着我的头,我的头感到温暖与沉重。轻松暖流,流进右肩,右肩感到温暖沉重。呼吸变慢,变深。轻松暖流,流进我右手,右手感到温暖沉重。呼吸变慢,变深。轻松暖流,又流回我右臂,右臂感到温暖沉重。轻松暖流又流进我后背,后背感到温暖沉重。从后背转到脖子,脖子感到温暖沉重。

我的呼吸变慢,变深。轻松暖流,流进左肩,左肩感到温暖沉重。呼吸变慢,变深。轻松暖流,流进了左手,左手感到温暖沉重。呼吸变慢,变深。轻松暖流,又流回左臂,左臂感到温暖沉重。

我呼吸变慢,变得轻松。心跳也慢,有力。轻松暖流,流进右腿,右腿感到温暖沉重。呼吸变慢,变深。轻松暖流流进右脚,右脚感到温暖沉重。呼吸变慢,变深。轻松暖流,又流回右腿,右腿感到温暖沉重。呼吸变慢,越来越深,越来越轻松。轻松暖流,流进腹部,腹部感到温暖轻松;流到胃部,胃部感到温暖轻松;最后流到心脏,心脏感到温暖轻松。整个身体变得平静。心里安静极了,已经感觉不到周围的一切,四周好像没有任何东西。我安然躺卧在大自然中,十分自在。(静默几分钟后结束)

4. 学生分享体验感受。

注意事项:

1. 放松的环境要保持安静,光线不要太亮,尽量减少其他无关刺激。

2. 学生可以找到任意一个放松的姿势,使自己处于放松、不紧张的状态,可以靠在沙发上,可以坐在椅子上,也可以躺在地板上。

3. 放松时,学生闭上眼睛并配合深、慢均匀呼吸。

4. 放松训练不是一朝一夕能够奏效的,必须经过数周乃至几个月的练习,方能收到明显的效果。因此,要持之以恒地坚持训练。

第三章　大学生心理健康教育的人格基础

引　言

大学阶段是一个人的人格不断发展与重建的关键时期。健康的人格是大学生成才的必备条件，是大学生在自身所处的社会环境中保持良好的认知水平、平稳的情绪情感、恰当的行为方式和正常的社交与职业功能的前提。健康的人格塑造是一个长期的过程，是在潜移默化中不断改造、不断提升的过程。本章就人格进行了概述，介绍了人格类型与身心健康、大学生的人格障碍、健全人格的塑造等内容。通过本章的学习，同学们要了解人格与身心健康的关系，熟悉大学生中常见的人格障碍，懂得塑造健全人格的方法，并学会根据自身条件提高自己的人格魅力。

学习目标

1. 了解什么是人格和人格的类型，认识健全人格的重要性。
2. 了解大学生健全人格与心理健康的关系。
3. 了解大学生常见的人格障碍的类型。
4. 掌握塑造健全人格的方法，懂得如何提高自己的人格魅力。

第一节　人格概述

一、人格的含义和特征

（一）人格的含义

"人格"一词在含义上有三种解释：一指人品，与品格同义，是社会上的一般解释；二指权利、义务主体的资格，是法律上的一般解释；三指人的个性，与性格同义，是心理学上的解释。

不同的心理学流派从不同角度对"人格"下了定义。有人说，人格是个人内在的动力组织及其相应的行为模式的统一体,这一界定包含三层含义。

(1) 人格通常是指一个人外在的行为模式。

(2) 人格更是指一个人内在的动力组织。它包括稳定的动机,如经常起作用的亲和动机和成就动机;习惯性的情感体验方式和思维方式,如从自己的需要和立场出发,还能设身处地地为他人着想;稳定的态度、信念和价值观等,如责任感。正是一个人内部的动力组织决定了其外在的行为模式。

(3) 人格就是这样一种蕴蓄于中、形之于外的统一体。这种统一体往往由一些特质所构成,如内外向、独立性、自信心等。当然,表里不一的情况也是常见的。但这种经常性的表里不一本身也是一种统一体,即一种人格特质。

也有学者说,人格是个体在对人、对己及一切环境中的事务适应时所显示的有异于别人的性格。个体的性格是在遗传与环境交互作用下,由逐渐发展的心理特征所构成的;而其心理特征表现于行为时,则具有相应的统合性和持久性。

(二) 人格的特征

1. 人格的整体性

人格的整体性是指构成人格的各种心理成分不是相互独立的,而是相互联系的,它们构成了一个完整的功能系统。人格是具有倾向性的心理特征的总和。虽然它由多种成分构成,但是一个人的各种人格倾向、人格特征与心理过程总是有机地结合在一起,它们相互联系、交互作用,组成了一个有机的整体。

知识拓展

人格的整体性首先表现在各种心理成分的一致性。一个正常人总是能及时地调整人格中的各种矛盾,使人的心理和行为保持一致。如果没有这种一致性,人们就会长期处于对立的动机、价值观、信念的斗争中,一个人内心冲突就会激烈,其行为就会严重失调,会形成多重人格。人格的整体性还表现在构成个体人格的各种成分中,有的是主要的,起主导作用;有的是次要的,起辅助作用。起主导作用的成分决定个体人格的基本特征。

2. 人格的稳定性

人格是在一个人的成长过程中逐渐形成的。一个人一旦形成某种人格特征,这种人格特征就具有相对的稳定性。孔子说:"三十而立,四十不惑,五十而知天命。"从人的进化过程看,"三十而立"就意味着人的社会化过程基本完成,人格特征进入相对稳定的阶段。

随着年龄的增长,人格特征变得日益稳固。人格具有相对的稳定性,因而我们可以以此判断一个人的未来发展情况。现在活泼开朗的人,将来也是活泼开朗的;在工作中喜欢竞争的人,在体育活动中也喜欢竞争;那些高成就需要者,比其他人更有可能获得经济上的成功。个人行为中偶然表现出来的一时性的心理特征不能称其为人格特征,只有经常性的、在大多数情况下都得以表现的心理现象才是人格特征的反映。

人格的稳定性是相对的。一个人的人格也会随着生活环境、文化背景甚至身体条件的变化而变化。如长期移民在外的人的信仰、价值观会发生变化,一场大病也可使原本活泼开朗的人变得沉默寡言。

3. 人格的独特性

每个人的遗传素质不同,生活环境不同,因而每个人都有自己独特的心理特点,这就构成了人格的独特性。在日常生活中,我们随时随地都可以看到各种个性的大学生,他们在能力、气质、性格、动机等方面各不相同。人格虽然具有独特性,但是人们之间在心理和行为上也具有共同性:同一民族、同一阶层、同一群体的人们具有相似的人格特征。如勤劳勇敢是中华民族共同的传统美德。人格是独特性与共同性的统一。

4. 人格的社会性和生物性

人格的发展有其生物学基础。生物因素为人格的发展提供了物质前提,是人格形成的基础,影响着人格发展的方向和方式,但它却不能预定人格发展的方向。影响人格发展的决定性因素是社会生活环境。

人一出生就在一定的社会条件下生活,人的成长过程也是一个社会化的过程。社会环境、社会制度、文化氛围、社会地位、民族、家庭等一系列的社会问题影响着人格的形成。一个人的人格必然会反映出他生活在其中的社会文化特点及所受的教育影响。在不同的历史和文化背景下,各个民族具有自己独有的特征。

人格是生物体和社会体的统一体。生物因素是人格形成的物质前提和基础,社会生活环境是人格形成的决定性条件。

二、人格理论

人格的形成受到不同因素的影响,因而发展出不同的分析理论。这些理论包括精神分析论、社会认知论、人本主义及生物学派等。

(一) 精神分析论

弗洛伊德是奥地利精神病医生、精神分析学派的创始人。他把人格结构分为三个层次,即本我、自我、超我。

1. 本我

本我位于人格结构的最底层,是人的原始的无意识本能,主要是生本能和死本能组成的能量系统,包括人的各种生理需要。它寻求直接的满足,而不顾社会现实是否有实现的可能,遵循快乐原则。

2. 自我

自我位于人格结构的中间层次,是在本我的冲动与实现本我的环境条件之间的冲突中逐渐发展起来的。它在本我和超我之间起着调节的作用:一方面要尽量满足自我的要求,另一方面又受制于超我的约束。它遵循的是现实性的原则。

3. 超我

超我位于人格结构的最高层次,由社会规范、伦理道德、价值观念内化而来,是个体社会化的结果。它遵循道德原则,是道德化了的自我,起着抑制本我冲动、对自我进行监控以及追求完美境界的作用。

人格结构中的三个层次相互交织,形成一个有机的整体。它们各行其道,分别代表着人格的某一方面:"本我"反映人的生物本能,按快乐原则行事,是"原始的人";"自我"寻求在环境条件允许的情况下让本能冲动能够得到满足,是人格的执行者,按现实原则行事,是"现实的人";"超我"追求完美,代表了人的社会性,是"道德的人"。当三者处于协调状态时,人格表现出一种健康的状况;当三者发生冲突而无法解决的时候,就会导致心理疾病的发生。

(二)社会认知论

社会认知论的提出者是心理学家班都拉。他指出人的行为不但受个人控制,亦受环境和外在社会因素的影响,即"相互决定论"。他提出个人自我效能的高低会影响他适应生活及克服障碍的能力。而根据社会学习理论,个人的观察学习能力亦对性格形成和发展有所影响。

(三)人本主义

以马斯洛为首的人本主义者认为个人有五种天生的需求层次,而满足这些需求的行为就是从学习中得来的。人格受先天、后天的学习及遗传等各种因素互相影响。

(四)生物学派

生物学派认为人格的特质会透过遗传影响子女,亦关乎大脑的生理构造,并非只受个人经验影响。心理学家艾辛克认为人格可分为三大维度,即外向与内向、神经过敏症倾向和精神症状倾向。

(五)人格结构五因素理论

人格的内涵丰富,结构复杂,视角多样。探讨人格的构成对于人格评价和人格优化有着重要的意义。经过几十年持续不断的研究,国际心理学领域越来越认同五因素人格结构。它是人格研究最新的结论。五因素人格结构也称"大五人格"(见表3-1),包括神经质、外向性、开放性、随和性、谨慎性,具有普遍性和广泛应用的价值。

表3-1 五因素人格结构

人格因素	代表的人格特质	两极表现
神经质	焦虑、敌对、压抑、自我意识、冲动、脆弱、自我防卫等	平静—烦恼,坚韧—脆弱,安全—危险
外向性	热情、社交、健谈、果断、活跃、冒险、乐观、激动、好动、表现等	孤独—交际,寡言—多语,克制—冲动
开放性	想象、思考、审美、情感丰富、求异、智能、创造、兴趣等	守旧—创新,胆怯—勇敢,保守—开明
随和性	信任、直率、利他、依从、谦虚、同情、体贴、友好等	暴躁—温和,粗鲁—文静,自私—无私
谨慎性	胜任、条理、尽职、自律、谨慎、可靠、能力、责任、效率等	粗心—细心,独立—依赖,冷漠—热忱

第二节　大学生的人格障碍

一、人格障碍的概念

"人格障碍",是精神病学诊断分类中的名词。人格障碍是指人格特征明显偏离正常,使患者形成了一贯的反映个人生活风格和人际关系的异常行为模式。这种模式显著偏离特定的文化背景和一般认知方式(尤其在待人接物方面),明显影响其社会功能与职业功能,造成对社会环境适应不良,患者为此感到痛苦,并已具有临床意义。患者虽然无智能障碍,但适应不良的行为模式难以矫正,仅少数患者成年后在程度上可有改善。人格障碍通常开始于童年期或青少年期,并长期持续发展至成年或终生。

有人格障碍的人,其行为模式必定异于常人。但行为偏离正常人未必都有人格障碍。只有那种行为偏离是广泛的、稳定的和长期的,而且能明确症状开始于童年或少年期,现年18岁以上,至少已持续两年的情况下,才考虑是人格障碍。特别要注意的是:有人格障碍者,因为他并没有智能障碍,不仅本人对此并无自知,周围的人也不认为他有病,只是觉得他不好相处。

二、人格障碍的类型

在现实生活中常见的人格障碍有偏执型、分裂型、表演型、反社会型、焦虑型、强迫型等。各类型人格障碍的表现如下:

(一)偏执型人格障碍

这类人敏感多疑,以猜疑和固执为主要特点,表现为普遍地、无根据地怀疑别人,常将他人无意的或友好的行为误解为敌意或轻蔑;过分警惕与防卫,无端怀疑自己的同学或朋友不可靠,认为自己被人利用或损害;病态嫉妒,对同学或他人的成功有受伤害感;过分自负,总认为自己是正确的,总要求别人尊重、重视自己;好争辩,难以接受别人的意见,缺乏热情与同情,对艺术类活动少有兴趣;缺乏幽默感,不与别人开玩笑,往往将自己的挫折或失败归咎于他人。

 **案例分析**

有一位刚升入大学的18岁男生,刚开学由于同学间尚互不认识,被老师指定为暂任班长。半学期后,由于和同学关系不和,他被撤掉班长之职。于是,该生就疑心是某同学在老师那里搞鬼,嫉妒他的才干,而认为自己受到了排挤和压制,对被撤换一事耿耿于怀、

愤愤不平,认为同学与老师这样对他不公平。于是,指责他们,埋怨他们,常与同学、老师为此发生冲突,并要求恢复他的班长之职,否则扬言要上告、报复。大家都耐心细致地劝他,他总是不等人家把话说完,就急于申辩,始终把大家对他的好言相劝理解为是恶意、敌意。这样无理取闹,使他与同学、老师的关系日益恶化,到大学毕业时,仍无根本性的变化。

经诊断,他为偏执型人格障碍。

(二) 分裂型人格障碍

这类人以观念、行为、外貌装饰的奇特,情感上的冷漠,人际关系上的明显缺陷为主要特征。这种特征表现为回避交往、离群独处、我行我素以及自得其乐,喜好沉思与幻想,缺乏行动,缺乏热情、同情与幽默,难以与别人建立情感联系,少朋友更无知心朋友,对表扬和批评、自己影响他人及别人对自己的态度均不关心。

 **案例分析**

有这样一位23岁的师范大学哲学系本科三年级男生:大学三年以来,虽然同宿舍这么长时间,但从不和宿舍同学一起聊天、谈话,也很少见有同学、老乡来找他。因此,同学们都背后戏称他为"怪人"。他终日离群独处,冥思苦想,偶尔交谈亦不能与人合拍。他说的都是些"玄论",令人莫明其妙。他学习成绩不错,但性格孤僻,对人冷漠,又很怕羞、敏感,从不肯在公众场合抛头露面,也没有什么知心朋友。在一段时期里,他突然着迷于气功,经常不上课,外出去找什么"气功大师"传授"功法"。回来后早晚面壁练功,搅得同学们都非常反感,劝也不听,止也不住。他一味我行我素,行为奇怪,简直像个"外星人"似的。当学生尚且如此,工作以后怎能适应社会?同学们都为他着急。他到底怎么了?

诊断分析:患者脑子里充满着各种体验、感觉和想法,因此往往沉溺于奇异的幻想和自闭性思考。外界事物皆被他摒弃于脑外,因此脾气古怪,总是躲开大家,看到同学也不打招呼,讲起话也不适应气氛和场合。经医生诊断为分裂型人格障碍。

(三) 表演型人格障碍

表演型人格障碍又称"癔症型人格障碍"或"寻求注意型人格障碍"。这种人以情绪不稳定为主要特征,表现为:喜形于色,表情夸张且丰富,说话装腔作势,感情体验肤浅、脆弱、波动性大,易受他人或环境影响;以自我为中心,为满足自己的需要不择手段;爱交际,好表现,渴望吸引别人注意,渴望得到表扬与同情;易受暗示,凭猜测和直觉判断,言语不可靠,不注意细节,显得天真幼稚。

 **案例分析**

一位26岁男士因喜欢表现自己、感情用事、易激惹等情况,于2013年入院。病人于2013年之前,因不明原因逐渐表现为爱模仿戏装演员的动作,身着戏装或其姐的红毛衣,

头扎鲜花,抹口红,打扮自己,行为举止女性化。同时,该病人容易发脾气,自己的愿望如不能得到满足,就烦躁,甚至打人。人变得非常自私,把家里的电视机和洗衣机搬至自己的房间,不许别人使用,并常紧锁门户,防止他人进入。爱听表扬的话,与人谈话时,总想让别人谈及自己如何有能力、亲戚如何有地位、自己外貌如何出众等,如果别人谈及别的话题,病人常常千方百计地将话题转向自己,而对别人的讲话内容则心不在焉。因此,该病人常与家庭地位、经济情况、个人外貌等不如他的人交往,而对强于他的人常常无端诋毁。该病人常常感情用事,以自己高兴与否判断事物的对错和人的好坏,对别人善意的批评,即使很婉转,也不能虚心接受,不但不领情,还仇视别人,迫使别人不得不远离他。因此许多人说他不知好歹。与别人争论问题时,他总要占上风,即使自己理亏,也要编造谎言,设法说服别人。病人常到火车站站口或公共汽车上帮助检票、售票。有时对人过分热情,但若别人稍违于他,就与别人吵架,从而导致关系破裂,几乎无亲密朋友。近几年来,与人发生纠纷次数有所增加,给家庭带来许多麻烦。

这是一例典型的表演型人格障碍。

(四) 反社会型人格障碍

这类人以经常发生不符合社会规范的行为为主要特征,经常性违法乱纪,对人冷酷无情。这类人少年时有离家外出、与人斗殴、伤害动物、毁坏他人财物、说谎、偷窃等不良品行表现,成人以后出现不负责任或违犯社会规范的行为。这类人具有高度的冲动性和攻击性,缺乏羞愧感,不能从经历中吸取教训,缺乏自知之明。

 **案例分析**

卢某从小至咨询前都有一些明显的扭曲心理和极端行为。他的扭曲心理和极端行为表现在如下几点:(1)偷盗,他七八岁就经常去偷别人家的红薯、玉米、鸡、鸭等,连家里的钱都偷了十来万。(2)打架,他小时经常打架,若打不过对方,会找几个朋友再去打,直到对方服输才罢手。即使是转学,一到新学校就找人打架。(3)报复,因为做坏事而受到父母的打骂,对告密或告状者怀恨在心并想法报复。假如报复不了,会感到很难受。比如,偷了几个红薯被打,就会在晚上把人家种的红薯全都糟蹋了。若是偷鸡、鸭被告状,会找机会把那家的鸡、鸭等只要是活的全部毒死……一次打了一名同学,同学的母亲登门告状,他被其父狠狠地抽了一顿,罚跪了一个下午,结果第二天就又把那个同学打了,后面又连续打了几次,打得那个同学转了学。(4)逃学,他经常旷课,不上学,加上骂老师、打架、偷东西,坏得出了名,被学校开除4次,家人在3年内给他找了5所学校。(5)失学,11岁被开除后再未找到接收学校,开始鬼混。(6)犯罪年龄低,15岁伙同他人抢劫被判8个月;刑满释放后,16岁又伙同他人抢劫被判14年。(7)顽固不化,服刑期间,他经常违反监规纪律,经常打架闹事,多次受到警告、记过、禁闭等处分,因破坏生产经营罪加刑1年零6个月,成了全监有名的顽危犯。找谈话的警官不下几十个。他好像什么道理都懂,但怎么教育都改不了,干了坏事又死不承认。其父为此伤透了心,已经三年没有联系他,也不打算要这个儿子了。

经诊断此人为反社会型人格障碍。

（五）焦虑型人格障碍

焦虑型人格障碍又称"回避型人格障碍"。此类人的特征是长期、全面地脱离社会关系。他们回避社交,特别是涉及较多人际交往的职业活动,害怕被取笑、嘲弄和羞辱;他们自感无能,过分焦虑和担心,怕在社交场合被批评或拒绝。

 **案例分析**

孙某,大二学生,本人来咨询时说:"我每次考外语前都很紧张,前一天就开始担心、害怕,怕考不好,怕失败。为了外语考试,前一天我总是复习到很晚,常常在该睡觉的时候不能很快入睡,有时要过上一两个小时后才能睡着。每当考试进教室,我都会很紧张,常常心慌,手发抖,出汗,小便急,全身绷紧。我在考试时常常注意力不集中,明明掌握的知识在考试时就忘了,脑子里一片空白。事后发现自己也不是一点不懂,就是考试发挥不好。我以前学习都还可以,成绩属于班级中的中上水平。在高三上半学期的期中考试间考外语时虽然感冒发烧,身体很不舒服,但坚持考试,因此没有考好,成绩下降。老师和同学都开始对我有些看法。老师还批评了我(他不知道我带病考试)认为我不行,退步了。我也觉得很难过。以后每当考外语就开始担心成绩,怕发挥不好,怕被老师批评,怕被同学瞧不起。但结果确实又是发挥不好,考试成绩再度滑坡,以至于高考也没考好。以后心里就越来越害怕,越来越担心,越来越没有信心。我很想克服考试前的紧张,就是不知如何做才好。"

分析:该来访者的问题初步判断是属于期待性焦虑。与其他焦虑不同的是,期待性焦虑所指向的是特定的即将发生的事件,在本案中是指外语考试。来访者每次面临外语考试就会出现紧张、害怕的情绪,并伴有心慌、手发抖、出汗和尿急等躯体化反应,以及考前的睡眠障碍,这些都是焦虑型人格障碍症状。

（六）强迫型人格障碍

这类人平时常有不安全感和不完善感,过分认真,过分注意细节,过分自我克制,过分自我关注,责任感过强,过分追求完美无缺。在处事方面,由于谨小慎微,常常顾虑小事而忽略大事,并常要求别人按自己的方式办事,以致妨碍别人的自由。为此,这类人易犯错误,遇事优柔寡断,难以作出决定。

 **案例分析**

小张,男性,18岁。他小的时候,父母一直比较严厉。因为家境不好,他也非常懂事,对自己要求极为严格,不许自己浪费一点儿时间,学习非常刻苦,成绩一直名列班上前几名。父母为了奖励他,曾经节约开支给他买了块表。他一直担心将表弄丢,结果真在一次早操中将表弄丢,他深知父母挣钱不易,内心极度内疚,常常有意识地到寝室和马路边努

力寻找,希望能够发现,但最终没找到,他也不敢告诉父母。受此事影响,他的成绩也开始下降。后来,家里添置了沙发,他平素喜欢坐在沙发上看书。一次,母亲开玩笑说别坐坏了,以后不准坐在沙发上看书。从此,他再也不敢坐沙发,后来发展到看见椅子也害怕。

由于有这种强迫型人格,影响了他的学习,他大学没读完就辍学了,一直待业在家,成天为看病而四处奔波,而症状却越来越严重。最苦恼的是,他担心小便失禁,老想去厕所,但又自觉不该去,越想控制去厕所的念头反而有越强烈的反应。尤其是吃饭之后想去厕所,拼命克制不让自己去,结果吃了饭就吐,按胃病治了很久也未奏效。如今此症状已持续3年,什么事也做不了,真是苦不堪言。

近段时间以来,小张老是想着是否渴了或者饿了、椅子该不该坐、泡在盆里的衣服是现在洗还是过一会儿洗,见到电灯就要反复检查电灯开关,出了门要反复看门是否关好锁好,换衣服后要反复扣腰间的皮带,提着兜要反复检查表现兜里的东西是否还在等表现。

小张的症状就是典型的强迫型人格特征。

三、人格障碍形成的原因

人格障碍形成的原因较复杂。大量的研究资料和临床实践表明,生物、心理、社会环境等方面因素都会对人格的形成产生影响。因此认为,人格障碍是基于某种不健全的先天素质,或在后天不良社会环境因素的影响下形成的。人格障碍形成的原因主要有以下几点。

(一) 生物遗传因素

俗话说:"龙生龙,凤生凤,老鼠生来会打洞。"这句话说明某些行为可能是受遗传因素影响的。科学家们对人格障碍的遗传影响进行了有趣的研究。例如,有人曾对家谱进行研究,发现人格障碍患者亲属中此症的发生率与血缘关系成正比,即血缘关系越近,发生率越高。绝大多数实验表明,同卵孪生子比异卵孪生子在人格障碍、过失和犯罪等方面的一致率更高。如,斯莱特调查了8对同卵孪生子和43对异卵孪生子,发现人格障碍和神经官能症的同病率为:同卵为25%,异卵为20%。斯莱特还对被收养人与其亲生父母的病态人格的一致率进行研究。结果表明:亲生父母有人格障碍的,被收养子女有病态人格的比率高。这都说明遗传因素起着一定的作用。

(二) 病理生理因素

人格障碍患者虽然没有发现神经系统解剖、生理上的病变,但一般认为他们在神经系统的先天素质方面有不健全的地方。有人发现人格障碍患者有31%~58%的病人脑电图不正常,多是慢波活动形式。大脑不健全可能妨碍病人学习,因此,他们不能从经验中取得教训。这种解释似乎合理,但还没有足够的证据让人接受。心理学家里肯和哈尔,曾针对人格障碍患者缺乏焦虑和内疚的情况,进行了非常有价值的研究。结果表明,在经典条件反射实验中,人格障碍患者的皮肤电反应活动程度比非人格障碍患者低。在一项工作中,发现出错一次就给一次电击,人格障碍患者出错最多,非人格障碍患者最少,从而证明人格障碍患者没有预期的焦虑。哈尔也通过测量心跳、皮肤电反应和呼吸,对原发性和继发性人格障碍患者,与正常人的静态反应、紧张反应进行了对比研究,发现人格障碍患者对静态和紧张刺激的自主反应程度比正常人低,从而进一步证明了人格障碍患者倾向于缺乏焦虑,因而不能从经验中吸取教训。这就表明,人格障碍在某种神经系统功能上是存在障碍的,但是一般没有神经系统形态学的病理变化。

(三)家庭环境的影响

人格障碍的形成,幼年时期家庭环境是一个很重要的因素。

1. 双亲亡故或外出的家庭

孩子被寄养他处或独自生活,他们很可能得不到亲人的关心和家庭的温暖。如果他们经常感到无人关心,就会变得冷漠无情、敏感多疑、自卑易怒。如果他们再遭受到他人的歧视,则会抑郁焦虑,甚至产生怨恨、报复心理,形成偏执、分裂、反社会型等人格障碍。

2. 父母不和或离异的家庭

孩子生活在一个不和谐、不完整的家庭中,如果他们在童年得不到完整的父爱或母爱,如果他们经常看到的是父母的争吵和扭打,那么长大以后这些孩子往往会变得待人无情和冷漠。到了青春期、青年期,他们既渴望别人注意和得到爱情,又把自己的这种感情深深地埋在心底,使用出格的行为来引起别人的注意,这样就很容易形成癔症型或多重人格等人格障碍。

(四)父母管教方式的影响

专制型、溺爱型、放任型的管教方式是产生人格障碍的温床。相当一部分家长因为受教育程度较低,在管教孩子时,行为粗暴、方法简单、随意打骂孩子,这样会使孩子易形成冲动型人格障碍。也有一些家长,智商较高,学历也高,望子成龙、望女成凤心切,要求孩子时严格有余、爱心不足,这样易使孩子形成强迫型人格障碍。还有一些父母,对孩子过分溺爱,娇惯成性,导致孩子一旦离开父母则不知所措,这样的孩子适应能力很差,较易形成依赖型、焦虑型人格障碍。

相当多的家长在子女考入大学后将更多的精力转移到提供经济支持上,而对子女的心理成长问题采取放任自流的态度,这样很容易使子女形成只管伸手向父母要钱、不管父母死活的不良人格。

(五)应试教育的影响

长期以来,在高考指挥棒的影响下,学校和家长在教育学生的过程中往往采用应试教育的方法,只重视智力教育,而没有将培养学生心理素质渗透到其中,忽略了学生健康人格的培养。学校、家长都只重视学生的学习成绩,常以学生的高考分数论功行赏。为了使学生取得好成绩,学校和家长给学生提供安静的环境让他们刻苦学习,不允许他们参加各种社会活动,使一些学生封闭自我,不与人交往,仅仅关注自己的学习和成绩。

(六)社会环境的影响

市场经济中的激烈竞争在促进社会各方面飞速发展的同时亦造成了一系列的社会问

题。紧张的生活节奏和巨大的工作压力使人感到精神压抑、身心疲惫。改革开放给大学生提供了良好的机遇,但随之出现的一系列社会不良现象亦使大学生在心理上产生了诸多矛盾,他们甚至切身感受到社会转型期的阵痛。这使得大学生的人格弱点泛浮出来,形成人格障碍。

四、人格障碍的防治

个体的人格一旦形成,往往具有一定的恒定性,要改变并非易事。古语说的"江山易改,本性难移"就是这个意思。但是还有一句古语:"天下无难事,只怕有心人。"所以,只要加强自我调适和进行各种治疗,人格障碍是可以得到纠正的。由于人格障碍主要是自我评价的障碍、选择行为方式的障碍和情绪控制的障碍,集中表现为社会环境适应不良,即不能根据外界环境反馈的信息,及时调整自己的行为。因此,人格障碍的治疗应以心理治疗为主,包括对适应环境能力的训练、选择适当职业的建议与改善行为方式的指导、人际关系的调整,以及优点与特长的发挥,等等。特别是认知疗法与行为矫正疗法可以发挥其作用,但治疗需要较长的时间与极度的耐心。同时,还要防止患者的依赖与纠缠。药物治疗只有临时对症的效果,镇静剂、抗焦虑药与抗抑郁药均可酌情选用,长期用药则利少弊多,尤应注意药物依赖。特别值得注意的是,人格障碍的治疗应与预防相结合。尽管人格障碍到成年时才能定型,但大多数在儿童时期就开始形成了。因此,为儿童提供良好的家庭和社会环境与教育是极为必要的,这是预防和减少人格障碍的有效手段。

(一) 早期预防

宣传普及人格障碍的知识,创设良好的家庭、社会环境,进一步搞好素质教育。

(二) 及时发现

学校可通过学生心理健康普查及时发现有人格障碍的学生;任课老师或同学也可运用观察法,及时发现有人格障碍的学生。

(三) 主动求助

发现自己有明显的问题,但自己总也改不掉,此时应主动求助心理帮助,进行心理咨询或可申请人格测验以确定是否有人格障碍。

(四) 积极治疗

对已确定有人格障碍的学生,要进行积极的心理治疗。

在大学生中,真正患有人格障碍的毕竟是极少数,但相当一部分大学生则有这样或那样的人格发展缺陷。人格缺陷是影响大学生心理健康的主要原因之一。大学生心理健康教育更重要的一个内容是对大学生人格缺陷的了解及调适。

第三节 健全人格的塑造

一、健全人格的标准

健全人格是一种理想化的人格模式,是人们在自己的心目中塑造出来的最完善的人格典范,是人格所应达到的最高境界。人格的健全体现在人一生的追求和发展过程中。健全人格追求的设定,从人生远景上回答了做什么样的人的问题,提供了一种人格追求的最高典范和做人楷模。健全人格是时代精神的凝聚,不同时代的思想家都塑造、提升着自身的人格,并设计出不同时代的健全人格。例如,中国古代儒家的创始人孔子,即视"圣人"为健全人格。

从总体上看,人格健全的人应该是在推动社会进步的实践中充分发挥自己的才干,为人类社会作出自己力所能及的贡献,同时使自己人格的各个方面得到充分、均衡发展的人。从具体特征上讲,健全人格应达到以下标准:

(一)和谐的人际关系

人际关系是人们在社会实践中形成的人与人之间的相互作用的关系,是社会关系的直接体现,是构成人类社会最普遍、最直接的关系。人际关系是人们在社会交往中建立的人与人之间的关系。社会交往可以促进人与人之间相互沟通理解,调节身心状态,增强人的责任感。人际关系最能体现个体人格健全的程度。人格健全的人乐于与他人交往,能与别人建立良好的关系,与人相处时,尊敬、信任等正面态度多于嫉妒、怀疑等消极态度。人格健全的人常常以诚恳、公平、谦虚、宽容的态度尊重他人,同时也受到他人的尊重和接纳。和谐的人际关系既是人格健全水平的反映,同时又促进健全人格的形成发展。

(二)良好的社会适应能力

社会适应能力反映了人与社会的协调程度。人的社会适应能力是在社会化过程中不断发展的。人格健全的人能和社会保持良好的、密切的接触,以一种开放的态度,主动关心社会、了解社会,观察所接触到的各种事物和现象,在认识社会的同时,使自己的思想、行为跟上时代的发展,与社会的要求相符合,能很快适应新的环境。

(三)乐观向上的生活态度

乐观的人常常看到生活的光明面,对前途充满希望和信心,对自己所从事的工作或学习抱有浓厚的兴趣,其特征表现为观察敏锐、注意力集中、想象丰富、充满信心、勇于克服困难,在工作和学习中能较充分地发挥自己的智慧和能力,并获得成功。乐观向上的人,即使生活中遇到困难和挫折,也能勇敢地去应对,不畏艰险,勇于拼搏。相反,悲观的人常常只看到生活的阴暗面,对任何事情都没兴趣,心情沉重,遇到一点挫折就情绪低落、怨天尤人,甚至自暴自弃。

(四) 正确的自我意识

自我意识是个体对自己以及自己与他人、与周围世界关系的认识。自我意识是一个完整的心理结构。它表现在认知上就是正确地认识自己、客观地评价自己;表现在情感上就是自尊、自信、自豪感、责任感、悦纳自己;表现在意志上就是能够自我监督、自我调节,努力发展身心潜能。具有健全人格的人对自己有恰如其分的评价,充满自信,扬长避短,能有效地调节自己的行为,与环境保持平衡。相反,缺乏正确自我意识的人常常表现出自我冲突、自我矛盾,或者自视甚高、妄自尊大,或者自轻自贱、妄自菲薄,甘愿放弃难得的机遇。

(五) 良好的情绪调控能力

情绪标志着人格的成熟程度。积极的情绪体验能使人振奋精神,增强人的信心,提高人的活动效率;消极的情绪体验会降低人的活动效率,长期积累甚至使人患病。

人格健全的人情绪反应适度,具有调节和控制情绪的能力,能经常保持愉快、满意、开朗的心境,并富有幽默感。当消极情绪出现时,他们也能合情合理地宣泄、排解、转移、升华。

二、大学生健全人格的塑造

大学生健全人格的塑造包括塑造良好的性格特征、正确认识气质以促进人格健康、做一个人格健全的现代人等三个方面。

(一) 塑造良好的性格特征

性格从最初的萌芽到最终成熟、定型,是一个漫长曲折的过程,但有时性格的发展阶段会提早或延迟。加强性格修养,有助于加快性格的成熟,避免形成不良性格。优良的性格品质可从以下几个方面来养成。

1. 道德品质

道德品质是指个体依据一定的道德规范,在行动时表现出来的稳定的特征。作为一个合格公民,诚实、善良、富有爱心是最基本的品质,也是一个人格健全者不可缺少的性格特征。这种道德品质的形成,绝对不是空洞说教的结果。善良和爱心也不是挂在嘴上、写在脸上的装饰,而是脚踏实地地从自己身边的每一件小事开始做起的行动。

2. 自尊

自尊是人格健全者的标志之一。自尊心是性格中一种高尚的品质。自尊的人关心自我形象,积极向上,有目标追求。例如,学生在学习过程中,为了证明自己的能力和赢得与自己能力相应的地位(自尊的满足)而发奋努力,或者害怕因考试成绩不好面临丧失自尊的威胁而刻苦学习。不管是力求成功还是避免失败,都是源于自尊需要而产生的成就动机。所以自尊促使人积极向上,但自尊过了头往往表现为自卑或者缺乏自信。

3. 自信

建立在客观认识基础之上的自信,是成功人士的性格中必不可少的特征之一。很难想象一个没有自信的人会有所作为。自信是在肯定自己存在价值的基础上,了解自己的长处和短处,扬长避短,并相信自己的能力和努力。自信是对自己、他人的悦纳,是一种意念,是一种意志。自信并不意味着没有失败,而是具有面对挫折的勇气、战胜失败的信念和把握成功机会的能力。

4. 责任感

认真负责是工作和学习中必不可少的优良品质。具有这种品格的人,在说话做事前会经过思考,而不是随心所欲、信口开河。面对困难,他不会推诿逃避,不会寻找借口以求得心理上的暂时安慰,而是敢于承担责任,并努力去获得成功。这种人往往是受人欢迎的。领导会放心地把工作交给一个认真负责的下属,朋友、同事会乐于和一个有责任心的人合作共事,儿女会因为有责任心的父母而在成长过程中受益无穷。认真负责并不是表面上的轰轰烈烈,而是从完成一次作业、兑现对朋友许下的诺言、为自己的一次小小的过失承担责任开始的。

5. 自我控制

自我控制是一个人良好性格的重要指标之一。一个人如果不善于自控,则意味着他不能有效地发动、支配自己或抑制自己的情绪,控制自己的冲动,这对未来的成长过程有害无益。

6. 挫折忍受力

挫折感是个人从事有目的的活动时,由于遇到障碍和干扰,其需要得不到满足时的一种消极的情绪体验。挫折忍受力是个体遭遇挫折而免于行为失常的能力。如果遭遇挫折,首先应客观分析挫折的成因。有的挫折是由于客观因素造成的,如容貌丑陋、家境贫寒等;有的挫折是主观因素的结果,包括人的能力、努力程度、意志、策略的运用等。其次要科学辩证地认识挫折。人遇到挫折后,都会产生挫折感,但每个人对挫折的归因、认知、评价不同,承受、应对的方式也不同。有人觉得天崩地裂,从此一蹶不振;有人却从挫折中吸取教训,从逆境中奋起。

7. 独立和创新

独立思考的倾向是性格成熟的标志之一。独立的人较少依赖别人,喜欢依靠自己的能力去达到目的。独立的人对别人的观点不是全盘接受,而是有选择地接受。一个成熟的青年,应该学会用自己的眼光去观察事物,从新的角度去分析问题,并在前人的基础上有所创新。社会的发展、文化的延伸需要年轻一代对过去和现实的扬弃。当然,良好性格的形成和不良性格的改变是一个长期的、渐进的过程,不能操之过急。应从大处着眼、小处着手,先养成习惯,再发展成为稳定的性格。

(二) 正确认识气质,促进人格健康

1. 正确认识气质类型

巴甫洛夫把人的气质分为胆汁质、多血质、黏液质、抑郁质四种类型。

(1) 胆汁质。胆汁质的神经过程的特征是强但不平衡。和这种神经过程的特点相适应的人一般是感受性高而耐受性低;总是显得精力旺盛;行为外向,直爽热情,情绪兴奋性高,但心境变化剧烈,脾气暴躁,难于自我克制。

（2）多血质。多血质的神经过程的特点是强、平衡且灵活。和这种神经过程的特点相适应的人是感受性低而耐受性高；活泼好动，言语行动敏捷，反应速度、注意力转移的速度都比较快；行为外向，容易适应外界环境的变化，善交际，不怯生，容易接受新事物；注意力容易分散，兴趣多变，情绪不稳定。

（3）黏液质。黏液质神经过程的特点是强、平衡但不灵活。和这种神经过程的特点相适应的人感受性低而耐受性高；反应速度慢，情绪兴奋性低但很平稳；举止平和，行为内向；头脑清醒，做事有条不紊，踏踏实实，但容易循规蹈矩；注意力容易集中，稳定性强；不善言谈，交际适度。

（4）抑郁质。抑郁质的神经过程的特点是弱，而且兴奋过程更弱。和这种神经过程的特点相适应的人感受性高而耐受性低；多疑多虑，内心体验极为深刻，行为极端内向；敏感机智，别人没有注意到的事情他能注意到；胆小，孤僻，情绪兴奋性弱，寡欢，爱独处，不爱交往；做事认真仔细，动作迟缓，防御反应明显。

上述四种气质类型是典型的气质类型。大多数人是中间型的或混合型的。所以，不要对任何人都对号入座，应该从实际出发，认真分析，区别对待。

2. 气质是性格的生理基础

气质是表现在心理活动的强度、速度、灵活与指向性等方面的一种稳定的心理特征，即我们平时所说的脾气、秉性。气质和性格同属于人格，两者的形成原因不同：气质是先天的，更多受遗传因素的影响；性格主要是受后天环境影响的产物。具有同种气质的人的性格表现有很大差异，具有不同气质的人的性格有时大体相似。气质并不对所有的性格特征产生影响，只对明显带有情绪色彩和意志特征的那部分性格产生较为明显的影响。

3. 发挥自己气质中的积极面，克服消极面

虽然气质也会受后天环境的影响，但因为气质的生理基础具有高级神经活动特性，而人的高级神经活动特性的改变过程是漫长的，所以我们并不提倡改变气质本身，而是提倡尽可能地发挥自己气质中的积极面，克服消极面。

 **知识拓展**

气质无好坏之分，关键在于扬长避短。例如，抑郁质的人，能体察到一般人不易察觉之处，感情细腻深沉，能保持细致的特色，从而能认真地完成工作和学习任务。但要注意，细致过了头，就会变成多疑。对生活中碰到的不愉快的事情不必长时间地耿耿于怀，应多与人交往，学会正常的宣泄感情的方法，这样生活才会变得更加美满而有乐趣。

（三）做一个人格健全的现代人

要使自己成为一个人格健全的现代人，需要个体从多方面加以努力。

1. 悦纳自己

一个人格健全的现代人，首先要对自己满意，能悦纳自己，对自己所做的事情、对经过努力完成的目标有认同感，同时还应悦纳别人。一个妄自菲薄的人自己活得很累，一个妄自尊大的人也不会过得轻松，因为他们时时感到有被周围人抛弃的威胁。所以，要承认别

人的存在价值,由衷地为别人的成功而高兴。要能接受新生事物,包括乐于接受发展带来的新经验和新观点;要能较快地适应新的变化,开创新的生活。

2. 独立自主

人格健全的人是独立的人。独立的人能最大限度地发挥自己的潜能。独立的人相信自己有能力改变生活,相信人们可以通过努力来改变社会使之更加美好。所以,独立的人拒绝被动,不相信宿命论,不迷信传统和权威,在生活、学习和工作中有自己的想法并努力付诸实践,包括对职业、婚姻、教育等方面的选择。

3. 理性思考

人格健全的人是理性的人,表现在能客观地认识自己、评价自己,对自己提出的目标是切实可行的。理性的人善于控制自己,喜、怒、哀、乐都能适可而止,情绪反应比较适度,较少有酗酒、斗殴、自杀等行为冲动。

4. 友好善良

人格健全的人应该是一个有道德的人,对他人抱有深切的同情心和爱心,乐于助人,善于理解别人。

综上所述,人格是心理特征的各方面的统一。这些特征决定人的外显行为和内隐行为,并使个体与他人的行为有稳定的区别。人格包括个人的人格心理特征和人格倾向性两个相互联系的方面。人格形成受先天遗传因素与后天环境因素的影响。

健全人格可从塑造良好的性格特征及发挥自己气质中的积极面入手。性格是在生活过程中形成的对现实的稳定态度以及与之相适应的习惯化的行为方式,是人格的核心内容。一个人格健全的人应该是个悦纳、独立、理性和善良的人。

 知识拓展

高德伟人 人格楷模——周恩来人格论

周恩来是一位高德伟人。他的一生不但功勋卓著、彪炳史册,而且人格高尚、世代敬仰,在人民心中树立了永不磨灭的人格丰碑。邓小平把周恩来看成是"我党我军优良传统的化身",是以身作则、严于律己、艰苦奋斗的人格榜样,他号召党员、干部特别是高级干部"努力学习周恩来等同志的榜样,在艰苦创业方面起模范作用"。随着时间的推移和有关文献史料的披露,"周恩来"的名字愈加闪耀出灿烂的人格光辉。

周恩来的理想人格是崇高的人格。他既为中国人民和世界人民作出了伟大的贡献、创造了丰功伟业,又在人格上达到了共产主义理想人格的崇高境界。他完全超越了自我,心中只有人民,达到无我的境界;他在战略上敢于蔑视一切困难,不惧怕任何邪恶势力,达到无畏的境界;他顾全大局,相忍为党,承受一切误解甚至错误的批评,达到无怨无悔的境界。

周恩来非常重视人格的和谐、均衡。他说:"每个人要在德、智、体、美等方面均衡发展。不均衡地发展,一定会有缺陷,不仅影响个人能力的发挥,对国家也不利。"周恩来的政治人格、道德人格、心理人格、智能人格、审美人格等各种人格特质既是优秀的、杰出的,

又是和谐的、均衡的。这些人格特质交相辉映、相得益彰，相互之间形成完整的结构，以整合的形式在周恩来身上实现了完美的结合，构成和谐的整体人格。

人格的形成及其发展要经历不断升华的过程。周恩来人格同样经过了从"思想颤动"到"主义认定"的过程，并且他不断加强自身修养，人格不断升华，以至于在"文化大革命"中达到人格境界的巅峰。同时，人格又是可塑性和稳定性的统一。在这二者当中，稳定性是周恩来人格的主要特征。他的人格形成后，无论在顺利时还是在逆境中或者危险时刻，他在人格上都是不动摇的，坚定地按照党的原则和自己的人格待人处世，总是冷静而稳健地处理各种复杂矛盾。

人们从周恩来人格及其特征上深刻地认识到了他的伟大，由衷地称赞周恩来是"人生之师""高德伟人"甚至"中华完人"，这就是对他所具有的这种最高类型的共产主义理想人格的充分肯定。

 **本章小结**

本章就人格进行了概述，介绍了人格类型与身心健康、大学生的人格障碍、健全人格的塑造等内容。通过本章的学习，同学们要了解人格与身心健康的关系，熟悉大学生中常见的人格障碍，懂得塑造健全人格的方法，并学会根据自身条件提高自己的人格魅力。

 思考与练习

1. 联系实际，分析人格类型对健康带来的影响。
2. 分析自己的人格特征和形式原因，以及采取何种方法使自己更具有人格魅力。
3. 通过学习，了解了大学生常见的人格障碍，你是否有某方面的人格缺陷？如果有，你将如何进行调节？

 **心理测验**

你的人格健康吗

（1）当你站立时，为了舒服，你总是爱把胳膊放在椅背上。
（2）你有咬手指或咬手指甲的习惯吗？
（3）当你与人交谈或倾听别人谈话时，敲打桌面吗？
（4）当你站立时，你喜欢抱双臂吗？
（5）你总是不停地用手指击打东西吗？
（6）当你谈话时，你是感到抑扬顿挫、眉飞色舞、手舞足蹈，还是感到有些紧张，抑或你把手轻轻地放在衣兜里呢？
（7）聚会时，不论你想不想抽烟，你总爱点上一支吗？
（8）参加宴会时，你总是把眼睛盯在一盘或附近几样菜上吗？

（9）看到别人把大拇指藏在手心，拳头紧握时，你害怕吗？

 评　析

第（6）题选择"抑扬顿挫、眉飞色舞"得2分，选择"有些紧张"得0分。其余8题，回答"是"得1分，"不是"得0分。

评价参考：

0~3分者：人格健康，不论在什么情况下，都能沉着坚定、稳重。你的举止表现说明你是一个沉着老练、遇事不慌、自信、自强、分寸得当、自制力强的人。这种自我控制能力是健康人格的重要特点。

4~7分者：人格健康状况欠佳。表面上，你很平静，但常常失去平衡。高兴时，你信口开河，夸夸其谈；不高兴时，你冷眼相看，袖手旁观，情绪变化大。对你来说，至关重要的是学会自我控制，从而达到人格结构的稳定与健全。

8~10分者：人格健康问题严重。你很不沉着，如果学不会自我控制，坚定信心，你在哪里都无法安定，总不舒服，也许你自己还不以为然，可在别人看来却很刺眼。人格健康的关键是达到内心的平衡、和谐和安定，同时注意与周围的环境相适应。

优点与缺点

说明：此游戏要求每个参与者在无任何威胁的情况下，写出其他人的优点及缺点。

目的：

1. 令每个参与者在无任何威胁的情况下，对其他人的优点与缺点进行评点。
2. 让参与者相互反馈自己在成员眼中的优点与缺点。

步骤：

1. 令每个参与者都知道他们将有机会对团队里的每一个人的优点与缺点进行反馈。也就是说，你喜欢或不喜欢某人的哪一方面。
2. 告知每个人这是一项保密的活动，没有人被告知是谁写的他的优点与缺点的内容。
3. 给每个人一张"优点与缺点"的答卷，并告诉他们为其他人至少写出一条喜欢或不喜欢的理由。
4. 收集每张答卷，混合一起并对每个人念出写给他们的意见。你首先要从自己的名字念起。

讨论题目：

1. 所有的意见都正确吗？
2. 有没有互相矛盾的意见？
3. 现在是否有人不愿意别人和自己同在一组？

第四章　情绪、情感与心理健康教育

引　言

人有悲欢离合，月有阴晴圆缺。在生活中，情绪是人心理状态的晴雨表，它反映着每个人内在的心理状态。现代社会挑战与机遇并存，希望与压力同在。面对高速发展的社会，现代人必须学会积极适应社会的变化，自主调控自我情绪，这样才能发展自我。本章主要对情绪、情感进行了概述，介绍了情绪、情感的表现与种类，大学生常见的负性情绪，大学生情绪、情感的调控等内容。通过本章的学习，同学们要了解情绪与情感及其相关知识，熟悉在大学生中常见的负性情绪，并学会对自己的情绪、情感的调控，做情绪、情感的主人，拥有一个快乐、健康的情绪。

学习目标

1. 了解情绪的含义和分类，了解情绪特征及常见的情绪困扰。
2. 理解引起大学生不良情绪的因素及不良情绪对大学生的学习和生活的危害。
3. 掌握大学生健康情绪的标准，避免不良情绪的发生。
4. 掌控调控不良情绪的步骤和各种方法，学会自主调节和控制自己的情绪。

第一节　情绪和情感概述

一、情绪和情感的概念

情绪和情感是指人对客观事物是否符合自己的需要而产生的态度体验。人在认识事物的同时，揭示了客观事物的属性及其与自身需要之间的关系，产生了一定的态度。当客观事物符合人的需要时，就会体验到满意、愉快、尊敬、自豪等态度；当客观事物不符合人的需要时，就会体验到不满意、痛苦、愤怒、羞耻等态度。这些态度体验就是人们常说的情绪和情感。

二、情绪、情感与需要

（一）需要及其种类

1. 需要的概念

需要是人活动的基本动力。人的各种活动，从饥择食、渴择饮，到从事物质资料的生产、文学艺术的创作、科学技术的发明与创造，都是在需要的推动下进行的。需要激发人去行动，使人朝着一定的方向，追求一定的对象和目标，以求得自身的满足。在一定范围内，需要越强烈、越迫切，由它所引起的活动就越有力。同时，人的需要也是在活动中不断产生和发展的。当人通过活动使原有的需要得到满足时，人和周围现实的关系就发生了变化，从而又会产生新的需要。这样，需要推动着人去从事某种活动，在活动中不断地得到满足又不断地产生新的需要，从而使人的活动不断地向前发展。

2. 需要的种类

人的需要是非常复杂的，对需要进行分类的方法也是多种多样的。

（1）根据需要的起源，可以把需要分为生物性需要和社会性需要两类。生物性需要是指与维持有机体生命和延续种族相联系的一些需要，如饮食、安全、休息、睡眠、性等，也叫"本能需要"，是人和动物所共有的。社会性需要是与人的社会生活相联系的需要，如劳动的需要、交往的需要、成就的需要、求知的需要等，是人类所特有的。

（2）根据需要对象的性质，可以把需要分为物质需要和精神需要。物质需要是指人对物质对象的需求，如衣、食、住等有关物品的需要，对劳动工具、交通工具、娱乐工具的需要等。精神需要是指人对社会精神生活及其产品的需求，如对文化科学知识的需要、道德的需要、美的需要、交往的需要、成就的需要等，这是人类所特有的高级需要。人类正是由于有了这些需要，才促使人们去探索和创造，从而使人类的社会生活丰富多彩。

（3）美国人本主义心理学家马斯洛通过对人类行为动机的研究，在20世纪50年代提出了需要层次理论。他把人的需要由低到高分为5个大的层次，即生理的需要、安全的需要、归属和爱的需要、尊重的需要和自我实现的需要。生理需要是人的最基本的需要，也是最低级的需要。安全的需要表现为人们要求稳定，受到保护，免除恐惧、焦虑等。归属和爱的需要，即希望归属于一定的社会团体，既爱别人也希望得到别人的爱。尊重的需要包括自尊和受到别人的尊重，表现为对成就、力量、权利、名誉、地位等有强烈的要求。这种需要得到满足，就会使人相信自己的力量和价值，在生活中变得更有能力，更富于创造性。自我实现的需要，即追求自我理想的实现。它是充分发挥个人才能和潜能的心理需要，是一种创造和自我价值得到体现的需要，是人生追求的最高境界。每当低层次的需要因目的达到获得满足时，较高一层次的需要将随之而产生。需要层次论如图4-1所示。

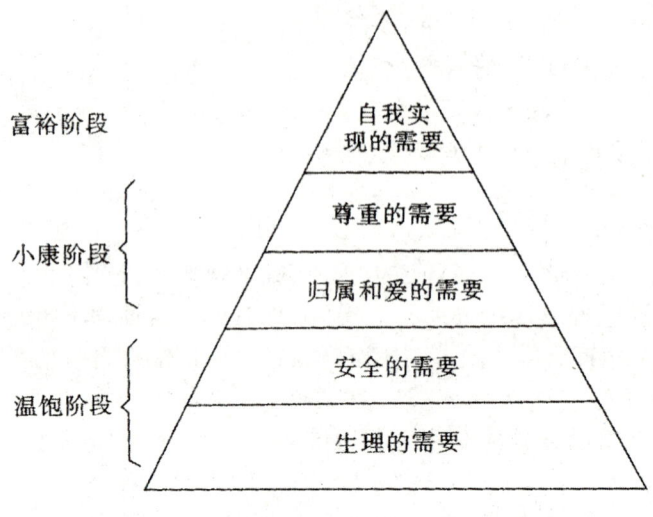

4-1　马斯洛的需要层次理论示意图

（二）情绪、情感与需要的关系

人的需要是复杂多样的，而人的需要能否得到满足所产生的情感体验也是丰富多彩的，因此情绪、情感与需要的关系较为复杂，具体表现在以下三个方面。

1. 情绪、情感的产生以需要为中介

情绪、情感虽然是由客观事物所引起的，但客观事物本身并不直接决定情绪和情感，客观事物对情绪、情感的作用是以需要为中介的。凡是与需要发生这样或那样关系的事物，便会引起人这样或那样的情绪和情感；反之，凡是与人的需要不发生关系的事物，因为它对人毫无意义，所以人对它也就无所谓情绪和情感。李白的诗句"长江三峡巫峡长，猿啼三声泪沾裳"说的就是这个道理。

2. 情绪、情感的性质取决于需要的满足

情绪、情感因需要的满足与否而具有肯定和否定的性质。如果特定的需要得到满足，人便会产生相应的肯定性质的情感。如饥饿者得到食物感到高兴，渴望学习知识的人得到一本好书感到欢欣，生活中看到助人为乐的行为感到敬慕，得到别人的关心与帮助而感到幸福与快乐等。这里的"高兴""欢欣""敬慕""幸福"等都是肯定的情绪和情感。人生当中"洞房花烛夜，金榜题名时"说的就是这个道理。如果特定的需要没有得到满足，人则会产生相应的否定性质的情感。如失去亲人引起的悲痛，因工作失误而烦恼，对社会上某些不道德行为的不满与气愤等，这里的"悲痛""烦恼""不满""气愤"等都是否定的情绪和情感。情绪、情感的性质是需要是否被满足的标志。

3. 情绪、情感的复杂状态反映了需要满足的复杂程度

现实生活中，我们很难体验到一个单一的、纯粹的情绪、情感状态。相反，我们对任何特定情境的体验都将构成一个复杂的情绪、情感的组合。例如，当我们在激烈的比赛中战胜对手时，我们很可能会在体验胜利和喜悦的同时，也为对手感到遗憾。这是由于人的需要与客观事物处于极其复杂的关系之中，以致人们经常不得不为了满足某一需要而忍受另一需要的不能满足，或以放弃另一需要的满足为代价来获得这一需要的满足。此外，即使是同一事物,也可能以其不同的方面与人的需要处于不同的关系之中,即能满足人们某一方面的需要,而不能同时满足另一方面的需要,甚至和另一方面的需要的满足相抵触。因此,也就引起人们极为复杂的,甚至是矛盾的情绪、情感。通常所说的"百感交集""哭笑不得"等就是这种复杂关系的具体表现。

三、情绪与情感的区别和联系

情绪和情感是两个密切相关而又有区别的概念。首先,情绪往往同生理需要相联系,为人和动物所共有;而情感则是与社会性需要相联系,是人类所特有的较高级的体验。其次,情绪带有情境性、浅表性和不稳定性,而情感则具有长期性、深刻性和稳定性。再次,情绪具有较强的冲动性和明显的外部表现,而情感则常以内隐的形式存在或以微妙的方式流露。最后,在个体情感发展过程中,情绪反应出现在前,情感体验发生在后。情绪与情感的这些区别只是相对的,它们之间常常交织在一起,很难加以严格区分。

四、情绪、情感的作用

情绪、情感在人们的社会生活中常常处于极敏感的前沿地位,在各个实践领域中起着重要的作用。

(一) 信号功能

情绪、情感是人的思想意识的自然流露,它们的各种表现都具有一定的信号意义,在人与人之间起着传递信息、沟通思想的作用。人与人之间交往的存在或维持,首先是靠语言。但情绪、情感的作用并不亚于语言,它与语言相辅相成、缺一不可。人们之间要相互了解,建立相互依恋的纽带,培植友谊,彼此共鸣。人们交往的时候,往往是以极微妙的表情、动作传递着交际的信息,帮助人们去辨别当时所处的不很明确的环境和对方的态度。心理学家伯特·梅拉宾认为:交流一项信息的情绪效果=词语(7%)+声音(38%)+面部表情(55%)。例如,微笑的表情常常表示需要得到满足或对他人的行为表示赞赏,悲伤多表示人对所失去的感到惋惜,气愤则反映了对某人某事所持的否定态度等。这些都表明情绪、情感的信号功能。通常说"眉目传情""一见钟情"等就是明证。

(二) 动力作用

情绪、情感既可产生增力效应,又可产生减力作用,它们是激励人的活动、提高人的活动效率的因素之一。研究表明,适当的紧张和焦虑能促使人积极地思考和成功地解决问题。一点不紧张,或者过度的紧张和焦虑会影响人的正常水平的发挥,不利于问题的解决。例如,学生面临重大的考试,由于心理压力过大造成紧张,会使本来自己都会的内容回答不上来,因而导致失败。由此可见,适度的情绪兴奋性可使身心处于最佳活动状态,推动人去有效地完成工作任务。"急中生智"说的就是这个道理。当然,人的行为受到阻碍而产生消极情绪时,也会干扰有序的动机性行为,妨碍活动的进程,降低活动的效率。

（三）感染功能

人的情绪和情感具有感染性。人们之间感情的沟通正是由于情绪、情感的易感染功能，才能以情动情，产生心理共鸣。文学、艺术、电影、电视、戏剧、歌曲和音乐等无不是以情感人的。艺术的教育价值，正是通过情绪和情感的感染功能来实现的。

（四）影响身心健康

情绪、情感对人的身心健康有重要的影响。医学研究表明，持续的紧张情绪会导致心血管系统、消化系统、内分泌系统、骨骼肌系统、大脑机能等方面的疾病，如心脏病、高血压、胃病、十二指肠溃疡、肺结核、精神病等，在盛怒之下还会引起心肌细胞受损而造成突然死亡。英国著名生理学家亨特，脾气暴躁，容易动肝火。在一次学术会议上，他盛怒之际，心脏病猝发，当场死亡。调查表明，3/5的癌症患者是精神上受过创伤或长期心情抑郁的人。因此，积极地调节和控制情绪、情感是十分重要的。

在强烈的或持续的消极情绪状态下，人体会产生一系列的生理变化，使人的整个心理活动失去平衡，引起各种生理或心理疾病。我国古代医疗典籍《内经》中曾明确提出："大怒伤肝，暴喜伤心，思虑伤脾，悲忧伤肺，惊恐伤肾。""百病生于气也，怒则气上，喜则气缓，悲则气消，恐则气下……惊则气乱……思则气结。"《岳飞传》中"气死金兀术，笑死牛皋"就是例证。

 **知识拓展**

哈佛生热衷"追求快乐"

哈佛大学是美国首屈一指的常青藤名校，所招学生莫不是出类拔萃的未来精英。不过，哈佛大学本学期"上座率最高课程"却多少有些出人意料。

面对台下近900名莘莘学子，主讲人塔勒·本·沙哈尔并没有大讲特讲如何成功，而是深入浅出地告诉了他们快乐的秘诀。

积极心理学

本学期每周二、周四上午11时30分至下午1时，855名哈佛大学学生都将在本·沙哈尔带领下一同体验"积极心理学"。对于课程主旨，现年35岁的本·沙哈尔一言以蔽之，即"如何获得快乐"。"我觉得自己在打造一座连接象牙塔与现实世界的桥梁。"他如此定位自己。帮助学生们学会"自我帮助"，是本·沙哈尔开设本课程的初衷。他解释说："人们能在书店中看到众多关于自我帮助的书籍，大部分写得都不错，但是缺少实质内容……当你去大学图书馆查阅期刊，会发现它们偏重于学术研究，严谨却难于理解。"

接受你自己

教授快乐的课程本身当然就不该让学生感到痛苦，本·沙哈尔似乎深谙此理。准确来说，他本人就对"快乐做人"理念身体力行。他宁愿放弃成为终身教授的机会——只因他不喜欢定期发表论文的"义务"。曾就读于英国剑桥大学的本·沙哈尔承认，自己对纯粹的学术研究不是很感兴趣。因而,他在"积极心理学"课程中也并不偏重于学术研究,而是从实用角度着手,还引入不少流行文化因素,这也是赢得学生热捧的原因之一。

本·沙哈尔现在正在撰写一本《接受人性不足》的著作,希望能向读者阐明他在"积极心理学"课堂上对哈佛学子们提出的建议——"接受你自己"。比如,本·沙哈尔在最近一次课堂上提出的口号就是"学会失败"。他告诉讲台下一贯优秀的哈佛学生们,失败无可避免,因此有必要学会如何面对失败。

快乐有秘诀

"积极心理学"一课在哈佛大学的火爆让本·沙哈尔始料未及。23%体验过"积极心理学"的学生评价说,这门课程"改善了本人的生活质量"。究竟怎样才能快乐?本·沙哈尔提出了"六点秘诀":

第一,接受自己——无论优点还是缺点。人们总是要面对恐惧、悲伤、焦虑等各种或积极或负面的情绪,但抵制自己的情绪会导致挫败感,或者让人不快乐。

第二,快乐需要意义。无论在工作中还是生活中,人们所参与的活动最好既愉快又有意义。

第三,头脑说了算。要记住一点,快乐与否在大多数情况下取决于人们的主观意识。比如,人们将失败视为灾难还是一次学习的机会,态度不同,心情自然也不同。

第四,越简单越好。人们往往希望在越来越短的时间里完成越来越多的事务,却忽视了"数量会影响质量",人们可能会因参与过多而牺牲掉自己的快乐。

第五,身体也重要。不要忘记一点,身心需要和谐发展,因而坚持锻炼、充足睡眠、健康饮食习惯都会对身体和精神健康大有裨益。

第六,感激要说出来。人们总是拥有太多"理所当然"。事实上,学会欣赏和感激生活中美好的事物相当重要——不论是人还是事,是美丽景色还是一个微笑。

第二节 情绪、情感的表现与种类

一、情绪、情感的表现与判别

情绪、情感活动与其他心理活动不同,它除了产生独特的主观体验(如喜、怒、哀、乐等)之外,还伴随有一定的客观表现。

(一)体内表现

情绪、情感的发生,体内会出现一些极突出的变化,主要有呼吸系统活动、循环系统活动、消化系统活动、内分泌系统和外分泌系统活动的变化等。例如,人在恐惧的情绪状态下,呼吸加快且短促、心跳加速、血压升高、脸色苍白并冒冷汗等。机体内外的这些生理变化意味着机体正处在某种情绪、情感状态之中。我国古代审判嫌疑犯时,就是运用恐惧情绪产生时唾液分泌会减少的道理,要求被告或嫌疑犯嘴里含一把米粉,审判结束时再吐出来。如果他说的是假话,他的情绪就紧张,唾液分泌受到抑制,吐出的米粉是干的。反之,吐出的米粉则是湿的或成团的。现代西方广泛采用的"测谎仪"技术,也是根据同样的道理。

(二)外部表现

在情绪、情感状态下,人的身体各部位的动作、姿态也会发生明显的变化。这些与情绪、情感有关联的、可以被人们直接观察到的行为特征称为"表情"。"表情"不仅是传递信息、沟通思想的形式之一,也是了解和判别情绪、情感的主观体验的客观指标之一。表情可以分为三种类型。

1. 面部表情

面部表情是最敏感的情绪发生器和显示器,常人的"喜怒形于色"就是这个道理。人的眼神可以表达各种不同的情绪和情感。如兴奋时"眉开眼笑",气愤时"怒目而视",恐惧时"目瞪口呆",悲伤时"两眼无光"等。眼睛不仅能表达感情,而且可以交流思想。人们之间往往有许多事情只能意会,不能或不便言传。观察人的眼神就可以了解他内心的思想和愿望,推知人们的态度是赞成还是反对、是接受还是拒绝、是喜欢还是不喜欢、是真诚还是虚假等。憎恨时"咬牙切齿",紧张时"张口结舌",高兴时"笑容满面",轻蔑时"不屑一顾"等,这些都是通过口部肌肉和面部肌肉的变化来表现某种情绪的。

2. 身段表情

身段表情也叫"动作表情"。例如,欢乐时"手舞足蹈""捧腹大笑",激愤时"振臂高呼",紧张时"坐立不安",愤怒时"紧握拳头",恐惧时"手足无措",无可奈何时"双手一摊"等。可以说人的一举手、一投足等小小的身体姿势的变化都可以使一个人的思想意图和态度一目了然,如是同意或是反对、是开始或是停止、是前进或是后退等。

3. 言语表情

喜悦时音调高昂,语速较快,语音高低差别较大;愤怒时声大音高且有颤抖等方面的变化,都属于言语表情。"此时无声胜有声"更显出了言语表情的魅力。言语表达的情感是极其丰富的。一个短句"你好",用不同的声调说出来,既可以表现出热情、友好、亲切、愉快,又可以表现出冷淡、不满、怨恨等多种多样的情感。歌唱家、演说家主要就是靠他们的声音来打动听众的。表情动作为情绪、情感的判别提供了直接的并且十分重要的线索。

情绪和情感的判别实际上并非针对表情本身,而是针对表情背后隐含的意义。例如,捶胸顿足可能是一种情绪表现,我们见到这种动作表情就试图解释潜在于它背后的情绪。尖锐、短促、嘶哑的声音可能是一种情绪表现,我们听到这种语音表情就试图解释潜在于它背后的情绪。情绪、情感的判别是一种复杂的认知过程,包含观察、分析、判断、推理等。

二、情绪、情感的种类

人类情绪、情感的体验丰富多彩,表现多种多样、千姿百态,谁也难以说清人类究竟有多少种不同的情绪。不过,人们常常认为快乐、愤怒、恐惧、悲哀是人类最原始最基本的情绪。在这几种最基本的情绪的基础上，可以派生出多种复杂的情绪。

（一）情绪的种类

依据情绪发生的强度、速度、紧张性和持续性等的综合表现，可以将情绪分为心境、激情和应激。

1. 心境

心境是一种具有感染性的、比较平稳而持久的情绪状态。人处于某种心境时，会以同样的情绪体验看待周围事物。例如，人伤感时，会见花落泪、对月伤怀。心境体现了"忧者见之则忧，喜者见之则喜"的弥散性特点。平稳的心境可持续几个小时，几周或几个月，甚至一年以上。

2. 激情

激情是一种爆发快、强烈而短暂的情绪体验。例如，在突如其来的外在刺激作用下，人会产生勃然大怒、暴跳如雷、欣喜若狂等情绪反应。在这样的激情状态下，人的外部行为表现比较明显，生理的唤醒程度也较高，因而很容易失去理智，甚至作出不顾一切的鲁莽行为。因此，在激情状态下，要注意调控自己的情绪，以避免冲动行为。

3. 应激

应激是指在意外的紧急情况下所产生的适应性反应。当人面临危险或突发事件时，人的身心会处于高度紧张状态，会引发一系列生理反应，如肌肉紧张、心率加快、呼吸变快、血压升高、血糖增高等。例如，当遭遇歹徒抢劫时，人就可能会产生上述的生理反应，从而积聚力量以进行反抗。但应激的状态不能维持过久，因为这样很消耗人的体力和心理能量。若长时间处于应激状态，可能导致适应性疾病的发生。

（二）情感的种类

情感是指人的社会性需要是否获得满足而产生的态度体验。它包括道德感、理智感及美感。这些情感包含着人类独有的社会意义，反映着人们的个性生活与社会生活的一致性。

1. 道德感

道德感是人根据道德、规范来评价社会现象时所体验到的情感。当一个人依据一定的道德标准和准则对自己或别人的言行及意图作道德评价时，符合其道德标准和准则的就会产生敬佩、赞赏或自豪；否则，就感到厌恶、愤怒或内疚。可见，道德感是人们对一定道德行为的态度体验。道德感是伴随着人们的道德认识而产生和发展的，它对道德行为起着巨大的调节作用（自我监督和自我检查）和动力作用。

道德感的内容是相当丰富的，包括对自己祖国的自豪感和尊严感，对社会集体的集体主义感、荣誉感，对社会劳动和公共义务的义务感、责任感，对同志的友谊感、同情感，对敌人的仇恨感等。这些道德情感都是与一定的道德观念交织在一起的。道德感的内容又是受社会生活条件所制约的。不同的历史时期和不同的社会制度，有着不同的道德行为标准，因而也就有着不同的道德情感。

2. 理智感

理智感是人的智力活动的需要、愿望是否满足时所产生的情感。理智感与人的求知欲、认识兴趣、好奇心、对解决问题的需要、对真理的追求等密切联系在一起。它体现着人对自己智力活动的过程与结果的态度。在智力活动中发生、发展起来的理智感，对人的智力活动也是一种新的动力。对知识的热爱，对自己专业的热爱，可以促使人去克服智力活动中的各种困难和障碍，并从中体验到真正的幸福。

学生的理智感是由愉快感发展而来的，主要表现为对他所学课程的兴趣、爱好和好奇心，并能体验到一种获得知识的乐趣。当学生经过努力，学习上取得了成绩，受到家长和老师的表扬时，就产生了愉快感。对这种愉快的情绪体验加以适当的引导，就可以形成求知欲望，从而会更热爱学习。反之，如果学生经常由于不及格、受惩罚、受讥讽而体验到失败和不愉快，就会厌恶或放弃学习。因此，在学生的学习过程中，应当经常鼓励和满足他们的求知欲，尽力避免使他们产生不愉快的体验。

3. 美感

美感是人根据自己的审美标准对自然或社会现象及其在艺术上的表现进行美的评价时所产生的情感体验。人们对美的感受、理解和追求，在生活中起着巨大的作用。它使人的精神生活更加丰富多彩、更加高尚，使人有美好的理想和远大的奋斗目标，使人朝气蓬勃、精力旺盛，使人积极地从事工作和学习。

美感具有直觉性，即事物的外部特点（颜色、形状、线条）是引起美感的最直接的原因。这种美的形式、美的外表，在美感中起着重要作用。但是事物的外部特点是不能离开事物的内容而存在的，作为美感发生的源泉并不只限于事物的外部特点，起决定作用的是事物的内容。一个人的真挚、诚实、纯朴、助人为乐、热情无私都会给人亲切的美感，体残心不残的人也会给人以美感。这既体现了美感同道德原则的一致，也反映了形式美与内在美的统一。

美感的评价受多方面的因素影响。首先，美感受人的审美能力的制约。不同审美能力的人所产生的美的体验是不同的。其次，美感受事物与主体之间的关系制约。"情人眼里出西施"正是这一特点的有力说明。最后，美感受不同的审美标准所制约。不同的时期、不同的地区、不同的民族、不同的阶级，其审美标准不同，美感自然也是不同的，这就形成了美感的差异性。

车尔尼雪夫斯基曾将上流社会的贵妇人和普通农家少女作对比：贵妇人面色苍白，涂脂抹粉，纤纤细手，是算不得什么美；而农家少女由于经常参加劳动，双颊绯红，手脚粗壮，再加上又粗又长的发辫，透露出青春的活力和健美。

道德感、理智感、美感都是在实践中形成发展起来的，都与一定的原则标准及社会要求和社会价值联系在一起，因而都是社会性情感不可分割的组成部分，三者是融于一体的。

第三节 大学生常见负性情绪

一、大学生情绪、情感的特点

通过调查和分析，发现大学生中普遍存在着四个基本问题：一是自卑与自信的矛盾问题，二是专业学习与就业的矛盾问题，三是人际交往与社会适应的矛盾问题，四是性成熟与获得爱情的矛盾问题。大学生这一特殊群体有着其独有的特点，其心理情绪、情感特点都是由这四对基本矛盾所引起的。在这四对基本矛盾的作用下，不同年级表现出不同的心理特点。

一年级学生求知欲强，有上进心，情绪积极饱满。但他们对所学专业了解很少，学习无兴趣，缺乏学习动力，对大学生活不适应。不少学生不了解大学学习与中学学习的差别，不熟悉大学学习的特点和规律，思想单纯，可塑性大，辨别是非的能力较差，选择能力不强，娇气较严重。他们有时表现出怕苦、怕累、不愿付出、自私等消极特点。

二年级学生入学之初的孤独感已消失，能积极思考人生，追求较高层次的理想和生活目标，并开始设计自己的前途。但由于认知的局限性和片面性，在个人前途问题上极易产生各种矛盾和苦恼。在学习上形成了不同的层次，自主意识进一步增强，对环境的干预产生对立，对学校的教育管理不以为然，对集体活动开始淡漠对待。

三年级学生的世界观、人生观基本形成，辨别是非能力和观察社会能力有所增强，对一些重大问题有自己的见解并敢于提出不同意见。同时，由于即将面对就业竞争的选择，多数学生感到压力。学习成绩好、综合素质强的大学生学习热情和积极性越来越高，对未来生活充满向往和渴望；学习成绩较差、综合素质弱的大学生开始怀疑自己的能力，情绪低落，容易产生破罐子破摔的思想。

大学生在三年的学习生活过程中，要保持健康的情绪状态，除了注重自身情绪健康之外，还要从自我意识、人生态度和意志品质等方面去磨炼自己。

二、大学生常见负性情绪

所谓负性情绪，实际上包含两层不同的含义：一是指不愉快甚至痛苦的情绪体验，二是指对行动起抑制或阻碍作用的情绪。这两者并不是必然统一的。两者的区别在于问题的严重性以及对大学生正常学习、生活与交往造成的影响程度如何。大学生常见的情绪障碍主要表现为情绪不稳定，情绪的反应与刺激的强度、性质不相称，自我调节的控制能力低下，情感过程反常。大学生常见的负性情绪主要有以下几个方面。

（一）冷漠

冷漠状态对大学生的身心危害极大，它往往是个体压抑内心愤懑情绪的一种表现。他们表现冷漠，内心却倍受痛苦、孤独、寂寞和不满、愤恨的煎熬，有强烈的压抑感。由于没有宣泄途径，巨大的心理能量无法释放，便会破坏心理平衡，导致各种疾病和心理障碍。

冷漠是个体受到挫折后的一种消极的情绪反应，是一种对外界刺激漠不关心、冷淡、退让的消极情绪体验。它通常在个体不堪承受挫折压力，攻击行为无效或无法实施，又看不到改变境遇的可能时产生；长期反复遭受同一挫折却又无力改变，即长期的努力得不到相应回报时，也会用退让、逃避、冷淡的方式进行自我保护，产生冷漠反应。

 **知识拓展**

2010年12月12日，18名复旦大学的大学生在安徽黄山风景区登山探险时迷路。在当地公安消防官兵的全力搜救下，18名大学生全部安全脱险。但黄山风景区公安局24岁的民警张宁海在护送学生们走出危险区时，不幸坠崖牺牲。一个生命的逝去，换来的不是复旦大学学子的反思和感恩，而是在论坛大谈面对媒体如何公关、登山社谁来掌权，以及冷漠的"你们就该为纳税人服务"的话语。我们无法想象，身为高校子弟，是真的沾染了社会不良风气，还是依旧稚嫩。我宁肯相信后者，然而，被救学生仿佛事不关己，不仅没像常人那般追悼逝者，还嘲讽警察"身体素质"。如此冷漠，无疑是道德底线的沦丧。连对逝者最起码的尊敬都没有，何谈"结草衔环"的感恩情怀呢？纵使他们学识丰富、成绩优异，道德的败笔也注定让他们成为"人格上的矮子"。

（二）自卑

自卑是自我情绪体验的一种形式，是个体由于某种生理或心理上缺陷或其他原因所产生的对自我评价过低的态度体验，表现为对自己的能力或品质评价过低，轻视自己或看不起自己，担心失去他人尊重。

 **案例分析**

吴某，男，上海某重点大学二年级学生。父母都是农民，家境贫寒。自他进入大学后，一直很自卑。以前，因为中学时成绩拔尖，深受老师和同学的重视，自己也因此似乎忽视了家庭的贫困和普通。为了让他上大学，家里负债累累。进入大学后，他又借了不少钱以掩饰自己的贫困和普通。原以为到了上海，会有很多机会，自己可以通过打工来补贴自己的生活，但实际上困难重重。他曾经想了许多办法来提升自己的素质（比如参加社团、看书、看展览会、考证书等），但实施之后，往往都是半途而废，因此感到自己脱离不了贫穷，走不出社会底层的地位，自己不会有好的前途，不可能光宗耀祖，就更不敢想找女朋友和在上海成家了。这种心理一直伴随着他，他很苦恼。

大学生自卑感产生的原因是多方面的。从外部环境来看，学习上的失败以及理想和现实的冲突所带来的优越感的丧失是常见的诱发大学生自卑的原因。此外,恋爱上的挫折,以及对自己外部条件的不满也是常见的促发自卑产生的因素。一些大学生在失恋后,将恋爱失败的原因归于自己的条件,如身高、长相或各方面的能力"配不上人家",因此产生自卑感。自卑情绪的产生还有其内在原因。从心理过程来看,自卑是大学生自我意识发展和自我评价不当的结果。由于自我意识的发展,大学生对自己的外貌、能力、自我价值、个性品质等各个方面,以及别人对自己的评价有了更多的关注。自我意识的发展也促使大学生的自我概念分化成理想自我和现实自我两个部分,使他们面临着自我同一性的建立的问题,即通过修正理想自我或改变现实自我来使两者协调统一。

(三) 恐惧

恐惧指对常人一般不害怕的事物感到恐惧,或者恐惧体验的强度和持续时间远远超出常人的反应范围,这就是所谓的恐怖症。它是对一类特定的物体、活动或情境产生持续紧张的、难以克服的恐惧情绪,并伴随着各种焦虑反应,如担忧、紧张和不安,以及逃避行为和植物性神经系统的变化,如出冷汗、心慌和颤抖等。恐怖症常带有明显的强迫性特点,即自知这种恐惧是过分的、不必要的,但却难以抑制和克服。

 **案例分析**

杨萌是某理工大学的大二学生,成绩优秀,但近年来感到异常苦恼。长期以来,她一直经受着心理障碍的困扰和折磨,时至今日,仍旧无法摆脱这个阴影。这已经给她的生活和学习造成了很大的损失。杨萌从小性格内向、胆小、孤僻。父母对她要求极严,甚至苛刻。父亲动起怒来特可怕。父母很正统,很古板,对杨萌的禁忌很多,如不准她和陌生孩子交往。父亲认为女孩子在外蹦蹦跳跳、打打闹闹是不正经的,还容易上坏人的当。所以除了学校和家,杨萌很少在外玩耍。不知不觉地杨萌就怕和人接触了,愈来愈害羞了。她认为自己是个怪人,怪毛病就是害羞。一年多来,她从不多与人讲话,与人讲话时不敢直视,眼睛躲闪,像做了亏心事。一说话脸就发烧,低头盯住脚尖,心怦怦跳,身上起鸡皮疙瘩,好像全身都在发抖。她不愿与班上同学接触,觉得别人讨厌自己,在别人眼中是个"怪人"。对老师也害怕,上课时,只有老师背对学生板书时才不紧张。只要老师面对学生,就不敢朝黑板方向看。常常因为紧张,对老师所讲的内容不知所云。更糟糕的是,现在在亲友、邻居面前说话也不自然了。由于这些毛病,她极少去社交场所,很少与人接触。自己曾力图克服这个怪毛病,但效果不明显。

恐怖症的原因比较复杂,一般认为与以前生活中的不良经历有关,或者是通过条件反射作用而建立的一种不适应的行为。此外,患有恐怖症的大学生也常表现出一定的性格特点,如胆小、孤僻、敏感、退缩和依赖性强等。

(四) 焦虑

焦虑是一种紧张、害怕、担忧、焦急混合交织的情绪体验。当人们在面临威胁或预料到某种不良后果时,便会产生这种体验。焦虑是人处于应激状态时的正常反应。适度的焦虑可以唤起人的警觉,集中注意力,激发斗志,是有利的。例如,考试对大学生而言,是一种紧张刺激,因此引起焦虑反应是正常的。教育心理学的研究表明,中等程度的焦虑最有利于考生水平和能力的发挥。所以说,只有不适当的高度焦虑才会影响大学生的学习和生活,对身心健康造成不利影响。被焦虑所困扰的大学生内心感到紧张着急,惶恐害怕,心烦意乱,注意力难以集中,思维迟钝,记忆力减弱,同时常伴有头痛、心律不齐、失眠、食欲不振及胃肠不适等身体反应。

(五) 抑郁

抑郁是一种由情绪低落、冷漠、悲观、失望等构成的复合性负性情绪,是一种持续时间较长的低落消沉的情绪体验。处于抑郁状态中的大学生,看到的一切仿佛都笼罩着一层暗淡的灰色,对什么事情都提不起兴趣,往往对学习、交往和活动失去热情和动力,体验不到生活的乐趣,学习效率大大降低,常常感到精力不足、注意力难以集中、思维迟钝,同时伴有痛苦、羞愧、自怨自责、悲伤忧郁的情绪体验,自我评价偏低,自怨和自责,对前途悲观失望,甚至产生自杀的念头和行为。持久的严重抑郁情绪还可能导致抑郁性神经症、肿瘤、胃溃疡、结肠炎等多种身心疾病,极易导致心理障碍。长期处于抑郁情绪状态,会使大学生的学习和生活受到极大影响。

第四节 大学生情绪、情感的调控

一、大学生情绪健康的标准

根据心理健康学的基本理论和大学生所特有的心理特征、情绪特征以及特定社会角色的要求,大学生情绪健康的标准可以从六个方面进行概括。

1. 能保持正确的自我意识,接纳自我

一个情绪健康的人,首先要有健康的人格,能体验到自身的存在价值,能够了解自己,有自知之明,对于自己的性格、能力、优缺点都能作出客观的评价,既不妄自尊大,也不妄自菲薄。总之,能保持一种积极的生活态度。

2. 能保持和谐的人际关系,乐于交往

人际关系状况最能体现和反映一个人的心理健康状况,而情绪健康状况又直接体现和反映了一个人的心理健康状况。情绪健康的人,能够用尊重、信任、友爱、宽容、理解的态度与他人相处。对于友谊和爱,情绪健康的人既能接受和分享,也愿意付出,有合作精神,乐于助人,能为他人和集体所接受。

3. 敢于面对现实、承认和接受现实

敢于面对现实、承认和接受现实,实际上就是能保持良好的环境适应能力。只有主动地适应现实环境,才有可能去驾驭它、改造它,才有可能去真正地解决问题。

4. 能协调和控制情绪,保持良好的心境

虽然在很大程度上,情绪和心境都要受制于时间和情境,但最终对其起决定性作用的还是在实践中形成的理想、信念以及人生观、价值观。

5. 情绪反应正常、稳定,能承受喜怒哀乐的生活考验

情绪健康的人,有清晰而深刻的认知方式,思维方式适中、合理,待人接物有分寸,不会有偏激的情绪反应及行为反应。

二、情绪、情感的调节方法

人的情绪、情感极为复杂多变。为了保持良好的情绪、情感,避免消极的情绪、情感,重要的是要学会对情绪、情感进行自我调节。

要引导大学生合理地疏泄情绪,以建设性的态度关心和理解其困境。一是使当事人可以获得倾诉的对象。苦恼的人将苦恼向他人倾诉之后,会有轻松解脱的感觉。大学生应该经常主动自觉地利用这种情绪调控手段。二是别人可以提供新的视角和思路,帮助当事人走出个人习惯的思维模式,重新评价困境,寻找新的出路。三是社会工作者和心理医生可以提供专业性的意见和建议,运用心理学手段和方法帮助大学生更有效地解除情绪障碍。

情绪、情感的自我调节的方法主要有以下几种:

(一) 理智调节,自我冷化

用道德修养与意志修养来控制或缓解愤怒情绪的发生,变"热处理"为"冷处理"。在同样的刺激面前,为什么有的人动了情绪,有的人却泰然自若?这充分说明驾驭情绪的关键在于提高认识水平,加强知识修养与品德修养,提高自身的自制力。对不利于自己的言行要有一种容忍的精神,经得起错误的批评甚至是冤枉,要胸怀宽广,轻小辱,弃小利,克己让人,以大局为重。

历史上廉颇与蔺相如的故事就是理智让步、自我冷化的典范。廉颇居功自傲,羞辱蔺相如,而蔺相如则以"先国家之急,而后私仇"的精神境界"称病不与争"。对于廉颇的侮辱,蔺相如并非不恼怒,但他能以自身的道德修养控制自己的情绪,避免了直接冲突,结果感动了廉颇,使廉颇负荆请罪,使他们达到了新的团结。

(二) 转移调节,情感升华

情绪、情感常常是因为注意到某件事或某个事物引起的。注意目标的转移,可以引起相应的情绪和情感变化。所以发怒时,应尽量避开使自己发怒的刺激,有意识地把自己已有的情绪、情感转移到另一个方向上去,使之得到缓解。如把自己置身于春风荡漾、青山绿水、莺歌燕舞的美好气氛中,使感情尽快平静下来,再以新的姿态去开拓新生活,并用新的生活淡化过去遭受的挫折,转移自己的注意力,以求得心理上的平衡。

(三)音乐调节

"感人心者,莫先于乐。"健康的曲调、富有美感的音乐,能启迪人的心灵、陶冶人的情操,从而产生调节情绪、提高精神文明水平的作用。因此,在紧张的工作之余,唱几首心爱的歌曲,欣赏一下欢快活泼的轻音乐,人们会顿时觉得心旷神怡、精神振奋,一天的疲劳仿佛不翼而飞。轻盈流畅的轻音乐,使人轻松愉快;优雅文静的小夜曲,使人温和安宁;而雄壮有力的进行曲,能诱发人的激情,使人热情奔放、斗志昂扬、冲锋陷阵。

 知识拓展

音 乐 妙 用

音乐能养生、治病已被中外许多学者公认,尤其是中国古典音乐,曲调温柔,音色平和,旋律柔美动听,能使人忘却烦恼,从而开阔胸襟,促进身心健康。我国医学的经典著作《黄帝内经》在两千年前就提出了"五音疗疾"。《史记》云:"故音乐者,所以动荡血脉,通流精神而和正心也。"埃及在远古时代的古典著作中称"名乐是灵魂之药"。

中医的音乐疗法是根据宫、商、角、徵、羽五种民族调式音乐的特性与五脏、五行的关系来选择曲目,入行治疗的。例如,宫调式乐曲,风格悠扬沉静、淳厚庄重,有如"土"般宽厚坚固,可入脾;商调式乐曲,风格高亢悲壮、铿锵雄伟,具有"金"之特性,可渗透入肺;角调式乐曲构成了大地回春、万物萌生、生机盎然的旋律,曲调亲切爽朗,具有"木"之特性,可渗入渗出肝;徵调式乐曲,旋律热烈欢快、活泼轻松,构成层次分明、情绪欢畅的感染气氛,具有"火"之特性,可渗透入心;羽调式音乐,风格清纯,凄切哀怨,苍凉柔润,如天垂晶幕,行云流水,具有"水"之特性,可入肾。

暴躁在五行中属"火"。这类人做事爽快,爱夸夸其谈,争强好胜,办事稍有挫折易灰心丧气。平时未发作时,应引导积极的一面,听些徵调音乐,如《步步高》《狂欢》《解放军进行曲》《卡门序曲》等。这类乐曲旋律激昂欢快,符合这些人的性格,能使人奋发向上。在情绪急躁发火时,应听些羽调式音乐,如提琴协奏曲《梁祝》《二泉映月》《汉宫秋月》等,这类乐曲能缓和、制约、克制急躁情绪。

压抑在五行中属"土"。这些人多思多虑、多愁善感,平时应多听宫调式乐曲,如《春江花月夜》《月儿高》《月光奏鸣曲》等。这些曲目风格悠扬沉静,能抒发情感。当遇到挫折,情绪过极时,应听角调式音乐,如《春之声圆舞曲》《蓝色多瑙河》《江南丝竹乐》。此类乐曲生气蓬勃,清澈馨香,如热流温心、清风透梦,使其从忧虑痛苦中解脱出来。

悲哀在五行中属"金"。在人们悲痛欲绝、欲哭不能的情况下,应给予引导排遣。听商调式乐曲,如《第三交响曲》《嘎达梅林》《悲怆》等,能发泄心头郁闷,摆脱悲痛,振奋精神。极度悲伤的患者,应听徵调式音乐,如《春节序曲》《溜冰圆舞曲》《闲聊波尔卡》等,其旋律轻松舒畅、活泼,能补心平肺,摆脱悲伤与痛苦。

愤怒在五行中属"木"。在愤怒万分、压抑心头时,应听角调式乐曲,疏肝理气,如《春风自得》《江南好》,克莱德曼的现代钢琴曲等。在愤怒之极、大动肝火时,应以角调式乐

曲,佐金平木,如德沃夏克的《自新大陆》、艾尔加的《威风堂堂》等。

绝望在五行中属"水"。这些人多因遇到大的挫折及精神创伤,对生活失去信心,产生绝望。故必须以欢快、明朗的徵调式乐曲,如《轻骑兵进行曲》《喜洋洋》和中国的吹打乐等,来重新唤起他们对美好未来的希望。

(四)宣泄调节

宣泄调节是指将郁积的烦恼倾诉出来,这是消除痛苦的一种方式。它可以给人以极大的精神解脱,使人感到由衷的舒畅。俗话说:"乐极生悲。"情绪、情感反应超过了适度,就能走向其反面,从而不利于身心的健康发展。所以,不论是过分的高兴,还是过分的悲伤、愤怒等,都不适于完全埋藏在心里,而应适度地释放出来。平时我们看到某人十分痛苦时,常常劝其痛哭一场,不要闷在心里,就是这个道理。

弗洛伊德在进行临床治疗时,曾采用自由谈话法,发现患者能喋喋不休地尽情倾吐自己内心的隐私,吐露被压抑的消极情绪,这对解除内心障碍很有帮助。所以,如果我们每个人都能把自己内心的矛盾、悲伤和积郁向朋友统统倾吐出来,痛痛快快地宣泄一番,这样,就会感到好像去掉了一个沉重的包袱,心理上就会觉得轻松了许多。当你敞开心扉、向朋友吐露真情之后,还可以从朋友的交流中得到安慰与支持。宣泄不仅是人摆脱恶劣心境的必要手段,也可以强化人们战胜困难的信心和勇气。

(五)语词调节

语词不仅能交流信息,也具有调节人的行为及情感的功能。有时候,几句话可以把一个人说恼,也可以把一个人逗乐;可以用几句话把一个人说得垂头丧气,也可以把一个人说得勇气倍增。几句知心的话,能激起满腔热情,上刀山下火海在所不惜;几句不恰当的指责,挫伤了自尊心,便使人偃旗息鼓、一蹶不振。不少人喜欢在自己的房间里挂上"忍""制怒"一类的字幅,每逢难忍或易怒时,抬头看到墙上挂的这类字幅,就可以控制或缓和自己的激情。

知识拓展

林则徐自少年起一生遵循的座右铭是"制怒"。林则徐幼时聪慧但脾气暴戾。其父林宾日曾亲笔写下"制怒"二字悬于林则徐书房之上,为其取名"则徐",也就有克暴制怒之意。林则徐每到一处总是把他的座右铭"制怒"悬挂在他的公堂上。用以克服情绪急躁,防止大脑发昏。"制怒"才能保持清醒的状态、冷静的思考,遇事才能作出正确的判断、合理的把握,才能大行中庸之道。

这便是利用了词语调节法。

(六)努力工作和学习,用繁忙驱走烦恼

心理调查表明,空闲无聊的人烦恼多,而繁忙的人往往最快活。因此,当你碰到不愉快的事情时,最好脚不歇、手不停地工作,摆脱思想负担,在搏击困难中感受快乐。毛泽东

年轻时曾写道"与天奋斗,其乐无穷;与地奋斗,其乐无穷;与人奋斗,其乐无穷",这是一种最高尚的精神愉悦。

对于学生来说,多读书,读好书,也是一种极为重要的解脱方法。阅读能转移人的思想,带你进入另一个天地,冲淡你的烦恼。一个嗜读的人,读到一本好书,会感到心旷神怡、天宽地阔,从中感受到极大的乐趣。

(七)体育锻炼与情绪调节

跑步、游泳、打球等运动项目也是化解不良情绪的有效办法。因为运动可使心率加快,促进血液循环,改善机体对氧气的吸收作用,从而使人精神振奋。同时,体育锻炼也可以使人摆脱失败带来的心理压力,运动中的乐趣与群体的和谐气氛可冲淡心灵上失败的阴影,都能使人在精神松弛之后再次扬起前进的风帆。体育锻炼能培养人的自觉性、自制性与坚韧性,还可以培养人的竞争意识,使人学会超越自己、超越别人。良好的心理因素有助于开朗性格的培养及自信心的形成。

(八)色彩与情绪调节

人们生活在颜色的海洋里,每时每刻都在同颜色打交道。虽然色彩的效果没有香味四溢的佳肴给人的刺激那样快速,没有热情奔放的音乐那样强烈,但色彩却能以潜移默化的力量给人的情感以熏陶和影响,引起人们的情感效应。也就是说,人们已经把特定的颜色同一定的心境或情绪体验联系在一起,不同的色彩所引起的人的情感体验是不同的。

 **知识拓展**

红色给人以温暖的感觉,会引起人强烈刺激的、热情的、朝气蓬勃的、振奋的情感体验,对人的活动有激励作用。所以当情绪低落时,采用红色的刺激可以鼓舞人的情绪。但愤怒时不宜看红色。橙色使人感到喜悦、轻松、幸福、爱慕、温暖等内心体验。如果觉得没精打采,人很疲倦,可多接触橙色的事物,以起到提神的作用。

黄色给人以光明、辉煌、华贵、柔和、智慧、神秘、慈善的感受,能使人兴高采烈、心情开朗。当感到压力很大时,不妨吃些黄色的食物或多看黄色的东西,黄色有刺激人体能量水平的作用,令你力量倍增。

绿色又称生命色或凉色,是色彩中最能表现活力与希望的色彩,它使人感到充满青春活力、轻松愉快、兴旺发达。同时,绿色也象征和平、自然、安静、健康与安全,是一种很好的"平衡色"。当发觉自己情绪极度紧张和压力很大时,不妨处身于绿色的环境中,如树林、花园里。绿色有镇静神经、降低血压的作用,可减轻心理紧张与焦虑、烦躁。

蓝色易使人联想到海洋、天空,使人产生清静、凉爽、冷静、理智的感觉,所以治疗疼痛、退热、镇静神经之类的药品,常使用蓝色装潢。

紫色象征优雅、高贵、壮丽、神秘、气魄、严肃,但也表示冷淡、寂寞、不安与忧郁。因此,当心境不佳时,应避开紫色。不过当你头脑发热时,紫色还具有令人清醒的作用。

曾经有一个足球教练,总是让人把足球队员中间休息时去的更衣室刷成蓝色,以便创造出一种放松的气氛。但当他对队员们作最后的鼓动讲话时,则让队员们走进涂着红色的接待室,以便创造出一种振奋人心的背景。教练的这种做法正说明了不同色彩对人的情绪所产生的不同影响。我们在日常生活中,也都离不开色彩的影响,所以我们应重视色彩艺术对人体心理健康的影响,应该能够根据自己的不同的情绪状态利用不同的色彩去进行调节,以达到最理想的情绪状态。

 **本章小结**

本章主要对情绪、情感进行了概述,介绍了情绪、情感的表现与种类,大学生常见的负性情绪,大学生情绪、情感的调控。通过本章的学习,同学们要了解情绪与情感及其相关知识,熟悉在大学生中常见的负性情绪,并学会对自己的情绪、情感的调控,做情绪、情感的主人,拥有一种快乐健康的情绪。

 **知识拓展**

合理情绪疗法

合理情绪疗法又称合理情结疗法、ABC 疗法,它的基本理论主要是 ABC 理论。在 ABC 理论模式中,A 是指诱发性事件;B 是指个体在遇到诱发事件之后相应而生的信念,即他对这一事件的看法、解释和评价;C 是指特定情景下,个体的情绪及行为结果。通常人们认为,人的情绪的行为反应是直接由诱发性事件 A 引起的,即 A 引起了 C。

ABC 理论指出,诱发性事件 A 只是引起情绪及行为反应的间接原因,而人们对诱发性事件所持信念、看法、理解的 B 才是引起人的情绪及行为反应的更直接的原因。人们的情绪及行为反应与人们对事物的想法、看法有关。合理的信念会引起人们对事物的适当的、适度的情绪反应;而不合理的信念则相反,会导致不适当的情绪和行为反应。当人们坚持某些不合理的信念,长期处于不良的情绪状态之中时,最终将会导致情绪障碍产生。所以,艾利斯认为每个人都要对自己的情绪负责。他认为当人们陷入情绪障碍之中时,是他们自己使自己感到不快的,是他们自己选择了这样的情绪取向的。不过有一点要强调的是,合理情绪治疗并非一般性地反对人们具有负性的情绪。比如一件事失败了,感到懊恼、有受挫感是适当的情绪反应。而抑郁不堪、一蹶不振则是所谓不适当的情绪反应了。

例如,两个同事一起上街,碰到他们的总经理,但对方没有与他们招呼,径直过去了。这两个同事中的一个认为:"他可能正在想别的事情,没有注意到我们。即使是看到我们而没理睬,也可能有什么特殊的原因。"而另一个却可能有不同的想法:"是不是上次顶撞了老总一句,他就故意不理我了?下一步可能就要故意找我的岔子了。"这两种不同的想法就会导致两种不同的情绪和行为反应:前者可能觉得无所谓;而后者可能忧心忡忡,以致无法平静下来干好自己的工作。从这个简单的例子中可以看出,人的情绪及行为反应与人们对事物的想法、看法有着直接的关系。在这些想法和看法背后,有着人们对一类事物的共同看法,这就是信念。前者在合理情绪疗法中称之为合理的信念,而后者则被称之为不合理的信念。合理的信念会引起人们对事物适当的、适度的情绪和行为反应;而不合理的信念则相反,往往会导致不适当的情绪和行为反应。人们坚持某些不合理的信念,长期处于不良的情绪状态之中,最终将导致情绪障碍,也就是C的产生。

ABC疗法其实完整的治疗模式由ABCDEF六个部分组成。A:activating events,指发生。B:beliefs,指人们对事件所持的观念或信念。C:emotional and behavioral consequences,指观念或信念所引起的情绪及行为后果。D:disputing irrational beliefs,指劝导干预。E:effect,指治疗或咨询效果。F:new feeling,指治疗或咨询后的新感觉。人们面对外界发生的负性事件时,为什么会产生消极的、不愉快的情绪体验?人们常常认为罪魁祸首是外界的负性事件A。但是,艾利斯认为,事件(A)本身并非是引起情绪反应或行为后果(C)之原因,而人们对事件的不合理信念(B)(想法看法或解释)才是真正的原因所在。因此要改善人们的不良情绪及行为,就要劝导干预(D)非理性观念的发生与存在,而代之以理性的观念。等到劝导干预产生了效果(E),人们就会产生积极的情绪及行为,心里的困扰因此消除或减弱,人也就会有愉悦充实的新感觉(F)产生。合理情绪疗法是艾利斯通过切身体验感悟和总结出来、用于帮助自己同时帮助他人进行心理自我调节的方法。这种疗法的主要目标是:帮助人们培养更实际的生活哲学,减少自己的情绪困扰与自我挫败行为,也就是减轻因生活中的错误而责备自己或别人的倾向(消极目标),并学会如何有效地处理未来的困难(积极目标)。

 思考与练习

1. 联系自身实际情况,分析情绪、情感对身心健康的影响。
2. 大学生情绪健康的标准是什么?
3. 当出现负性情绪时,如何疏导不良情绪,学会自我调节,做情绪的主人呢?

 心理测验

你的情绪稳定吗

对下列题目作出"是"或"否"的回答。
(1) 尽管发生了不快,仍能毫不在乎地思考别的事情。
(2) 不计小事,经常保持坦率诚恳的态度。
(3) 习惯于把担心的事情写在纸上并进行整理。
(4) 做事情时,往往具体规定有可能实现的目标。
(5) 失败时仔细思考,反省其原因,但不会愁眉不展,整天闷闷不乐。
(6) 具有悠闲自娱的爱好。
(7) 常常倾听众人的意见。
(8) 做事情有计划积极进行,遇挫折也不气馁。

(9) 无路可走时，能够改变生活方式和节奏，以适应生活。
(10) 在学业上，尽管别人比自己强，但仍保持"我走我的路"的信条。
(11) 对自己的进步，哪怕只是一点点，都会有高兴的表示。
(12) 乐于一点一滴地积累对己有益的东西。
(13) 很少感情用事。
(14) 尽管很想做某件事，但自己估量不可能时也会打消念头。
(15) 往往理智、周密的思考和判断，不拘泥于细枝末节。

评 析

每题选择"是"记1分，"否"不计分。然后将各题得分相加，算出总分。
评价参考：

0～6分者：你的情绪不是很稳定，经常患得患失，又不能很好地生活。常常拘泥于一些小事，无论做什么事都过分认真，总是忙忙碌碌、耗费心机。难以作出重大的决策，一丝不苟反而使自己的感觉迟钝。

7～9分者：情绪稳定性一般。

10～15分者：你的情绪很稳定，大多数擅长于处理事务的方法、判断及思考等，不拘泥于细微小节，能积极大胆地处理一些事情，在各种困难面前毫不动摇。

接 受 现 实

活动目的：
1. 通过体验，使学生认识到承认错误是需要勇气的。
2. 让学生意识到敢于承认错误是自身敢于承担责任的表现。

活动程序：
1. 学生在比较空的场地围成一圈，随机或自愿报名参加游戏，根据场地大小决定人数多少，人数一般在16～20人，也可更多。

2. 学生按照体操队形站立，站成4排或5排，每排4人或5人，前排侧平举，后排前平举。

3. 主持人发出口令。主持人喊一时，举左手；喊二时，举右手；喊三时，抬左脚；喊四时，抬右脚；喊五时，不动。学生按要求做。主持人和不参加游戏的同学做监督者。

4. 有人出错时，出错的人要走出来站到大家面前先鞠一躬，然后单膝下跪，举起右手高声说："对不起，我错了！"若再有同学喊"对不起，我错了"，则出错的同学退出，游戏重新开始。以此循环，可根据实际情况选择终止，也可直到最后剩下一个同学。

5. 集体分享感受。

第五章 人际关系与心理健康教育

引 言

人际交往是人健康成长的基本条件,沟通更是网络时代人际交往中的重要技能。了解人际交往的基本理论,结合大学生交往的特点和实际,学习有效的沟通技巧,在集体中积极、愉快地生活,是对每一个大学生成长的期盼。

学习目标

1. 掌握人际交往的原则和技巧,认识人际交往对大学生健康成长的意义。
2. 了解人际交往的特征,掌握人际交往中常见的心理问题及其调适方法。
3. 学会在交往中建立和谐的人际关系,培育真挚的友谊,使大学生在身心愉悦中健康成长。

第一节 人际关系

人际关系对大学生的心理健康具有十分重要的意义。良好的人际关系氛围有助于个体提高自信和自尊,使个体感到心情舒畅,体会到温暖和满足感。如果人际关系失调,长期处于紧张、冷漠、冲突的状态中,个体将处处感到压抑、孤寂和苦闷,其结果必然产生对生活、学习、工作的消极态度,导致心理和行为障碍,甚至引发刑事案件。因此,建立和谐、融洽的人际关系,具有重要的心理保健功能。

一、人际关系的概念

人际关系是人与人之间通过直接交往形成的相互之间的心理联系。这种联系是交往所产生的情感积淀,是人与人之间相对稳定的情感纽带。其特点有以下几点:

(一) 个体性

人际交往双方的社会角色会影响彼此的人际关系。但在人际关系中,社会角色退居到次要地位,而对方是不是自己所喜欢或愿意亲近的人则成为主要问题。人际关系的本质表现在个体间的互动过程中。

(二) 直接性

人际关系是人们在面对面的交往过程中形成的,个体可切实感受到它的存在。没有直接的接触和交往就不会产生人际关系。人际关系一旦建立,就会被人们直接体验到。心理距离上趋近时,个体会感到心情舒畅;若有矛盾和冲突,则会感到孤立和抑郁。

(三) 情感性

人际关系的基础是人们彼此间的情感活动。情感是人际关系的主要成分。人际间的情感倾向有两类:一类是使彼此接近和相互吸引的情感,另一类是使人们互相排斥和疏离的情感。情感成分是人际关系的主要特征。

二、人际关系的发展过程

奥尔特曼(I. Altman)和泰勒(D. A. Taylor)认为,和谐、融洽的人际关系的建立和发展,需要经过定向、情感探索、情感交流和稳定交往四个阶段。

(一) 定向阶段

此阶段涉及交往对象的选择,包含对交往对象的注意、选择和初步沟通等多方面的心理活动和行为。

(二) 情感探索阶段

在此阶段,双方探索彼此在哪些方面可建立信任和情感联系。随着双方对共同情感领域的发现,彼此沟通越来越广泛。在这一阶段已开始有一定程度的情感卷入。

(三) 情感交流阶段

人际关系发展到这一阶段,双方关系的性质发生重大的变化。双方的信任感、安全感开始建立,沟通的深度和广度有所发展并有较深的情感卷入。此时,双方会提供评价性的反馈信息,进行真诚的赞许和批评。

(四) 稳定交往阶段

在此阶段,交往的双方在心理相容性方面进一步拓展,自我表露也更为广泛和深刻,允许对方进入自己私密性的个人领域,分享自己的生活空间。但在实际生活中,很少有人达到这一情感层次的友谊关系。

 案例分析

宿舍似家

17岁的玫玫是某大学英语本科专业一年级女生。刚入大学时,她由于第一次远离家乡,离开父母,孤身一人来到陌生的城市,面对的是来自祖国各地、条件各不相同的同学,有时觉得自己很孤独,很想家。经过一段时间的自我调节,她很快适应了大学生活,并意识到在大学搞好人际关系、培养人际交往能力的重要性,学会了尊重人、关心人和理解人,珍惜同学之间的友谊与交往,并能够把分寸把握得恰到好处,具有良好的群体意识和团队精神,结果和同学相处得很融洽。特别是宿舍的6名女生,学习上互相鼓励、互相帮助,生活上互相关心、互相支持,相处得就像亲姐妹一般。生病时,有人帮她补课;恋爱时有人帮她出谋划策;早上起床晚时,早饭会在桌上静悄悄地等她。大家都感觉宿舍就像自己的家,非常温馨、舒适。

三、自我暴露与人际关系的深度

自我暴露就是把自己私人性的信息显示给他人。奥尔特曼发现,良好的人际关系是在自我暴露逐渐增加的过程中发展起来的。随着信任程度和接纳程度的提高,交往的双方会越来越多地暴露自己。我们想了解我们对别人的接纳程度,通过了解自我暴露的水平就可以了解交往双方相互融通的程度。我们对别人的接纳越多,也要求对方对我们暴露得越多。但要注意,无论关系多深、多密切,每个人都有自己不愿意暴露的领域。我们不能因为关系亲密或者是情侣、夫妻、亲子,就要求对方完全敞开心扉,更不应该随意侵犯对方不愿意暴露的隐私。否则,会让对方产生强烈的排斥情绪,导致对我们的接纳性下降。

自我暴露的程度,由浅到深,大致可以分为四个层级:第一层级是情趣爱好方面,比如饮食习惯、偏好等;第二层次是态度,比如对人的看法、对政府和时事的评价等;第三层级是自我概念与个人的人际关系状况,比如自己的自卑情绪、和家人的关系等;第四层级是隐私方面,比如个体的性经验、个体不为社会接受的一些想法和行为等。

一般情况下,关系越密切,人们的自我暴露就越广泛、越深刻。但也有特例,就是对彼此没有任何利害关系的人,可能达到完全的自我暴露。例如,上网上聊天,素不相识的网友可以把自己连最亲密的人都不会告诉的隐私和盘托出。究其原因,是因为虚拟沟通的情境下,人们觉得对方没有可能介入到自己的现实生活中,风险体验下降,尴尬和羞耻感也就降低了。

 **案例分析**

上海复旦大学投毒案引网友微博发起感念室友"不杀之恩"的调侃

"睡在我上铺的兄弟,睡在我寂寞的回忆,你曾经问我的那些问题,如今再没人问起……"这样的旋律,为众多上过大学的人所熟悉。对于他们来说,"睡在上铺"的兄弟或姐妹,是大学生活中最珍贵的回忆。

近日,复旦大学室友投毒事件却拷问着"上铺兄弟"的情谊。4月16日下午,复旦大学官方微博发布消息称,2010级硕士研究生黄洋经抢救无效,于4月16日15:23在附属中山医院去世。15日22时13分,复旦官方微博发布通报称,该校一医科在读研究生病重入院,寝室饮水机疑遭投毒,目前警方基本认定同寝室同学存在嫌疑。投毒事件在社会上引起的广泛关注,折射出大学生在宿舍人际关系中的焦虑。

这是典型的因友谊受挫而在人际交往中出现心理、行为问题的案例。

四、人际关系的三维理论

社会心理学家舒茨(W. C. Schutz)在1958年提出人际关系的三维理论。他认为,每一个个体在人际互动过程中,都有三种基本的需要,即包容需要、支配需要和情感需要。这三种基本的需要决定了个体在人际交往中所采用的行为,以及如何描述、解释和预测他人行为。这三种基本需要的形成与个体的早期成长经验密切相关。

(一)包容需要

包容需要指个体想要与人接触、交往、隶属于某个群体,与他人建立并维持一种满意的相互关系的需要。在个体的成长过程中,若是社会交往的经历过少,父母与孩子之间缺乏正常的交往,儿童与同龄伙伴也缺乏适量的交往,那么儿童的包容需要就没有得到满足,他们就会与他人形成否定的相互关系,产生焦虑,于是就倾向于形成低社会行为,在行为表现上倾向于内部言语,倾向于摆脱相互作用而与人保持距离,拒绝参加群体活动。如果个体在早期的成长经历中社会交往过多,包容需要得到了过分的满足,会形成超社会行为,在人际交往中,会过分地寻求与人接触、寻求他人的注意,过分地热衷于参加群体活动。如果个体在早期能够与父母或他人进行有效的适当的交往,就不会产生焦虑,就会形成理想的社会行为,会依照具体的情境来决定自己是否参与及参与的行为方式,形成适当的社会行为。

追求快乐和幸福是生活的重要目的。什么是幸福的支持因素呢?日常生活中,金钱、地位、名誉、成功等似乎与个人的生活质量关系较大,因此许多人认为幸福是建立在这些要素基础上的。心理学家通过广泛的调查和研究发现,良好的人际关系,尤其是亲子、夫妻、亲密朋友之间等关键的人际关系的融洽,才是人生幸福的最重要的决定因素。金钱买不来幸福,成功、名誉和地位也带不来幸福。幸福从某种意义上说是一种生活态度和生活方式。不断地播撒真诚、友爱、关怀、体贴、理解和宽容的种子,我们就可能收获良好的人际关系,并最终收获幸福。

(二) 支配需要

支配需要指个体控制别人或被别人控制的的需要,是个体在权力关系层面与他人建立或维持满意人际关系的需要。个体在早期生活经历中,若是成长于既有要求又有自由度的民主气氛环境里,就会形成既乐于顺从又可以支配的民主型行为倾向。他们能够顺利解决人际关系中与控制有关的问题,能够根据实际情况适当地确定自己的地位和权力范围。如果个体早期生活在高度控制或控制不充分的情境里,他们就倾向于形成专制型的或是服从型的行为方式。专制型行为方式的个体,表现为倾向于控制别人,但却绝对反对别人控制自己。他们喜欢拥有最高统治地位,喜欢为别人作出决定。服从型行为方式的个体,表现为过分顺从、依赖别人,完全拒绝支配别人,不愿意对任何事情或他人负责任,在与他人进行交往时甘愿当配角。

(三) 情感需要

情感需要指个体爱别人或被别人爱的需要,是个体在人际交往中建立并维持与他人亲密情感联系的需要。当个体在早期经验中没有获得爱的满足时,个体就会倾向于形成低个人行为。他们表面上对人友好,但在个人的情感世界深处,却与他人保持距离,总是避免亲密的人际关系。若个体在早期经历中,被过于溺爱,他们就会形成超个人行为,强烈地寻求爱,并总是在任何方面都试图与他人建立和保持情感联系,过分希望自己与别人有亲密的关系。而在早期生活中经历了适当的关心和爱的个体,则能形成理想的个人行为。他们总能适当地对待自己和他人,恰当地表现自己的情感和接受别人的情感,自信自己会讨人喜爱,而且能够理性地依据具体情况与他人保持一定的距离或建立亲密的关系。

舒茨的三维理论在解释群体形成与分解中提出群体整合、分解原则,即群体形成的过程开始是包容,而后是控制,最后是情感,这种过程不断循环。而群体分解的原则是反其序,先是感情不和,继而失控,最后难于包容,导致群体分解。

五、李维奇人际关系的八种类型

(一) 主从型

一方处于支配地位,另一方处于从属地位。这是人际关系类型中最基本的一种,几乎所有的人际关系都有主从性因素。

(二) 合作型

其特点是双方有共同目标,为了达到这一目标,彼此能配合和容忍对方。

（三）竞争型

其特点是双方为实现各自目标常常竭尽全力，因而充满活力；由于竞争时间长，又使双方感到筋疲力尽。

（四）主从一竞争型

这是一种混合型的人际关系，即双方相处中，有时是主从型人际关系，有时是竞争型的人际关系。这种变换使双方难以适应，往往无所适从。这是难以相处的人际关系。

（五）主从一合作型

这是一种互补与对称的混合型人际关系，双方在其中能和谐共处。如果其中合作因素超过主从因素，则关系更为融洽。

（六）竞争一合作型

双方在这种人际关系中，时而竞争，时而合作。为维持这种类型的人际关系，双方需要保持一定的心理距离，避免交往过频。

（七）主从一合作一竞争型

这种混合型的人际关系兼有三者的特点，矛盾较多，双方易于陷入困境。

（八）无规则型

这种人际关系较为少见。其特点是：双方关系毫无规则，不清楚要做什么。

第二节　大学生的人际关系与心理健康

人际交往对大学生的健康成长有着特殊的意义。然而，并非所有的大学生都能成功地进行人际交往。一些学生感到孤独和无奈，迫切想结交到知心朋友，却知己难求；有的学生与室友发生了矛盾，却不知道如何化解；而有的学生在面对异性同学时面红耳赤，手足无措……种种不安和烦恼，困扰着当代大学生，甚至有一些学生出现交往障碍。

一、大学生人际关系的特点

（一）交往需求迫切

随着大学生生理和心理的不断发展，归属和爱的需要、尊重的需要以及自我实现的需要逐步进入旺盛期。这些内在的需要促使他们产生了强烈的交往动机，渴望与别人交往。

在一项对350人的调查中,有329人希望自己有良好的人际关系,占总数的94%;有15.7%的人经常为人际关系不好而苦恼;有55.7%的人有时为人际关系不好而苦恼;有41%的人承认自己有孤独感。

(二) 平等意识强

随着自我意识的不断发展,大学生独立和自尊的要求日益增强,于是产生了强烈的"成人感",他们对交往的平等性要求越来越高。他们既对他人平等相待,也希望他人能够平等待己。他们往往选择与自己经历相似的同辈交往,期望交往的对方真诚、坦率、心理相容、彼此尊重,讨厌对方居高临下、盛气凌人,这种平等主要是指人格上、精神上的平等。

(三) 富于理想化

大学生正处在朝气蓬勃、风华正茂的年代。他们有理想,有抱负,思想比较单纯,对未来充满了向往和希望。因此,在日常交往中,他们总是崇尚高雅,鄙视庸俗;崇尚真诚,鄙视虚伪。他们希望交往的对方是纯洁的、真诚的。友谊和感情是至关重要的,所以,他们的人际交往常常被理想化。但在实际的交往中,很多事情不能令人满意,不如想象的那样好,这种理想与现实的反差感也反映了大学生人际交往的理想化倾向。

(四) 开放性趋势

大学生的交往意识很强,范围也不断扩大。在校内,无论班级、年级,还是专业、性别,都不会成为他们交往的障碍。而且,他们正努力地把自己的交往领域扩大到学校以外更大的范围。与大学生交往需求的多层次、多侧面相对应的是他们交往方式的丰富多彩,比如各种社团及网络交往方式。

二、大学生人际关系的类型

人际关系类型是指人际关系行为模式与个体的个性相结合,形成其特有的人际关系倾向。心理学认为,人的气质无好坏之分,以气质为底色的人际关系类型,当然也没有好坏之分。对于大学生来说,他们的人际关系按照不同的分类标准有不同的类型。

(一) 根据交往对象与范围分类

1. 同学关系

同学是大学生人际交往的主要对象。学生根据各自的兴趣、爱好和性格的不同,结成或松散或紧密的交际圈。例如,学习圈内的同学有一个共同的学习理想;娱乐圈内的学生都爱好某种体育运动、文艺活动或休闲活动等娱乐活动;社团圈内的学生大多性格开朗活泼,喜欢主动与人交往,具有突出的交际、公关、合作和表达能力。还有以地域上的"同乡"为基础,以老乡感情维系的老乡圈,关系也较为亲密,来往较多。

2. 宿舍关系

宿舍关系是大学生人际交往中最频繁的,也是最难相处的人际关系。同宿舍的同学关系有的亲密如同手足,但"同室操戈"的情形也时有发生。由于距离过分接近,随着时间的延续,彼此优缺点尽露无遗。由于来自不同地域和家庭,个体的性格、生活习惯、思想观念、价值标准存在差异,造成人际沟通的复杂与困难。

 案例分析

生活习惯冲撞

"她穿过的丝袜经常放在电脑键盘上,用过的卫生间满地都是头发。"广西财经学院学生小杨说。她大学宿舍有个很不讲卫生的室友引起了大家的"公愤"。原本宿舍6个人配有两个卫生间,结果大家都只使用其中一间卫生间,另外一间就成了那名室友的"专用"卫生间。刚调整到新宿舍,广西大学文学院的小曹就感觉到自己的"格格不入"。宿舍8人中,有6人家境不错,她们每天的生活多停留在穿衣打扮、视频聊天和看韩剧上。小曹曾尝试沟通,但总觉得貌合神离,只好申请换了宿舍。

广西大学新闻传播学院团委副书记雷圆嫒认为,高校和中学不同,大学生来自五湖四海,也带来了各自的文化、生活习惯等。现在90后大学生普遍个性张扬,而一些学生缺乏包容别人生活习惯的大度,互相之间就容易产生矛盾。大学生因为家庭背景、性格、爱好和价值观的差异,难免造成相互之间没有交集,缺乏共同语言,加上网络对人际交流的冲击,现在室友间交流越来越少。

3. 师生关系

师生关系直接影响到学生的正常学习和健康成长。师生关系应该是民主、平等的,但实际上,学生常常处于被动、服从的地位。调查显示,现代大学生不只是遇到与学习有关的功课问题、学业问题才去寻求学科专业老师的帮助,有的学生在遇到有关心理、情感、家庭、人际关系、交友、恋爱等问题时也去找心理咨询老师。

4. 网络关系

网络人际交往是信息时代人们在网络空间里进行的一种新型的人际互动方式。这种虚拟的交往空间极大地满足了学生复杂多样的交往动机。网络是一把双刃剑。网络人际交往对学生的健康成长既有正面效应,也有负面效应。

(二) 根据人际关系建立的基础分类

1. 学习型人际关系

这种人际关系是在共同的学习生活中自然产生的,通常可分为合作型和竞争型两种。合作型的人际关系一旦建立,双方在某种程度上获得一些共同利益,既可能在学习上取长补短,也可能由此建立起友情关系。竞争型的人际关系在一定的范围内给学生的学习带来一些外部刺激因素,但如果竞争的压力超过了学习的心理承受能力,就容易引发一些心理问题。

2. 生活型人际关系

这种人际关系主要在学生的日常生活中建立,更多地趋向于生活和感情的交流,多在

同学、室友、同乡、校友、亲友之间出现。这种关系更多地表现为友情,在异性之间有可能发展成为爱情关系。

3. 活动型人际关系

这种人际关系主要是指学生在体育训练、文化娱乐、社会实践、社团聚会等活动中建立起来的关系,比较具有建设性,维持时间有长有短,往往随着活动的结束而终止,如班级间的球赛。但有的活动结束后,交往仍然保持,从而成为较为持久的人际关系。

(三)根据人际关系的心理结构分类

1. 主动型与被动型

主动型的人在社交上总是采取积极主动的方式。他们主动交往,对自己在人际交往方面比较有自信心,即使在交往中遇到一些误解和挫折,也能坦然对待。因此,主动型的人适应性很强,容易与人相处,不斤斤计较。被动型的人在社交上总是采取消极的、被动的退缩方式,只做交往的响应者。虽然他们处在一个人来人往的人群中,但特别害怕别人不会像自己期望的那样理解自己,从而使自己处于窘迫的境地,不能摆脱心里的孤寂。

2. 领袖型与依从型

领袖型的人比较好强固执,独立积极,自视甚高,非常自信,武断而有力量,攻击性强。有时,他们还会表现出反传统倾向,不愿循规蹈矩,社会接触较广,有强烈的支配和命令别人的欲望。依从型的人比较谦卑、温顺、惯于服从、随和,能自我抑制,想象力较差,喜欢稳定有秩序的环境,他们独立性较差不喜欢控制别人。

3. 严谨型与随便型

严谨型的人有很强的责任心,为人忠诚,坚韧有毅力,细心周到,有始有终;道德感强,孝敬尊重父母,对异性也较严谨,常受到周围人的好评;社会责任感强,工作勤奋。随便型的人不讲原则,不守规矩,缺乏社会责任感,做事比较敷衍,缺乏奉公守法的精神。

4. 开放型与封锁型

开放型的人比较信赖随和,易与人相处;安全感强,对人无猜忌,也易轻信他人;不与他人竞争,易于合作,宽容,容易适应环境;善于体贴他人,有信用,善于和不同类型的人做朋友,不会为点小事而破坏友谊,对他人持开放接纳的态度。封锁型的人比较戒备,不易受到欺骗;在集体中与他人保持距离,缺乏合作精神,比较固执己见;嫉妒心也很强,与人相处常斤斤计较,不太顾及别人的利益。

三、影响大学生人际关系的因素

大学生的整个求学生涯都是在群体生活中度过的,与同学之间的交往和关系成为大学生最重要的人际关系。影响大学生人际关系亲疏程度的因素主要有以下几个方面。

(一)环境因素

1. 社会环境

随着我国改革开放的深入推进和社会主义市场经济的逐步建立,人们的思维方式、思想观念、价值取向、行为举止发生了很大变化,呈现多元化的趋势。但是,我们也应清醒地看到极端个人主义、拜金主义、享乐主义等错误思想,对大学生的人际交往行为产生了极为消极的影响。

调查发现,在人际交往中,感到人与人之间缺乏信任感和安全感的人数占被访者人数的71.9%,他们普遍持有"人心难测,在社会上做事必须有防人之心"的处世观点。还有为数不少的人表示"在社会生活中常常感到孤独"。

2. 学校环境

大学校园既为大学生人际交往和建立良好的人际关系创造了条件,同时也成为大学生人际关系交往矛盾的根源。由于大学的青年学子来自各个不同的地域,个人的习惯、性格、兴趣、爱好有很大的差别,大家有时难以彼此适应,常常因为一些鸡毛蒜皮的小事而发生矛盾,从而阻碍了正常的人际交往和良好的人际关系的建立。另外,同学之间自发结成的非正式群体也会对大学生的人际关系产生影响。

3. 家庭环境

父母是孩子的第一任老师。家庭内部成员人际交往的心理态度、行为方式,对大学生从小就起着榜样示范的作用,潜移默化地影响并促成了大学生的人际交往行为。

良好的家庭环境对大学生良好人际关系的建立起着积极的促进作用;反之,则起着阻碍作用。

(二)心理因素

1. 认知因素与交往障碍

大学生在建立良好人际关系过程中的认知因素包括对自己的认知、对他人的认知和对交往本身的认知。对自己的认知关键是自我评价是否恰当。过高地评价自己,会引起骄傲自大,在人际交往中盛气凌人,或不屑交往;过低地评价自己,则会引起自卑,害怕与他人交往,导致人际交往中的恐惧心理,如社交恐惧症。另外,对交往本身的认知,也会影响交往行为,因为交往的过程是彼此满足需要的过程。如果只考虑自己的需要,忽视他人的需要,就会引起交往障碍。最后,对他人的认知会影响人际交往的顺利进行。对他人的认知主要呈现出以下几种心理效应。

(1)首因效应。首因效应又称第一印象,是指初次对人产生的知觉印象。它往往最为鲜明和深刻,并对以后的认知产生较大的影响。首因效应是一种直观的感觉,所形成的第一印象往往不太可靠。例如,某些大学生往往凭第一次见面时,把自己对对方是否有好感,作为能否进一步深交下去的标准。感觉对对方印象好就与之交往,印象不好就不屑于交往,这样容易导致陷入人际交往的误区。首因效应是一种客观存在的心理现象,我们必须重视并力求在人际交往中给人留下良好的第一印象。

(2)近因效应。近因效应是指最近的信息对人的认知具有强烈的影响,最后留下的印象比较深刻,这就是心理学上的所谓"后摄"作用。认知者在与陌生人交往时,首因效应起的作用较大;与熟人或久别重逢的人交往时,近因效应的作用则较为明显。近因效应在大学生的人际交往中普遍存在。如一位大学生平时表现很好,可一旦做了一件错事,就容易给别人留下很深的负面印象。还有的学生平时表现平平,但一到评"三好"学生、优秀学生干部或选拔班干部时,就刻意表现自己,做一点表面文章,这样往往也能轻易地获得其他同学的好感。因此,大学生在人际交往中应该注意克服近因效应带来的认知偏差,学会用动态的、发展的、历史的、全面的眼光看待他人,与他人建立良好的人际关系。

(3)晕轮效应。晕轮效应又称"光环效应",是指人们仅仅依据某人身上一种或几种特征来概括他在其他方面一些未曾被了解的人格特征的心理倾向。人们常说的"情人眼里出西施""爱屋及乌""一好百好""一俊遮百丑"等,就是典型的晕轮效应。

 知识拓展

苏联心理学家包达列夫曾做过一个有趣的实验。他向两组大学生分别出示同一个人的照片,并对第一组被试人说,照片上的人是一个恶贯满盈的罪犯;对第二组被试人说,照片上的人是一个大科学家。然后,他让两组学生描述照片上的人格特征。第一组的描述是:深陷的眼窝,证明了其内心的仇恨;凸出的下巴,意味着他沿着罪恶的道路走到底的决心。而第二组的描述则是:深陷的双眼,表示了他的思想深度;凸出的下巴,体现了他在认识道路上克服困难的意志力。

从包达列夫的实验中,我们可以看出晕轮效应对人际认知的影响。晕轮效应所产生的认知偏见是一种明显的从已知推及未知、由片面看全面的认知现象。它往往会歪曲一个人的形象,导致不正确的评价。纠正的方法只能是告诫自己不要以偏概全,不要凭一时主观印象行事。因此,大学生在人际交往中应克服晕轮效应,相信人人都有优点和缺点,在交往中多了解对方,避免以点代面,以偏概全。另外,在交往中也可利用晕轮效应,给对方留下良好的印象,从而有利于良好人际关系的建立。

(4)投射效应。投射效应也叫自我投射效应。自我投射是内在心理的外在化,即以己度人,把自己的情感、意志特征投射到他人身上,强加于人,以为他人也应如此。投射效应的结果往往是对他人的情感、意向作出错误评价,歪曲他人愿望,造成人际交往障碍。典型的投射效应就是人们常说的"以小人之心,度君子之腹",认为别人和自己一样有着相同的好恶、相似的观点。事实上,世界上没有完全相同的人,自己与他人的差异客观存在着。因此,认知应注意客观性,从他人的实际特点和具体情况出发去认知他人,这样才能避免自以为是和冲突的产生。

(5)刻板效应。刻板效应是指在人际交往中,人们往往习惯于机械地将交往对象归于某一类群体中,而不管他是否表现出该类群体特征,都把对该类群体的评价强加于他,从而影响正常的认知。例如,一般人都认为南方人瘦小,精明圆滑,会算计,不易深入交往;北方人高大健壮,直爽、坦诚,易于交往;知识分子必定温文尔雅;温和柔弱的人必定没有主见。这些都是典型的刻板效应的表现。刻板效应往往会影响大学生正常的人际交往。

 案例分析

一位女大学生,父母离异,她和母亲生活在一起。她的母亲由于婚姻的失败,经常以她的父亲为例,说世上的男人没有好东西,要防范男人等。该女生进入大学后,对男同学

有很强的防范心理,总认为男人在欺骗女人。她的这种认识严重影响了她与同学的正常交往,妨碍了良好人际关系的建立。

2. 情绪因素

人际交往中,健康的情绪是适时、适度的,应与引起情绪的原因和情境相称,并随着客观情况的变化而变化。一个人如果情绪反应过于强烈,往往会表现为不分场合、不分情境、不看对象地恣意纵情,给人以轻浮、不实的感觉。情绪反应激烈时会让人觉得感情用事;而情绪反应过于冷漠,则被视为麻木无情。大学生感情丰富,情绪变化较快,有时对人对事过于敏感,容易凭一时的好恶改变对人的看法,产生一些不良情绪和行动,导致人际关系缺乏稳定性,造成人际交往的障碍。

3. 人格因素

人格因素是人际关系中的重要因素。人格缺陷容易给对方以不良的评价、不愉快的感受和不安全感,从而导致人际交往障碍。大学生的人格尚未完全定型,可塑性较强,应努力培养有助于人际交往的人格特征,如真诚、信任、忠诚、尊重、理解、关心、同情心、宽容、幽默等,尽量克服如虚伪、自私、嫉妒、猜疑、自卑等不利于人际交往的人格特征,形成健全、完善的人格,建立良好的人际关系。一个品格好、能力强或具有某些特长的人,更容易受到人们的喜爱。人们欣赏他的人格、才能,因而愿意与之交往,从而促成良好的人际关系。

(三) 其他因素

1. 时间因素与空间因素

时间因素是指交往的机会、频率。空间因素是指交往双方距离的远近。一般来说,交往的频率越高,相处的空间越近,越容易相互理解,形成共同的经验和感受,有利于良好人际关系的建立,这在人际交往初期往往起着重要作用。例如,新生入学后,同宿舍、同班同学之间接触机会多,相处空间距离近,交往频率高,彼此就容易建立起密切的关系。

2. 相似因素与互补因素

相似因素是指交往双方在理想、信念、价值观、兴趣爱好等方面有相似的取向。交往双方相似之处越多,越容易建立起良好的人际关系。兴趣爱好相似使大学生有更多的机会参与共同感兴趣的活动;地位、背景相似使交往双方感到平等,易于理解,有共同话题;价值观、信仰相似对交往双方的相互吸引影响更大。大学生中许多业余社团,包括兴趣小组、情感类的团体等常常是互为相似因素而自愿结合而成的。

互补因素是指在交往过程中,交往双方在能力特长、人格特质、需要欲求、价值观念等方面构成相互补充的关系。当一方的需要与对方的期望正好成为互补关系时,就会产生强烈的吸引力。大学生中常见到那些依赖性较强的学生愿意和独立性较强的人交朋友,喜欢发号施令的人与喜欢受人指挥的人也成互补关系,性格过于内向的人主动接近外向型的人以此影响和改变自己的性格等。

3. 外表因素与特长因素

外表是指一个人的长相、穿着、仪态、风度等,这些因素在人际交往中会影响交往双方彼此间的吸引。一般来说,外表英俊、衣着整洁、举止文明的人,在人际交往中会给对方留下良好的印象,评价也相对比较高。大学生在与人交往过程中,虽不能以貌取人,但自己的仪表形象还应适当注意。

特长是指人的特殊才能和专长。一个人如果在能力与特长方面比较突出,能使别人欣赏、钦佩他的才华,在人际交往中就会有很强的吸引力。对于能力强的人而言,交往中犯一点小错误或暴露出一些个人弱点,反而更能增强他的吸引力,让人在钦佩的同时,觉得他也是一个普通人,可以与之交往,建立良好人际关系也就容易一些。

大学生应注重发掘自我的潜能,培养自己的特长,增强自己的人际交往能力。另外,还要善于发现他人长处,因为每个人都有闪光点。发现并认可对方的闪光点,同样有助于建立良好的人际关系。

四、大学生人际关系常见的心理问题

(一) 过于理想化

大学生生活经历相对简单,缺乏对事物本质的把握能力,所以他们对人际的认知过于理想化,易把理想和可能性当作现实,即对人际交往的期望值较高,用理想化的尺度来衡量现实。大学生在进入大学之前,心中充满了对理想大学的憧憬,当然也包括对大学里温馨、和谐的人际关系的憧憬。这使得他们对校园里人际关系的复杂性和多样性缺乏足够的心理准备。许多大学生认为朋友间应无话不谈,一旦发现对方有什么事没告诉自己,就觉得不够朋友,甚至有被欺骗、受伤害之感。有资料显示,有大约70%的大学生不同程度地对自己的人际关系感到不满意,原因主要是其理想与现实不相吻合而产生的失望。

(二) 归因偏差

大学生在认识、处理与自己的人际关系相关的一些事情时,容易呈现出一定的归因偏差甚至错误。

一项调查发现,一些女生不敢与异性同学打招呼,归因于自己来自农村,长得不漂亮等;而一些学生将自己交往范围小,归因于对方考虑地位、家庭背景、利益等因素过多,而不是归因于自己没有主动与人交流、自己的兴趣爱好不够广泛等。另一项调查发现,大学生对自己人际关系总体归因偏向于内控性(描述人们相信能力、努力或他们自己的行为对周围发生的事情起决定作用的维度,内控性倾向于将成绩、失败等归结于自己的本质),但对人际关系失败的归因表现出外控倾向(与内控反之,更多原因归结于外部因素);文科学生较理科学生对人际关系的归因更外控;大四学生在人际交往失败方面的归因与大一、大二的学生存在显著差异,更为外控。

正是由于对自己的认知偏见和对他人的消极认识、评价,使许多大学生在自己的人际交往中产生嫉妒、自卑、猜疑、报复等不良心理。这样就在很大程度上局限了他们的人际交往,阻碍人际关系的发展,也严重影响着他们的心理健康。

（三）自我中心

现在的大学生大多数是独生子女，他们在中小学时期往往是表现出色的好学生，已习惯接受别人的表扬和肯定。许多人进入大学后仍主观固执，自我中心，自理能力差，想问题、处理事情往往以自我为中心。他们习惯性地认为自己就是"恒星"，别人是"行星"，都应该围着他们转，关心他们，为他们着想。他们往往会过分关注自我，过分注重自我需要的满足，却忽略他人的需要，并以自我需要展开人际活动，进而以此作为判断和评价人际关系的标准。调查显示，有26.21%的同学要求自己的朋友要100%地对自己好。如果朋友达不到这一要求，往往会由最初的亲密走到后来的各奔东西。

 案例分析

某女，大学生，在家是独生女，漂亮聪明，学习优秀。堂或表兄弟、姐妹中数她最出色，集父母爷姥万千宠爱于一身，家庭经济条件好，很早就有自己独立的卧室。到大学后，四人一间宿舍，让她感到委屈和不适应，经常抱怨寝室同学，还耍娇小姐脾气，支使别人干这干那，好像是理所当然的。这样一来，寝室里的其他三位同学开始逐渐疏远她。她感到十分孤单，却又不知道别人为什么远离她。

其实这名女大学生就是在人际关系中出现了"自我中心"的心理问题。

（四）过分苛求

大学生的心理还不够成熟，情绪化色彩重，生活经验也不丰富，他们在认知方面往往还存在着绝对化、概括化的误区，即过分苛求自己和他人，追求完美，经常以一时一事评判自己或他人乃至整个人生，缺乏辩证的弹性思维。在交往过程中，这种不全面的认知能力首先表现为从自己的心理出发认识和理解问题，缺乏对对方性格和心理的客观了解，从而很容易产生误解和矛盾。

五、大学生人际交往中常见障碍及调适

（一）自卑及调适

自卑是指由于一些条件的限制和认识上的偏差，感觉某方面不如别人，从而产生的轻视自己、失去自信、畏缩的一种情绪体验。大量调查表明，自卑心理一般多见于新入学的大学生宿舍人际关系中。由于学习、生活环境的变迁，在学习上，大学生们在这人才荟萃的新"家庭"中，出现一种新的格局。中学时期学习上的名列前茅现在可能排在了后面；在生活上，也由中学时代的父母"包办"变成了"自理"。家庭经济状况、社会地位及自身的某些生理缺陷等主、客观原因，都会促使大学生感到自卑和脆弱。自卑感一经形成便具有很强的感染性和扩散力，会给大学生之间的相互交往带来不良的影响。

在大学生中还存在另一种自卑心理，即掩盖于"自傲""清高"的表面现象之下的自卑

心理。有这种自卑心理的大学生十分渴望与别人交往,渴望得到别人的关心和帮助,但是由于其在某一方面的优势,而不肯放下所谓的"架子"主动地与别人交往,最后给别人造成一种"拒人于千里之外"的错觉。

克服自卑应从认识、情绪、行为三个方面同时入手。

1. 从思想上树立"天生我材必有用"的信念

心理学研究表明,成功者与失败者在智力上并没有显著差别,并不是智商高的人就一定能成功,他们之间最主要的差异在自我评价上。

2. 调节自己交往时的情绪

学会积极的自我心理暗示、自我激励,如"我能行""我对未来充满信心""再试试"。

3. 树立自信,马上行动

正确认识自己,善于根据自己各方面的条件、特长,发挥自己的优势,从现在做起,从小事做起,给自己积累成功的机会,在发展中增强自信心。积极参加群体活动,在活动中发现和发展自己的能力,唤起自信心,在积极的心理状态下不断克服自己的自卑心理。

 知识拓展

昂起头来真美

珍妮是个总爱低着头的小女孩,她一直觉得自己长得不漂亮。有一天,她到商店去买了一只蝴蝶结。店主不断地赞美她戴上蝴蝶结挺漂亮。珍妮虽然不信,但是挺高兴,不由地昂起了头,想让大家看看,连出门与人撞了一下都没在意。珍妮走进教室,碰上了她的老师。"珍妮,你昂起头来真美!"老师说。那一天,她得到了许多人的赞美,她想一定是蝴蝶结的功劳,可往镜前一照,头上根本就没有蝴蝶结,一定是出商店时与人一碰弄丢了。

自信原本就是一种美丽,而很多人却因为太在意外表而失去很多快乐。无论是贫穷还是富有,无论是貌若天仙还是相貌平平,只要你昂起头来,你就是美丽的。

(二)嫉妒及调适

嫉妒是一个人由于嫉贤妒能,对才能、名誉、地位等比自己强的人所产生的不愉快和怨恨的情绪体验。当身边的同学在学习成绩、活动能力、生活条件、外貌形象等方面优于自己时,就可能引起个体产生嫉妒心理。嫉妒者其实比其他人更为痛苦,别人的幸福和自己的不幸都将使他痛苦万分。他们因心灵巨大的创伤或某种无法补偿的缺陷,无力或不敢与强者竞争,或因为怕吃苦而不想与别人竞争,但又容不下别人的优点与长处,害怕别人超过自己,心理上发生矛盾,失去平衡,便自觉或不自觉地贬损人以求得心理上的平衡。嫉妒心理同自傲、自卑心理一样,是建立良好人际关系的大敌。

 案例分析

A与B是某艺术院校大三的学生,同在一个宿舍。入学不久,两个人成了形影不离

的好朋友。A活泼开朗，B性格内向、沉默寡言。B逐渐觉得自己像一只丑小鸭，而A却像一位美丽的公主，心里很不是滋味。她认为A处处都比自己强，把风头占尽，时常以冷眼对A。大学三年级，A参加了学院组织的服装设计大赛，并得了一等奖。B得知这一消息后，先是痛不欲生，而后妒火中烧，趁A不在宿舍之机将A的参赛作品撕成碎片，扔在A的床上。A发现后，不知道怎样对待B，更想不通为什么她要遭受这样的对待。

其实，这就是A的嫉妒心在作祟。

消除大学生心中的嫉妒心理常用的调适方法有以下几个方面。

1. 加强思想意识修养，树立正确的人生观

嫉妒心理受人的理想、信念等个性倾向性的制约，只有逐步树立起高尚的道德情操和献身于社会的崇高理想，才能克服自私自利、唯我独尊的个性缺陷。

2. 解放狭隘的"自我"

嫉妒的病根在于自私。如果我们克服私心杂念，严于律己，宽以待人，把同学朋友的进步和优越看作是自己的一样高兴，如果我们见贤思齐，展开积极的良性竞争，那么嫉妒心理就无法滋生。

3. 积极克服自己性格上的弱点

加强自己的性格塑造，逐渐形成不图虚名、心胸开阔、坚毅自信的性格特征，对消除嫉妒心理至关重要。

4. 正确评价自己，增强竞争意识

承认自己某方面与别人的差距，积极参与竞争，努力发掘自己潜在的能力，同时注意竞争应该有所选择和侧重，避免分散精力，做无效的竞争。

（三）害羞及调适

害羞又称"社会焦虑"，是指羞于同别人交往的一种心理状态，表现为腼腆、胆怯、拘谨、动作扭捏、不好意思、脸色绯红、说话的音量又低又小，有时动作还僵硬，很不自然。害羞是人际交往中普遍存在的心理现象。若发生在与异性的交往中，其产生主要是由于个体对安全感的过分追求。如果过度害羞，就会使人在交往活动中无法充分表达自己的愿望和情感，也无法与人沟通，这就会妨碍良好的人际关系的形成。

知识拓展

害羞按产生原因可分为三类：一是气质性的害羞，即生来就有的性格沉静内向，遇到人或事就胆小退缩，思前想后，举棋不定。二是认知性害羞。过分注意自我，注意自己的举手投足，患得患失，缺乏交往的主动性。三是创伤性害羞。由于生活、学业上的挫折和失败经历，而变得小心谨慎，消极被动地接受周围的一切。随着年龄增长、交往的频繁，害羞心理会逐步减弱与消失。

害羞心理往往是在家庭、学校等环境中，在接触朋友、同学等特殊条件时逐步形成的。害羞者真正缺少的是自信。他们不相信自己能给别人留下好印象，担心自己说错话，干脆不说话。此外，缺少交往活动也是害羞心理产生的重要因素。故大学生可以从以下途径调适自己的害羞心理。

1. 树立自信

相信自己有能力以恰当的方式讲述任何事，并能给别人留下良好的印象，相信自己能在交朋友方面比现在做得更好。

2. 加强交往实践活动

性格懦弱、十分害羞的人，应该在生活中勇于去交朋友，多与他人交谈，多参加自己感兴趣的集体活动，让自己的害羞心理在实践中不知不觉地消失。

3. 学会放下的融入

自我暗示可以使自己沉住气、落落大方、不卑不亢地走向交往场合。在交往中放下自己，投入地享受交往过程，学会融入。

4. 善于模仿

善于学习有关的知识、技巧，注意观察与模仿一些坦然自若、善于交际、活泼开朗同学的言行举止和风度。了解更多交往的具体方法，张嘴就不会"丢丑"，不会助长害羞心理，进而一步步走出害羞。

（四）猜疑及调适

猜疑是指没有事实依据而抓住"皮毛"，凭主观想象进行判断推测，只相信自己，却总怀疑、挑剔他人的一种不良心理。猜疑心理过重的大学生在人际关系中常表现为孤僻、敏感、戒备心强、对人冷淡，完全处在一个自我封闭的心理防御小圈子中，无端地怀疑别人在威胁自己的名誉、声望、形象，把别人的一举一动都与自己联系起来并看成是对自己的阻碍。这类学生疑心重，"逢人只说三分话，不会全抛一片心"，一遇到一些意外或不顺心的事，不能客观地分析原因，而是怀疑别人在背后做了手脚。当一个人猜疑心重，并形成稳定的心理状态，就会令人厌恶，导致人际关系紧张，甚至会使同学间的亲密关系产生裂痕。

猜疑是大学生正常人际交往的拦路虎。从根本上说，要消除猜疑就要努力做到以下方面。

1. 培养良好的性格

猜疑者在心理上缺乏安全感，一般表现是与朋友相处时不坦率，唯恐真实动机被别人察觉到。故需培养正直、诚实、实事求是的性格，养成根据客观事实来进行推理、判断的思维习惯，克服主观武断下结论的习惯。

2. 提高抱负水平

猜疑往往和一个人抱负水平低、过分拘泥于生活琐事有关。提高自己的抱负水平，在远大目标的追求中开阔个人的胸怀，倾心于自己所追求的事业，不因为人际关系中的琐事而分心，这样做对消除猜疑很有帮助和积极意义。

（五）孤独及调适

孤独是因缺乏人际交往而产生的寂寞感与失落感，是宁可独处也不与别人交往所产生的一种心理感受。孤独是一种主观的心理感受，而不一定与外在行为表现相一致。调查表明，由于在学习、生活中遇到的矛盾、困难、困惑以及所关心的问题没有得到及时的解决,65.85%的大学生有某种程度的孤独感,4.19%的大学生有较深的孤独感。大学生感情上的满足,一般来自恋爱、家庭、朋友和社会等几方面。如果在这些方面关系出现裂痕,难免会感到孤独和苦闷。

知识拓展

前段时间,大连一知名网站的论坛上出现了一个"出租自己"的帖子,引起了许多网友的注意。帖子称:"本人欲将自己出租,只要不违背法律的要求都在考虑范畴。陪聊,陪逛,陪吃……价格再议。"发帖人自称是一名22岁刚从新西兰回国的大学生,"出租自己"只因为"太无聊"。

据社会心理学家分析,孤独产生的原因大致包括:缺乏社交技巧,不能在与人接触时体察别人,并适度表现自己;过度要求自我爱好的立即满足,忽略别人的权益与需求;对人缺乏同情心与同理心,无法获得别人的感情回应;自责过重,与人交往时过分患得患失,因恐惧失败心理的影响而导致对社会活动的退缩与逃避;个性悲观,对人无信心,与人交往不能坦诚相对,不能表露自己的个性,因而无从获得对方的欣赏与尊重。

孤独的人一般缺少人际交往,故大学生要战胜孤独心理,可以从以下几个方面努力。

1. 融入集体之中

心中包容整个世界,把个人永远融于集体之中,这样才能正确处理好个人与社会的关系,发挥个人的才智,这也是战胜孤独的根本。

2. 多参与社会活动

要有参与的动机,不必要求立即获得回报,多学习社交技能,并借此机会让别人认识、了解你。

3. 改变不良性格

高傲、冷僻、尖酸、刻薄等性格往往会使人与你疏远,应该加以克服和矫正。

4. 培养"慎独"的功夫

慎独是圣人的一种修身方法,指人独处时谨慎不苟。慎独可时时约束自己。失意与独处是人生所不可避免的,应培养自己具有慎独的功夫,以期在个人独处时也不至于有太大的孤独、寂寞之苦。

第三节 人际交往的原则和艺术

大学生在对人际关系和交往中易出现的问题有所认知后,可以减少对人际交往的焦虑,真正面对自己的缺点,努力塑造健全人格。许多人际交往障碍是由于缺乏沟通技巧造成的,掌握人际交往的原则和技巧,有利于提高交往的有效性和满意度,有利于提高人际交往能力。

一、人际交往应遵循的原则

(一) 平等的原则

人际交往中首先要坚持平等的原则。无论是公务还是私交,都没有高低贵贱之分,要以朋友的身份进行交往,这样才能深交。切忌因工作时间短、经验不足、经济条件差而自卑,也不要因为自己是大学毕业生、年轻、美貌而趾高气扬。这些心态都影响人际关系的顺利发展。

(二) 相容的原则

相容主要是指心理相容,即人与人之间的融洽关系,与人相处时的容纳、包含以及观察、忍让。主动与人交往,广交朋友,交好朋友,不但交与自己相似的人,还要交与自己性格差异的朋友,以此来完善自己。

(三) 互利的原则

互利的原则指交往双方的互惠互利。人际交往是一种双向行为,故有"来而不往,非理也"之说,只有单方获得好处的人际交往是不能长久的。所以要双方都受益,不仅是物质的,还有精神的,所以交往双方都要讲付出和奉献。

(四) 信用的原则

交往离不开信用。信用指一个人诚实、不欺、信守诺言。古人有"一言既出,驷马难追"的格言,现在有以诚实为本的原则。不要轻易许诺,一旦许诺,要设法实现,以免失信于人。朋友之间,言必信,行必果,不卑不亢,端庄而不过于矜持,谦虚而不矫饰伪,不俯仰讨好位尊者,不藐视位卑者。以自信、友好、诚信的心态交往,才能取得别人的信赖。

知识拓展

早年,尼泊尔的喜马拉雅山南麓很少有外国人涉足。后来,许多日本人到这里观光旅游。据说这是源于一位少年的诚信。

一天,几位日本摄影师请当地一位少年代买啤酒,这位少年为之跑了3个多小时。

第二天,那个少年又自告奋勇地再替他们买啤酒。这次摄影师们给了他很多钱,要他买10瓶,但直到第三天下午那个少年还没回来。于是,摄影师们议论纷纷,都认为那个少年把钱骗走了。第三天夜里,那个少年却敲开了摄影师的门。原来,他在一个地方只购得4瓶啤酒。于是,他又翻了一座山,趟过一条河才购得另外6瓶,返回时摔坏了3瓶。他哭着拿着碎玻璃片,向摄影师交回零钱,令在场的人无不动容。这个故事使许多外国人深受感动。后来,到这儿的游客就越来越多了。

(五) 宽容的原则

宽容表现在对非原则性问题不斤斤计较,能够以德报怨,宽容大度。人际交往中往往会产生误解和矛盾。大学生个性较强,接触又密切,不可避免产生矛盾。这就要求大学生在交往中不要斤斤计较,而要谦让大度、克制忍让,不计较对方的态度,不计较对方的言辞,并勇于承担自己的行为责任,做到"宰相肚里能撑船":他吵,你不吵;他凶,你不凶;他骂,你不骂。只要我们胸怀宽广,容纳他人,发火的一方也会自觉惭愧。宽容克制并不是软弱、怯懦的表现。相反,它是大度的表现,是建立良好人际关系的润滑剂,能"化干戈为玉帛",赢得更多的朋友。

 **知识拓展**

仁义胡同

明朝年间,山东济阳人董笃行在京城做官。一天,他接到家信,说家里盖房为地基而与邻居发生争吵,希望他能借权望来出面解决此事。董笃行看后,马上修书一封,道:"千里捎书只为墙,不禁使我笑断肠。你仁我义结近邻,让出两尺又何妨。"家人读后,觉得董笃行有道理,便主动在建房时让出几尺。而邻居见董家如此,也有所感悟,同样效法。结果两家共让出八尺宽的地方。房子盖成后,就有了一条胡同,世称"仁义胡同"。

六尺巷传奇

清朝康熙年间,桐城人张英官至文华殿大学士兼礼部尚书。张英桐城老家的邻居是桐城另一大户叶府,其主人是张英同朝供职的叶侍郎。两家因院墙发生纠纷。张老夫人修书送张英。张英见信深感忧虑,回复老夫人:"千里家书只为墙,让人三尺又何妨?万里长城今犹在,不见当年秦始皇。"于是,张老夫人令家丁后退三尺筑墙。叶府很受感动,命家人也把院墙后移三尺。从此,张、叶两府消除隔阂,成通家之谊。六尺巷由此得名。

二、人际交往的艺术

人际交往能力是现代社会的人成功和发展的重要素质之一。作为一个当代的大学生,要顺利地完成学业,在品德、知识和能力等方面全面发展,并在以后的事业中有所作为,就必须努力培养自己的交往能力,掌握一定的交往艺术和技巧,与周围的人建立良好和谐的人际关系,创造有利于自己才能发挥的人际环境。

 **案例分析**

在宴会上,李女士发现王小姐牙齿上留下了菜屑的残渣,看起来很不雅观。李女士很想做手势暗示或轻声告诉对方,可在这样的场合,那样做这可能会让王小姐难堪。于是,

李女士想了一个两全其美的办法。她走到王小姐面前,拿出化妆镜,假装整理自己的仪容,忽然惊讶地说:"哎呀,我牙齿上怎么留下菜屑了?来,你也看看,是不是也有?"说完,李女士"随手"将化妆镜递给了王小姐。王小姐一照,果然发现了那"不雅",随即将其拭去。王小姐很感激地向李女士送去一个甜甜的微笑。

(一)学会运用语言艺术

每个人每天都在讲话,但是如何才能把话讲好,往往被人忽视。这里主要谈3个问题。

1. 称呼语

称呼,一般来说是人们交往时说出的第一个词。怎样称呼对方,对建立良好的人际关系非常重要。称呼一定要根据对方的身份、年龄、职业等具体情况而定,力求准确恰当。把握不准对方的身份时,不要贸然相称。

2. 避讳语

避讳语作为交际表达的常识,随时随地地伴随着人们。在一些场合,人们会遇到一些不愿或不能直接说出口的字眼儿,巧妙地用另外的字词代替,这些充当替代的词语就是避讳语。如对于人体的一些生理现象,谈到时一般要注意避讳,有异性在场时更要注意。使用恰当的避讳语是说话者有修养的体现。

3. 口语的几种策略

(1)委婉。人际交往中,有些话虽然完全正确,但对方碍于情面却难以接受。这时,委婉地说出,效果会好得多。

(2)含蓄。人际交往中,有时因某种原因不便把某一信息表达得太直露,而靠对方从自己的话语中体会出里面的真正含义,这就是含蓄。

(3)模糊。人际交往中,有时会因某种原因不便或不愿把自己的真实想法说出来,可以把信息模糊化,既不伤害对方,又不难为自己。

(4)幽默。幽默在人际交往中,既能活跃气氛,又能缓解紧张气氛,还能用作批评和反击的武器。幽默的人在交往中非常受欢迎,往往会成为谈话的中心人物。幽默能增强人际交往的吸引力。

(5)交谈。交谈是良好人际关系的润滑剂,是人们传递信息、交流思想、增长知识、增进友谊的重要渠道。

 **案例分析**

林艳到百货商场买东西,忘了交钱就提着东西走了。机灵的售货员知道她并非是有意买东西不给钱,便追出来叫住林艳:"您先别急着走,我还没帮您将东西装好哩!"把林艳请回了店里后,她边将东西往塑料袋子里装,边说道:"这条毛巾5块钱,这块肥皂4块5,这把筷子5块2,一共是14块7,请您到3号交款台去交了钱后再来取东西。"经售货员这么一说,林艳恍然大悟,一边拍了拍自己的额头,一边笑着说:"对不起,我忘记交钱了,谢谢您的提醒!"说完,她便高兴地付款去了。林艳每当谈起此事,言语中都有一种温馨

（二）学会运用肢体术

非口语的沟通在人际交往中也占有重要地位。有时候,非口语比口语更能传情达意。非口语沟通包括手势、眼神、面部表情及姿势。

1. 手势

手势往往是人们交往中使用得最多的一种动作,如悲伤时捶胸,懊恼时拍脑门,夸奖人时翘大拇指等。手势在交往中运用得当,会使对方更加准确地了解所要表达的意思。再如,到车站或码头送客,当车或船渐远时,手势更能表达依依惜别之情。

2. 眼神

眼睛被人们称为"心灵的窗户",被认为是最明确的情感表达方式。在更多的情况下,眼神主要用来表示对对方的友好、重视、关心、注意。眼神同时也是调节双方心理距离的手段。据研究,谈话中双方的眼睛对视一般只持续一秒钟左右,然后就移开,否则就意味着双方的关系比较密切。

3. 表情

表情在情感交流中,作用非常重要。在情感交往中有这样一个公式:

一个信息的表达＝7％的言语＋38％的声音＋55％的表情。可见在交往中,人的手、口、眼等都可表达喜怒哀乐。在交往中最常用的面部表情就是笑容。恰到好处的笑是交往能力的重要指标,不善笑就不善交往。善意的、恰到好处的笑,会使自己轻松,使对方心情舒畅。

4. 姿势

姿势能反映人们下意识的心理活动和态度,姿势的运用会产生不同的效果。恰当的姿势,能助你获得交际的成功,并给人们留下彬彬有礼的美好印象。

（三）自我装饰

人际交往中,每个人都想给对方留下好的印象,着装是重要的一个方面。着装有三个基本原则。

1. 整体性原则

服饰是一种艺术,整体性原则是形成美的重要规律之一。服饰的整体美是由多方面因素构成,包括人的形体、气质、服饰的款式、色彩、质地、做工、着装环境等。整体性原则的灵魂是整洁、和谐。

2. 个性原则

着装必须符合人的个性特征(包括年龄、身份、地位、职业、社会生活环境、形体等)来选择款式、面料、色彩及饰物,不能盲目赶时髦。

3. 和谐原则

和谐原则是着装的最高原则,它主要包括三个方面:第一,着装要与生活环境和谐统一。在不同的生活环境中(如正规的会议、宴会、日常工作、旅游等)可作不同的选择。第二,着装要与形体和谐统一。例如,胖者最好采用简单、直线的服装;瘦而高者着装不宜过于晦暗,色彩宜明亮,款式应活泼。第三,着装要与饰物和谐统一。无论男女,着装时若佩带一定的饰物,如戒指、项链、西装的领带夹等,都要注意与季节、场合、交往对象等相吻合。

(四) 把握交际时间和空间

1. 把握交际时间

时间对每个人的作用不言而喻。把握交际时间主要包括三点:第一,守时。不管你约对方,还是对方约了你,一定要在约定的时间到达,不能让对方在等待中浪费时间。第二,尊重他人的私有时间。随着社会的发展,人们生活节奏越来越快,工作压力也较大,在休息的时间里,人们都想放松一下或享受家庭的温馨。如果在休息的时间里去打扰对方,会使对方不快,尤其是在事先未约定的情况下,贸然登门拜访,更会令人反感。第三,把握交往频率。维持良好的关系,长期不交往不行,但交往频率过密也会给对方带来不便。各人有各人的工作、生活,不能因为你认为与对方关系好,就经常拖着人家。对方可能不会说什么,但内心可能会有不堪承受之感。

2. 把握交际空间

不管我们生活的空间有多大,每个人都希望为自己划出一个不受侵犯的空间。人们的自我感觉往往十分敏感,当人的私人空间遭到他人侵犯时,会本能地作出某种姿态予以防御。人际距离是人在沟通与交往时,个体身体之间的空间距离。由于人们的关系不同,人际距离也相应地不同。

 **知识拓展**

美国学者霍尔(E. T. Hall)根据对美国白人中产阶级的研究提出了4种人际距离的概念:① 公众距离(12～25英尺),是在正式场合、演讲或其他公共场合沟通时的人际距离,此时沟通往往是单向的。② 社交距离(4～12英尺),是彼此认识的人之间的交往距离。商业交往多发生在这个距离上。③ 个人距离(1.5～4英尺),是朋友之间交往的距离。此时,人们说话温柔,可以感知大量的体语信息。④ 亲密距离(0～18英寸),这是亲人、夫妻之间的沟通和交往距离。在此距离上双方均可感受到对方的气味、呼吸、体温等私密性刺激。

 **本章小结**

本章主要介绍了人际关系、大学生的人际关系与心理健康、人际交往的原则和艺术。通过本模块的学习,学生要了解人际关系的相关知识,熟悉大学生的人际关系与心理健康之间的联系,熟悉人际交往的原则,掌握人际交往的一些技术,改善自己的人际关系。

 思考与练习

1. 影响人际交往的因素有哪些?如何正确地运用人际认知中的有关心理学规则?

2. 对大学生人际交往中常见的障碍将采取何种途经进行调适？
3. 在人际交往中需要注意掌握哪些交往技巧？

 **心理测验**

大学生人际关系综合诊断量表

这是一份人际关系行为困扰的诊断量表，共28个问题，在每个问题上，选"是"的打"√"，选"非"的打"×"。请你认真完成，然后看后面的评分办法和对测验结果作出的解释。

(1) 关于自己的烦恼有口难言。
(2) 和陌生人见面感觉不自然。
(3) 过分地羡慕和嫉妒别人。
(4) 与异性交往太少。
(5) 对连续不断的会谈感到困难。
(6) 在社交场合感到紧张。
(7) 时常伤害别人。
(8) 与异性来往感觉不自然。
(9) 与一大群朋友在一起，常感到孤寂或失落。
(10) 极易受窘。
(11) 与别人不能和睦相处。
(12) 不知道与异性相处如何适可而止。
(13) 当不熟悉的人对自己倾诉他的生平遭遇以求同情时，自己常感到不自在。
(14) 担心别人对自己有什么坏印象。
(15) 总是尽力使别人赏识自己。
(16) 暗自思慕异性。
(17) 时常避免表达自己的感受。
(18) 对自己的仪表(容貌)缺乏信心。
(19) 讨厌某人或被某人所讨厌。
(20) 瞧不起异性。
(21) 不能专注地倾听。
(22) 自己的烦恼无人可申诉。
(23) 受别人排斥与冷漠。
(24) 被异性瞧不起。
(25) 不能广泛地听取各种意见、看法。
(26) 自己常因受伤害而暗自伤心。
(27) 常被别人谈论、愚弄。
(28) 与异性交往不知如何更好地相处。

评分标准：打"√"的给 1 分，打"×"的给 0 分。

测查结果的解释与辅导：

① 如果你得到的总分是在 0～8 分之间，那么说明你在与朋友相处中的困扰较少。你善于交谈，性格比较开朗，主动关心别人，你对周围的朋友都比较好，愿意和他们在一起，他们也都喜欢你，你们相处得不错。而且，你能够从与朋友相处中得到许多乐趣。你的生活是比较充实而且丰富多彩的，你与异性朋友也相处得很好。

② 如果你得到的总分是在 9～14 分之间，那么，你与朋友相处存在一定程度的困扰。你的人缘很一般。换句话说，你和朋友的关系并不牢固，时好时坏，经常处在一种起伏波动的状态之中。

③ 如果你得到的总分是在 15～28 分之间，那就表明你在同朋友相处中的困扰较严重。如果你得到的分数超过 20 分，则表明你的人际关系困扰程度很严重而且在心理上出现较为明显的障碍。你可能不善于交谈，也可能是一个性格孤僻的人，不开朗，或者有明显的自高自大、讨人嫌的行为。

 心理训练

指鹿为马

规则：

1. 挑选 8 名擅长表演的选手上台（最好是 4 男 4 女）。

2. 先由助手表演一套动作（有特定寓意，比如背老人过小河）给第一位选手看；第一位选手根据自己的理解，把动作表演给第二位选手看；第二位选手再表演给第三位……最后是第七位选手表演给第八位选手看。

注意事项：

1. 在助手表演动作给第一位选手看时，其他选手需面墙站立；第一位表演给第二位看时，其他选手仍需面墙站立；直到最后一位。

2. 另外，动作每人只准表演一次。

3. 你看到的动作寓意着什么？再问第七位、第六位……第一位。游戏的寓意：在日常交往中，沟通不足经常会导致错误理解对方的意思。所以，要加强沟通技能的学习。

第六章　大学生学习与心理健康

引　言

学习是大学生的首要任务和主要的活动方式。学会学习,提高自身的学习能力,培养良好的学习心理是大学生心理健康教育的重要内容。顺利完成大学阶段的学业,要从掌握科学的学习概念、端正学习态度、认识和自觉培养健康的学习心理开始。

学习目标

1. 了解学习的概念和学习理论。
2. 了解学习动机,树立正确的学习观。
3. 掌握科学的学习方法,提高学习能力。

第一节　学习概述

一、学习

(一) 学习的概念

什么是学习?从一般意义上讲,学习可以分为广义的学习和狭义的学习两种。广义的学习包括人类的学习,也包括其他动物的学习。人与动物为了适应环境并有效地保护自己,就必须学习。学习是适应环境的手段,是生存的必要手段。学习是人和动物共有的心理现象。狭义的学习仅指人类的学习,它包括人类的一般学习和学生的学习(本章主要讨论大学生的学习)。

关于学习,目前,心理学界达成一个基本的共识,即学习是由先前经验引起的行为或行为潜能的相对持久的变化。这个定义令人感觉有点费解,但心理学家公认,这是对学习最佳的一个定义。

首先,只有那些因经验引起的行为变化才属于学习的范畴。除了经验,其他一些因素也能引起行为的变化,这些因素包括机体的成熟、疾病或身体损伤等。但由这些因素引起的行为变化不属于学习。其次,能用来说明学习结果的行为变化具有相对持久性。相对持久是指既不是短暂的、一时的变化,如由疲劳、药物引起的行为变化,也不是固定的、刻板的、一成不变的行为变化。第三,获得的经验不一定立刻引起行为的变化。在很多情况下,经验的影响在以后的行为中才表现出来。也正是这一原因,有些学者强调,学习的实质就是"个体经验的获得和累积或心理结构的构建过程"。

现代社会将学习当作一种最起码的、新型的劳动方式。

(二) 学生学习

学习是学校生活的主题。学生作为人类社会中的一个特殊群体,其学习既具有人类学习的一般性,又具有特殊性。学生的学习作为人类学习的一种形式和特殊阶段,是在学校教师有目的、有计划、有组织、有系统地指导下,以掌握间接经验为主的智力实践活动的过程。

学生学习的第一个特点是:学习是学生的主导活动,是社会对学生的基本要求。处在其他社会位置上的人虽然也需要学习,但学习不是他的主导任务。学习是为了解决实践活动中的问题。在对学习结果进行评价时,这种要求上的不同也导致了对学生强调其对学习内容的掌握程度,而对其他人则强调学习对实践活动所起的促进作用。

以接受间接经验为主是学生学习的第二个特点。学生学习的内容以接受间接经验为主,而不是通过个人的实践获得直接经验。间接经验的学习能使学生在短时间内掌握那些人类经过成年累月的探索、概括与总结所形成的知识、思维方法、技能等,迅速成长为能够独立从事复杂实践活动的实践者。学生的学习也依赖于感性知识、个体实践经验,但学生从事实践的目的是为了更有效地掌握间接经验。

学生学习的第三个特点是:学生学习是在有计划、有目的和有组织的情况下进行的。为了保证在有限时间内完成社会对其学习的要求,就必须对学生的学习内容、学习方式、学习时间安排等制订详尽的计划,并以计划为依据,严密组织,有效进行,以保证学习的效率。

(三) 大学生学习

1. 学习主体的变化

大学对于学生的管理模式基于这样的一个前提假设:大学生已经具备了自我管理的能力。因此,大学生学习是以教师为主导、学生为主体进行的,这就决定了大学生的学习带有一定的创造性,即学生不仅能举一反三,还能提出自己的独到见解,活化所学知识。

2. 学习的自主性

大学学习强调学习的自觉性和能动性,主要体现在两个方面:第一,大学生对学习内容具有较大的选择性,可以根据自己的专长、爱好、兴趣,自由选择课程学习。第二,更加重视知识活化能力,即知识应用能力。学生充分发挥主观能动性,在课程设计、学年论文、毕业设计与毕业论文上展示知识运用能力。

3. 学习的专业性

大学生的学习是在确定了基本的专业方向后进行的,因此其学习的职业定向性较为明确,即为将来走上工作岗位、适应社会需要所进行的学习。专业与学科群的划分也让大学生学习与未来职业生涯紧密联系在一起。而专业的学习要求大学生既要了解本专业的前沿知识与经典理论,又要掌握与专业相关的基础知识与专业基础。

4. 学习的广泛性

学习的广泛性反映了大学生学习的多层面、多角度的特点。大学生在学习过程中可以通过各种不同的途径和渠道吸收知识,也可以靠广泛的学习兴趣去探求、获得课程之外的知识。大学生学习活动的安排正反映出这种广泛性的特点。上课时间之外,学生有较多时间自由支配,可以在学校为其提供的各种条件下进行广泛的学习,如听学术报告、听知识讲座、专题讨论、社会调查、参观访问、查阅图书馆的文献资料等。众多形式为大学生从不同层次、不同角度学习知识创造了条件。广泛性的另一表现是大学生在学习活动中可以发展自己的兴趣。

知识拓展

由于信息技术的不断发展,知识与信息迅速更新换代,网络学习成为大学生学习的一种新的自学方式。网络能够提供协商讨论、相互交流和信息共享的环境,网络学习不再是完全由教师单方支配的"单向"学习,而形成了"双向或多向"的协作学习。

5. 学习的创造性

学习的创造性是指表现在学习过程中的创新意识和初步的创造性活动。爱因斯坦说:"高校教育必须重视培养学生具备会思考、探索问题的本领。"大学学习具有研究和探索的性质,这不仅表现在大学生要完成学年论文和毕业设计方面,还表现在所学的课程内容上。大学生的学习不单是掌握知识,而且要掌握科学知识的形成过程、科学的研究方法,了解各学科存在的问题及其解决的可能性。大学生由于抽象思维能力的发展,在大学这种充满学术研究气氛的特殊环境的影响下,渐渐萌生一种重新组合已学知识,以新的角度解释已学知识的创新冲动。

知识拓展

爱因斯坦的小故事

1879年3月14日,爱因斯坦出生于德国东部城市乌尔姆,属犹太血统。他的父亲海尔曼·爱因斯坦很有数学天赋,但其祖父母没钱供其上学,只好弃学经商。爱因斯坦的母亲保里诺·爱因斯坦是富有粮商的女儿,很有音乐天赋。年幼时,爱因斯坦就开始学习音乐,六岁开始练习拉小提琴,音乐几乎成了爱因斯坦的"第二职业",小提琴终身陪伴着他。在爱因斯坦上学之前,父亲给了他一个罗盘(指南针)。罗盘的指针总要指着南北极,使小爱因斯坦研究和着迷了很久。直到成年,他都还记得这件使他印象深刻的事。另一次经历给他的印象也很深刻。在上学几年后,他领到一本欧几里得几何学课本,书中论证的许多无可置疑的公理,使他产生了强烈的好奇心,以至于无法按照课程进度学习,而是一口气就将它学完。爱因斯坦和牛顿一样并不早慧,到3岁还不会说话,在整个学习期间也无"神童"的表现,甚至在教师眼里显得平庸迟钝。他主要是对教师的呆板教学方法感到不满,而具有很强的独立自主、勤奋自学的探索能力。他在中学时代就自学了包括微积分在内的基础数学及某些理论物理知识。进入大学后,他经常缺课,独自修读了经典理论物理,研究了麦克斯韦电磁理论。爱因斯坦不拘成见,勇于创新。"怀疑一切"的信条始终贯穿他的整个科学生涯。当然,爱因斯坦杰出的科学成就来自于他坚持不懈的努力。一次,有个青年人请教爱因斯坦成功的秘诀,爱因斯坦给他写下了一个公式:$A=X+Y+Z$。他解释说,A代表成功,X代表你付出的努力和劳动,Y代表你对所研究问题的兴趣,而Z表示少说空话和要谦虚谨慎。

二、现代学习理论

了解学习理论对理解学习心理具有极为重要的作用。学习理论不仅是心理学研究者收集、整理并解释其资料的参照框架,而且也为实践者观察、研究学习问题,整合教学经验提供了重要的依据。在教育心理学的发展过程中,出现了许多不同的学习理论,这里主要介绍几种对现代学习心理学研究有重要影响的理论。

(一) 学习的条件反应论

条件反应是教育心理学家们用条件反射来解释学习时所形成的理论,巴甫洛夫、桑代克(E. L. Thorndike)、华生(J. B. Watson)、斯金纳(B. F. Skinner)是这一理论的代表人物。这一理论的基本点包括以下几点:

1. 学习的实质

条件反应理论认为,学习是刺激与反应之间所建立的关系,简单表示为"S-R",所以也称为"学习的 S-R 说"。"S"表示刺激(Stimulus 的第一个字母),"R"表示反应(Response 的第一个字母)。这一观点的基本依据是:人与动物都具有建立条件反射的能力;在条件反射建立之后,条件反应可以单独由条件刺激引起。这时,如果把其他新的刺激与这一刺激结合,则这种新的刺激也可以引起条件反射,这种条件反射称为"高级条件反射"。对人而言,这种高级条件反射可以以先前建立的条件反射为基础逐级建立起来。巴甫洛夫提出的条件反射被称为"经典性条件反射"。后来,美国心理学家斯金纳又提出了工具性(或操作性)条件反射的概念,但从根本上讲,也是 S-R 联系。

2. 学习的规律

桑代克以他的动物实验为基础,提出了三条学习规律,即准备律、练习律与效果律。

准备律是指学习者在学习开始时的预备定势。学习者如果有准备要做某一行为,那么,从事这一行为就是对他的奖赏或强化。有准备而不活动,则感到烦恼;无准备而强制活动,也会感到烦恼。这一规律用常用逻辑语言说,就是让好学者学和让厌学者不学都是乐事,而让好学者不学或迫使厌学者学都是苦事。

练习律是指 S-R 联结得到的练习和使用越多，并伴以奖励，就变得越来越巩固。反之，若不使用或无奖励，S-R 连接则会变弱。由此可知，复习并运用所学知识，以及检查反馈学习效果是有效的巩固手段。

效果律是指一种行为如果引起了积极的后果，那么出现的可能性就会增加；反之，重复的可能性就会减少。如解决了一道难题之后得到高度的评价而感到自豪，那么，他以后解难题行为的出现概率就会增加。

（二）布鲁纳的认知结构学习理论

布鲁纳（Bruner）是美国心理学家，他的学习理论属于认知理论。布鲁纳的学习理论与行为主义及格式塔心理学学习理论的一个显著不同点在于，他的学习理论是基于对学生的学习特点，尤其是课堂学习特点的研究。该理论的基本点是：

1. 认知生长和表征理论

布鲁纳认为人是通过认知表征的过程来获得知识、实现学习的，是通过知觉而将外在事物转换为个体内在心理事实的过程。所谓认知表征，因其认知表征方式则会随个体年龄增加而发展，表现为三个阶段：动作表征——儿童靠动作来认知世界，获得知识；符号表征——儿童用头脑中的表象去表现世界，获得知识；映象表征——儿童运用符号、文字再现世界，获得知识。

2. 类别及编码系统

认知结构从功能上看就是一个编码系统，由一组相互关联的、非具体性的类别组成。编码系统是一个有层次结构的系统，较高级的类别比较一般些，较低级的类别比较具体。人的编码系统是不断变化和重组的。学习的过程就是类别及其编码系统的形成过程，是一个人把同类的事物联系起来，并赋予它们意义结构的过程。

知识拓展

布鲁纳认为，知识的学习包括三个阶段。首先是新知识的获得，即新知识可能与原有知识相违背，也可能替代或重组原有知识；其次是知识的转化，即通过转化，把信息转化为各种不同方式，使之超出它们最初所给的事实，从而学到更多的知识；最后是评价，即核对自己处理知识的方法是否适合于这一任务，概括是否得当。

3. 关于学习和教学的基本原则

布鲁纳认为，不论教什么学科，务必使学生理解各门学科的基本结构。理解这种基本结构主要有这样几方面的作用：一是有利于理解学科内容，二是有利于对学习内容的记忆，三是有利于学习的迁移，四是有利于激发学习动机和学习兴趣，五是有助于发展学生智力。

知识结构是关于某一学科领域的基本观念，它不仅包括掌握一般原理，而且还包括学习的态度和方法。布鲁纳认为，知识结构有助于提高学生学习效率，他关于"任何学科的基础都可以用某种形式教给任何年龄的任何人"的论断说明了这一点。此外，他还强调直觉思维的价值和学习动机的作用。

4. 发现学习

布鲁纳所说的发现主要不是指发现人类尚未知晓的事物，而是指用自己的头脑亲自获得知识的一种形式。他主张教师要创造条件，使学生通过自己努力去探索、发现，从而提出解决的问题和设想，以达到掌握知识的目的。他认为，发现学习具有提高智慧潜力，使外部奖赏向内部动机转移，学会实现发现的最优方法、策略，帮助信息的保持和检索等作用。

（三）奥苏伯尔的意义学习理论

奥苏伯尔（D. P. Ausubel）是美国教育心理学家，他的学习理论是认知理论运用到学习心理学的一个完整理论。

1. 有意义学习的实质

所谓有意义学习，就是指在符号所代表的新知识与学习者认知结构中已有的适当观念之间建立非人为的和实质性联系的过程。"非人为的"和"实质性"的联系是指当前学习的观念与学习者认知结构中有关观念的内在联系。认知结构指一个人的观念的全部内容与组织或一个人在某个知识领域中的观念的系统。有意义学习是通过新旧知识的同化过程实现的。同化有几层含义：一是把当前的知识归入有关的知识结构中去；二是把当前的信息联系起来，归到已有概念中去；三是先前的认知结构在当前的学习结构中发生变化，并建立新的认知结构。

2. 意义学习的分类

意义学习主要分为三类：表征学习、概念学习和命题学习。表征学习是学习单个符号或一组符号的意义。最为典型的是词汇学习。在词汇学习中，学习者要掌握特定符号的意义，建立音、形、义之间的关系。概念学习包括两种形式：一是概念形成，即学习者从大量同类事物的不同例证中发现概念的关键特征，大量的日常概念都是通过这种方式形成的；二是概念同化，即在教学条件下以定义的方式直接向学习者提供同类事物的本质特征，学习者用认知结构中原有的有关概念来理解新概念。命题学习是掌握几个相联系概念的复合意义。

3. 新知识意义获得的同化形式

上述三种类型的学习是以学习材料的特性为依据进行划分的。那么，就各种材料而言，学习者是如何通过同化建立起非人为的实质性的联系的呢？奥苏伯尔认为，同化的形式有三种，即类属同化、总括学习和并列学习。

类属同化或类属学习指的是把一个下位概念归入它的上位概念，或者说，在新旧概念之间建立起联系。类属学习包括两种类型：一是派生类属，在这里新知识是旧知识的派生物，派生类属就是要把新知识归到上位概念中去，从而充实上位概念并使新概念获得意义；二是相关类属，是指新的学习内容与原有的上位概念有关联，通过学习，把新内容归入原有的上位结构中去，使原有的上位结构扩展、深化。

总括学习实际上是归纳推理，即在概括原有的几个下位概念的基础上建立新的能包括下位概念的上位概念。

并列学习是确定相互联系但又有区别的几个概念之间的相互关系。

第二节 学习动机

一、学习动机概述

(一) 学习动机的定义

学习动机,是指激发学生学习活动,维持已有的学习活动,并使学习行为朝向一定目标的一种内在心理状态。一般认为,学习动机是推动并指引学生进行学习的内部动因。人类个体的学习并不是对生理需要的直接反应,而是受诸多因素的影响。社会生活与社会实践的要求、社会文化观念(如信仰、规范、价值)、个体的个性特点(如情绪、意志、习惯、兴趣、目标等),都会对学习起推动或阻碍作用,都具有动机的功能。所以,在探讨学习的动力因素时必须考虑其来源的广泛性与复杂性。

(二) 学习动机的分类

1. 内部学习动机和外部学习动机

依据学习动机形成的原因,可分为内部学习动机和外部学习动机。内部学习动机来自个人的心理需要、好奇心和兴趣等,具有更大的积极性、自觉性和主动性,对学习活动有着更大、更为持久的影响。外部学习动机是由外在诱因,诸如社会的要求、考试的压力、父母的奖励、教师的赞许、获得荣誉称号和奖学金、报考理想的学校、求得理想的职业、追求令人向往和称美的社会地位等激发起来的,表现为心理上的压力和吸引力,因而外部学习动机也是学习动机总体结构中的主要组成部分。由内部学习动机和外部学习动机激发的行为看似相似,其本质是不同的,区别在于动力来源不同。研究表明,内部学习动机可以促使学生有效地进行学习活动,学习具有自主性和自发性;具有外部学习动机的学生其学习具有诱发性和被动性,对学习内容本身的兴趣较低。

学习从来不是一件轻松的事情。不是所有学习内容都有很强的吸引力,也不是每一个学生都对学习有浓厚的兴趣。因此,我们在教育中必须强调内部学习动机,同时也要重视外部学习动机。

2. 一般学习动机和具体学习动机

按学习动机的强弱标准把学习动机分为一般学习动机和具体学习动机。

一般学习动机是在许多学习活动中都表现出来的比较稳定而持久的动机,有时也被称为性格动机。具有一般学习动机的学生对不同科目、不同课题、不同内容的学习都具有强烈的动机,即使在缺乏吸引力的课堂中也能认真努力学习,是真正爱学习的人。

具体学习动机是在某一具体学习活动中表现出来的动机。由于这类动机主要受外界情景因素的影响,因而也称为情景动机。具有具体学习动机的学生,可能对某一门课程或某几门课程感兴趣。这可能是由于在求学过程中,受学业成败、师生关系或其他因素的影响而逐渐形成的。例如,偏科的学生往往在课程的学习中有厚此薄彼的学习态度;还有的学生只在课堂内容有趣时才有学习的动机,否则就懒得学。

3. 认知的动机、附属的动机和自我提高的动机

美国心理学家奥苏伯尔提出了三种常见的学习动机类型。

一是认知的动机。认知的动机即试图获取知识、阐明问题和解决问题的动机。认知的动机是最稳定的一种学习动机,好奇心是认知动机的一种典型的表现。

二是附属的动机。附属的动机是指为了得到他人的赞许、认可或接纳而学习的动机。这种动机并不直接指向学习本身,初衷不是为了学习,但其结果达到了学习的目的。

三是自我提高的动机。自我提高的动机是指通过好的学习成绩获得相应地位、威望以及提升自我价值的动机。该种动机与附属的动机类似,不是直接指向学习本身,而是通过学习来取得好成绩,最终是为了证明自己的能力。

知识拓展

一群孩子在一位老人家门前嬉闹,叫声连天。几天过去,老人难以忍受。于是,他出来给了每个孩子一元钱,对他们说:"你们让这儿变得很热闹,我觉得自己年轻了不少,这点钱表示谢意。"孩子们很高兴,第二天仍然来了,一如既往地嬉闹。老人再出来,给了每个孩子五角钱。他解释说,自己病了,只能少给一些,五角也还可以吧,孩子仍然兴高采烈地走了。第三天,老人只给了每个孩子一角,孩子们勃然大怒:"一天才一角,知不知道我们多辛苦!"他们向老人发誓,他们再也不会为他玩儿了!

人的动机分两种:内部动机和外部动机。外部动机,指人们为外在的金钱、名誉、奖励等做事的动机。如果驱使我们做事的是外部动机,我们就容易被外部因素所控制。内部动机,指人们不为外在奖励,而是为内心的愿望去做事情。如果按照内部动机去行动,我们就是自己的主人。

二、大学生学习动机的特点

案例分析

例1:我是一位来自山区、家庭经济困难的大学生,学业成绩一直非常优异。上大学后,我忽然感到心中茫然,学习没有动力,生活没有目标,有时候想到辍学在家的妹妹和年迈的父母也恨自己不争气,可我的确找不到奋斗的目标与学习的动力,学习上得过且过,生活上马马虎虎,盲无目的,上课打不起精神。我不是因为喜欢上网而荒废了学业,而是因为实在没劲才去上网、聊天、打游戏,我如何才能摆脱这种状态?

例2:我今年已经大三了,一直优秀的我一向对自己要求很高。当然这也与家庭的期望有关,父母都是具有高级职称的知识分子。在他们的言传身教下,我从小就知道努力奋

斗。在大学,我进行了认真细致的生涯设计,一步一个脚印向前走,成绩要拔尖;二年级通过英语六级和托福考试,为将来出国留学做好准备;三年级入党,使自己的政治生命有所归依。与此同时,我还要锻炼自己在各方面的能力。于是,在大学,我像一只陀螺飞速运转着,珍惜大学的分分秒秒,因为我相信付出总有回报。但是,有一天,我发现离自己的目标越来越远。我忽然怀疑起自己的学习能力,感到自己在学习上的优势在失落,甚至多年积累的自信也受到挑战。对未来,我忽然担心起来。我该如何办?

从上面两封学生来信可以看出:他们两人都因为学习动机不当产生心理上的困惑,不同的是前者是因为学习动机不足,后者是由于成就动机过强造成的。是什么原因造成大学生的学习动机不当呢?

(一) 学习动机的多元性

大学生学习动机的多元性主要表现为四大类:第一类是报答性和附属性学习动机。例如,为了报答父母养育之恩,为了不辜负老师的教诲,为了取得其他同学的认可和获得朋友的支持等。第二类属于自我实现和自我提高的学习动机。例如,为了满足荣誉感、自尊心、自信心、求知欲而读书学习。第三类属于谋求职业和保证生活的学习动机。例如,为了获得一个理想的职业和高回报的收入而学习。第四类属于事业成就的学习动机。例如,希望自己在专业上有所建树,希望自己能对社会有所贡献,具有使命感、责任感和义务感等。实际上,在同一个大学生身上,以上四种动机不是独有一种,而是呈多元化,有主从之分的。

(二) 学习动机的间接性

据有关调查表明,大学生的直接学习动机,如分数奖赏、奖励、避免处罚等,随年级的升高而减弱;间接性学习动机,如求知欲、探索、成就、创造、贡献等,随年级的升高而不断加强。大学生初进学校,学习过程中对分数比较敏感,但是随着年级的升高,他们对成绩的重视程度下降,在某些课程上甚至只是要求能通过考试,而在另一些课程上,则更注重广泛地吸取知识,参与创造性的探索工作,掌握现代科学的研究方法。这说明了间接性学习动机是大学生的主要学习动机。

(三) 学习动机的职业性

目前,高校在录取学生的时候都是按照其报考志愿收录的,但在招录的学生中,有的考生填报的志愿并非本人意愿。如听从父母的意见,带有一定的盲目性;有的考生是服从调剂志愿,导致专业有所改变。因此,学生进入大学后对所学专业的认识程度不一样,学习的动机也是不稳定的。但是随着年级的升高,学生通过学习和实践,对专业认识的日益加深,逐渐喜欢自己所学的专业,使得职业化的学习动机开始稳定,并发挥作用。

(四) 学习动机的社会性

随着大学生年龄的增长和大学思想政治教育工作的进一步开展,大学生的思想观念逐步走向成熟,正确的世界观、人生观日益形成,远大的理想逐步树立,学习动机的社会性意义也在日益扩大。大学生学习动机的发展也存在着很大的个体差异。造成这种差异的原因是多方面的。如家庭、教师及大众传播媒体等的影响,学生集体的相互关系,个人的成败经验及成就动机,都直接影响大学生的学习动机。

三、大学生学习动机的相关因素

(一) 学习目的

学习目的是指学生进行学习所要达到的结果或实现的目标。学习动机是促进学生达到学习目的的动因,只有树立明确的学习目标,才能产生强烈的学习动机,保持高度学习自觉性。学习目标作为产生和保持学习动机的因素,在学习行为中起着重要的指导作用。学习目标应该有远期和近期之分:远期学习目标是建立在社会需要基础之上的;近期目标是以学习的具体活动和教学要求相联系的,如掌握课程过程中的知识点、完成专业课程设计等。

(二) 学习兴趣

学习兴趣是一种力求认识世界、渴望获得知识的意识倾向。这种倾向是与一定的情感体验相结合的,它是学习动机中最现实、最活跃、带有强烈情绪色彩的因素。值得一提的是,学习兴趣不是天生就有的,必须通过后天培养。学习兴趣的培养主要取决于这样几个因素:一是事物本身的特性。凡是相对强烈、对比明显、不断变化、带有刺激的事物都会引起人们的注意和兴趣,如社会实践、专业技能的现场操作等。二是人的已有知识经验能满足人们获得新知识的需求,如计算机、外语等。三是人对事物的愉快体验,如学习上的进步、获得奖励等。

(三) 成就动机

成就动机作为一种理论最早始于1961年,由麦克莱兰提出。阿特金森进一步提出,人们在成就动机强度上的差异可以用避免失败来解释。有成功倾向的人善于确立适中的奋斗目标,避免失败倾向的人常常把目标定得偏高或偏低。

大多数学生将学习中的成功与失败归因于四种因素,即学习能力、努力程度(内归因)、学习的难度和运气(外归因)。低成就动机的学生常把成功归为好运气,失败归为自己的学习能力差;高成就动机的学生常将成功归为个人的能力与努力的程度,将失败归为下的功夫不够。这类学生失败并不能降低他们的自信心与对成功的期待水平,反而促使他们更加努力。韦纳的成功与失败的归因分析如表6-1所示。

表 6-1　韦纳的成功与失败的归因分析表

控 制 点	稳 定 度	
	稳 定	不 稳 定
内部的成功失败	能　力	努　力
	我很聪明	我下了功夫
	我太笨,不聪明	功夫下得还不够
外部的成功失败	任务的难度	运　气
	这很容易	我的运气真好

(四) 交往动机

交往动机是指人们愿意与其他人进行交往、建立友谊关系的需要。在教学环境中,学生的交往动机表现在主动参与探索、讨论,喜欢与其他同学交流学习方面的问题。美国心理学家麦基奇的研究表明,教师对学生的态度以及课堂上的交往机会,会影响学生交往动机的形成。一个热情、友好、热爱学生的教师,善于给学生提供课堂交往机会,从而提高学生学习成绩;相反,对学生持冷淡态度的教师,难以激发学生的交往动机,学生的学习成绩也较差。

第三节　大学生常见的学习心理问题与调适

大学生成才离不开良好的学习心理。面对就业的压力,许多大学生在学习中会碰到心理问题的困扰,致使学习效率降低,无法完成学习任务,阻碍自己成才。如何帮助大学生缓解学习中的压力,克服学习中遇到的各种心理问题,培养健康科学的学习心理,让大学生学会学习,成为大学生心理健康教育非常需要关注的重要话题。

一、学习动机不当

(一) 学习动机不当的主要表现

学习动机不当,主要表现在学习动机不足和学习动机过强这两个方面,这两种情况都会影响学生的学习。学习动机不足的主要表现为:无目标的学习、为学习而学习甚至厌倦学习和逃避学习。学习动机过强主要表现为:成就动机过强、奖励动机过强、学习强度过大。

(二) 学习动机不当的原因

1. 学习动机不足的原因

大学生的学习动机不明确,社会责任感不强,价值观念不强,学习态度不端正,学习毅力不强,对专业不感兴趣,对自我的学业期望不高,学业自我效能感低,这些都是造成学习动机不足的原因。学校环境、家庭环境和社会生活对大学生的学习动机不足也有一定的影响。

2. 学习动机过强的原因

个体学业期望过高,自尊心强,对自己的学习能力或方法缺乏恰当的估计,因而造成学业自我效能感下降,心理压力大;受表面的学业动机的驱使,渴望外在的奖励与肯定,特别是由于学业优秀带来的心理满足使学生更看重自己的学业优势,因而造成学习强度过大,引起心理疲劳。学习动机过强比不足更容易导致心理的困扰和不适。

(三) 学习动机不当的自我调节

1. 学习动机不足的自我调节

一是正确认识学习的价值与大学的目标,重新规划学业与人生。要调整自己的学习目标,激发和培养自己的学习动机。二是调整心态,以积极的心态对待学习特别是学习中遇到的挫折与困难,用自身的意志战胜惰性。改变不恰当的认知模式,建立正确的成败归因模式。把取得的成功归因为自己的能力和努力等,可以增强自信心和兴趣;把失败归因为努力不足而不是能力,可以避免挫伤学习的积极性和自信心。三是改进学习方法,提高学习效率与学业自我效能感,提高学业的自我价值与社会价值。

2. 学习动机过强的自我调适

一是正确认识自己的潜质,制订恰当的学业目标与学业期望,调整成就动机,要脚踏实地、循序渐进、不好高骛远;二是转换表面的学习动机为深层学习动机,淡化外在奖励特别是学业成就的诱因,正确对待荣誉与学业成绩;三是端正学习态度,树立远大理想,保持旺盛的学习热情,坚持不懈,便会取得预期效果;四是塑造新的认知模式,即只有努力才有可能成功,而不是停留在"成功只取决于努力"的不现实的认识上。

二、厌学心理

(一) 厌学的概念

厌学是指学生消极对待学习活动的行为反应模式,主要表现为学生对学习的认识存在偏差,从情感上消极对待学习,行为上主动远离学习。

 **案例分析**

某大学生,自从上大学后,认为船到码头车到站,可以轻松一下了,所以将不少的精力放到学习以外的活动上去,比如参加聚会、上网等,将自己每天的活动安排得满满的,有时到深夜一两点还不睡觉。而对学习越来越不感兴趣,拿起书就烦,上课注意力不集中、打瞌睡,经常逃课,学习成绩急剧下降,每学期都有几门功课不及格,学校对他亮起红灯……

这一案例反映了在少数大学生中存在的厌学情绪严重地影响了他们的学业。

(二)产生厌学的原因

1. 学生自身的因素

大学生入学后,对大学生活不适应,没有掌握好大学的学习规律,茫然无措;中学的学习优势不再存在,学习成绩不再突出,有"天外有天"的感觉,由于地位变化而产生自卑心理;盲从比较造成思想颓废,过度地放纵自己,荒废学业;对所学专业不感兴趣,没有感觉到学习的乐趣;害怕失败,逃避学习上的困难,厌烦学习;青春的萌动,感觉到"生命诚可贵,爱情价更高"的浪漫,"爱"成了现实生活的主题;人际关系差,感到孤独、寂寞、没意思,产生厌学心理。

2. 学校教育因素

当前,有些院校在提高学生学习积极性和严格要求上存在明显不足。学习评价机制不完善,缺乏对学生平时学习的督促,未能客观全面地监测学生的学习能力。德育工作虽常抓不懈,但不能持续促进学生积极学习。

3. 家庭教育因素

有些家庭对孩子的教养方式存在问题,或放任不管,或要求过分严厉,或过于溺爱。不当的教养方式导致孩子走入相对自由的大学时,无法迅速适应新的学习环境。研究表明,民主的教养方式有利于孩子形成积极健康的心态。

4. 社会风气因素

近年来社会上的"拜金主义""读书无用论"等思想对学生的价值观念造成很大的冲击,让一些意志力薄弱的学生不再努力学习,而是放弃学业,令人惋惜。

(三)厌学的心理疏导

学生厌学心理的形成,是社会、家庭、学校和学生共同作用的结果。

我们知道,所有的外因都是通过内因起作用的。所以,引导学生进行心态的调整是非常重要的。改善环境,愉悦心情,努力进行自我调节。面对新的学习环境,要克服陌生的恐惧感,自觉地融入学校的集体生活中去,感受学校的文化气息,与同学成为朋友,在积极主动、愉快的环境中学习、生活。形成良好的自我意识,相信自己是有能力、有前途、受尊重的,改变观念,接受自我。培养兴趣,树立信心,感受学习中点滴进步的喜悦,增强学习的动力。

针对不同学生的厌学心理,可以采取不同的方法。简单来讲,对学习动机缺乏的学生,要激发其学习动机;对感觉学业负担重的学生,要疏解其压力;对依赖心理强的学生,要激发其责任感;对于自卑的学生,要激发其自信心;对人际关系差的学生,要鼓励多与他人交往,学会理解和接纳。

三、考试焦虑

(一)考试焦虑的主要表现

有不少学生每逢考试,心理压力异常加大,精神紧张。考试焦虑具体表现在考试前心情压抑,吃不下,睡不着,注意力分散,记忆困难;在考试中,出现短暂记忆障碍、头晕、心悸等反应,不能发挥正常的水平。

 案例分析

邹婷在一所省级重点高中就读,学习成绩名列前茅。2006年考入重点高校的优势专业后,在班级的排名就一直处于中等水平,不管怎么看书,名次就是上不去。大二期末考试时,由于复习不充分,有一门重要科目没通过考试,当时她感觉天都要塌下来了。虽然后来补考过了,但自此之后,每逢重要考试她就紧张不已,注意力无法集中,考前一周就出现入睡困难的状况,而且睡眠质量也不高,只要提起与考试有关的事情都会引起紧张、焦虑的情绪。近两个月来,班里有不少同学开始准备考研,自己也非常想考研,希望继续深造以报答父母的养育之恩。但一想到考研的考场就特别焦虑,害怕到考场不能安心答题,自己痛苦不堪。

案例中邹婷的表现实际就是考试焦虑的表现。

(二) 形成考试焦虑的原因

形成考试焦虑的原因也是多方面的,有客观因素,也有主观因素。客观因素有以下四个方面:一是考试的重要性、难易程度、竞争程度等;二是学生对学习的期望值越高,对考试失败的恐惧也越高;三是知识的掌握程度低,"难者不会,会者不难",当知识掌握程度肤浅、临阵磨刀、匆忙上阵时,心中难免发慌;四是考试压力的传递,大家都公认的难度考试、前期学生考试失意的感受,会对后继学生赴考产生紧张感。主观因素也有四个方面:一是个性气质特点,有的学生敏感、易焦虑、过于内向、缺乏安全感和自信心、做事追求完美;二是考试经验少,有几次考试失败的教训,就对自己的学习能力产生怀疑,感觉自己的潜力已经挖尽,失去自信心;三是知识学习巩固程度,学习不扎实,复习不充分,对考试没有底;四是对考试结果导致的利害关系过分重视,如对奖学金、评"三好生"、入党、专升本、考研等的期望值高。

(三) 考试焦虑的调适

1. 正确评价自我,树立恰当的学习期望值

要客观地看待考试结果,不以成败论英雄。过于担心和焦虑对考试没有任何帮助,只会影响水平的发挥。

2. 要养成良好的学习习惯

知识点的掌握在于平时学习的积累,不是一蹴而就的,要有合理、科学的学习方法,提高学习的效率。

3. 掌握必要的考试技巧

大学生应该对考试的基本模式有所了解,做到心中有数。在考试中应该保持冷静,排除杂念,全身心地投入答题。

4. 学会放松，注重心理调节

适当参加一些户外的文娱体育活动，劳逸结合，有助于考前放松、稳定情绪、营造良好的学习状态。放松训练可以使身心得到充分的休息和恢复。常见的放松法有意念放松法和肌肉放松法。意念放松法通过让人静下心来，闭上眼睛，想象着丹田中有一股气，用腹式呼吸法慢慢进行呼吸。吸气时，想象这股气由腹部逐渐上升至胸部，再上升至头部，直到头顶"百会"；吐气时，想象这股气由"百会"自后向下顺着脖子、脊梁下降，直至丹田。一呼一吸，反复进行。呼吸之中集中了人的全部注意力，所以使人逐渐排除一切杂念，消除了紧张状态。王景芝、魏真等提出肌肉放松法，即通过循序交替收缩和放松自己的骨骼肌群，细心体会个人肌肉的松紧程度，最终达到缓解身体紧张和焦虑状态。美国心理学家舒尔兹最早提出并使用这种技术。

5. 争取心理辅导

对于无法自我排解的考试抑郁情绪，有明显心理障碍的学生，可以前往学校心理咨询机构，求助缓解心理压力，请专业心理咨询师对自己的心理状态进行及时调整，正确认识自己，提高心理素质。

四、有效的学习方法

人与人之间存在着个体差异。为了帮助大学生更快更好地找到合适的学习方法或根据自己的特点对学习方法作一完善，下面介绍几种行之有效的方法。

（一）记忆与学习

记忆是通过识记、保持、再现等方式，在人们的头脑中积累和保存个体经验的心理过程。记忆与学习密不可分，人们学习的过程实际上就是获得经验和积累经验的过程。这个过程中，记忆作为保存这些经验的重要手段之一，对学习起着十分重要的作用。

艾宾浩斯在1879～1880年的记忆实验中创造了无意义音乐节来进行记忆研究。实验发现遗忘的进程是不均衡的，有先快后慢的特点。他用遗忘曲线表示了这种遗忘的进程，如图6-1、6-2所示。

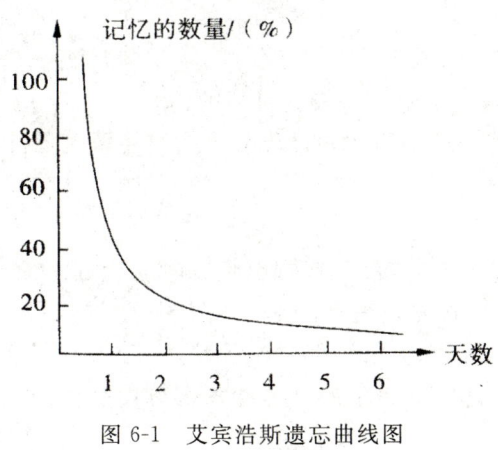

图6-1　艾宾浩斯遗忘曲线图　　　图6-2　不同性质材料的遗忘曲线图

艾宾浩斯还在关于记忆的实验中发现,凡是理解的知识,就能记得迅速、全面且牢固,而死记硬背的知识记起来是比较费力的。艾宾浩斯实验充分证实了一个道理:学习要勤于复习,而且记忆的理解效果越好,遗忘得越慢;不同性质材料的遗忘情况不同。

 **知识拓展**

注意是记忆的唯一窗口

19世纪,俄国教育家乌申斯基说:"注意是唯一的窗户,只有经过这个门户,外在世界的印象才能在心里引起感觉来。如果印象不把我们的注意力集中在它身上,那么,虽然它也可以影响我们的机体,但是我们是不会意识到这些影响的。"

人的大脑有个特点,刺激的越强烈,留下的记忆就越鲜明,保存的信号也越长久。有人说:"注意越强烈,则感觉越明确和越清楚,因而它的痕迹也就越牢固地保存在我们的记忆中。"这话是很有道理的。人在注意某一事物时,大脑皮层就会在相应部位上产生一个优势兴奋中心,所有的神经细胞都要为它"服务"。这种"全力以赴"的结果,使留下的痕迹明显。相反,如果大脑皮层同时有两个以上兴奋中心,就必然出现注意力分散的现象。这时对事物的理解和记忆就会受到干扰,破坏大脑的记忆规律,记忆效果肯定不好。

(二)集中与分散学习

集中学习法是指较长时间地进行学习活动。学习的次数相对少一些,一次学习时间的长短取决于所学习的材料的性质及其他因素。一般来讲比较复杂难懂的材料,用集中学习法较为适合。这样可以保证学习者在一定时间内集中注意力,有利于理解并掌握那些抽象难懂的材料;不利之处则是容易引起学习者疲劳,使学习效率下降。

分散学习是将学习分成几个阶段,每学习一段时间就稍许休息。实验证明,假如分散学习的时间不是太短,这种方法是较为有效的。至于每次分散学习的时间多久为宜,要视学习材料的性质以及个人的具体情况而定。

(三)整体与部分学习

整体学习法是指将学习材料作为一个整体来学习。学习过程中,将材料从头至尾反复学习,以获得对材料的总体印象和了解,并进而了解一些较为具体的内容。

部分学习法是指将学习材料分成几个部分或几个具体的概念,每次集中学习其中一部分或一个具体概念。对每个具体的部分或概念要根据其难易程度的不同,具体安排学习时间和次数。

这两种方法各有利弊,要使这两种方法发挥最好的作用,可以将二者结合起来使用,采取"整体—部分—整体"的方法。具体做法是:首先采用整体学习法,对所学知识有一个大概的了解,在头脑中形成一个较为清晰的轮廓;然后采用部分学习法,对学习材料实行"各个击破";最后采用整体学习法,将学过的知识重新复习一遍,让各部分内容前后联系起来,在头脑中形成一个更清晰的印象。

 知识拓展

最佳学习时间

我们应该知道一天中什么时间是我们学习效率最高的时间,即何时为最佳学习时间。

最佳学习时间在很大程度上取决于个人的睡眠方式。按睡眠方式,人大体上可以分为两大类,即"早睡型"和"晚睡型"。有的人一上床就立刻睡着了,一下子就达到了沉睡阶段。他们第二天早上一下子就醒来,不存在一个漫长的转变过程。其睡眠深度也很容易测量,晚上对他们毫无作用的噪音早上却把他们吵醒了,这种类型称为"早睡型"。"晚睡型"的人情况刚好相反。晚上他们要花很长时间才能入睡,睡着后的头一个小时容易惊醒,稍有声音就醒来了,然而他们在清晨都睡得很沉,完全醒来得花很长时间。

除了例外,一般而论,我们可以说"早睡型"的人学习和记忆的最佳时间在早上。那时候,他的五官最为敏感,他的大脑细胞最为活跃,准备接纳新的信息。"晚睡型"的人则相反,他们在早上多少有点昏昏沉沉,到中午,甚至到下午才能达到脑力最佳状态,晚上是他们学习的最佳时间。

当然还有其他因素,像人的智力怎样,白天要做多少脑力活动。如果想最有效地学习和记忆,那就应该尽量地实际考虑一下起决定作用的因素。

 本章小结

本章主要对学习心理进行了概述,介绍了学习动机、大学生常见的学习心理问题及调适等方面的知识。通过本章的学习,同学们要了解学习心理,熟悉大学生的学习动机,了解大学生常见的学习心理问题,并掌握一些学习心理问题调适的方法,以便他们能在大学中有效地学习,提高自己的能力。

 心理训练

记 忆 考 验

游戏方法:

1. 全部人围成一圈,从第一个人开始说"今天我吃了一个 AA"(AA 为随意食物名)
2. 第二个人接着说,吃了一个 AA,二个 BB……(BB 是不同于 AA 的食物名)
3. 像这样一直传下去,每传一个人就必须重复前面的食物名,另加一个新的食物名。
4. 一直到有人中途讲错出局。

思考与练习

1. 请用归因理论分析自己的学习动机。
2. 确定自己的最佳学习时间。
3. 在学习过程中,你会采取何种有效的学习方法,请在课下与同学们交流、分享并相互借鉴。

第七章 大学生恋爱心理与心理健康

 引 言

爱情是人类永恒的主题。大学生对爱情的渴望和追求自然萌发,如何对待爱情、追求爱情,怎样处理好恋爱中出现的各种问题,如何协调恋爱中的各种关系将是每个大学生所面临的问题。因此,帮助大学生树立正确的恋爱观,形成健康的恋爱行为,是十分必要的。

 学习目标

1. 了解大学生恋爱的心理及其特点。
2. 明确大学生存在的恋爱心理问题,引导他们掌握科学的调适方法,培养健康、文明的恋爱观,塑造健全的人格。

 案例分析

一位女孩的来信

我变得很敏感,很固执,很暴躁,一旦恋爱关系出现,自己便和自己相遇……

自从上了大三以后,我就觉得我变了,我变得很敏感,别人的语言、语气、眼神、动作都会引起我的不舒服。我变得很固执,经常为小事伤感,经常为寂寞伤心,不能体验轻松快乐。我变得很暴躁,虽然我也想学得温柔一点儿。

我对学业心烦。看见一本本厚厚的书就心烦,做起一道道难解的题便心烦,看到别人在学习也心烦。上课、上自习总是一会儿瞧这个人一眼,一会儿瞧那个人一眼,自己也不知道是怎么回事。

我对别人心烦。和那些跟我要好的女孩子在一起学习,觉得不自在;跟她们一起走路,也觉得不舒服;别人看我,我也感到不自在,不舒服。

上大一时没有这种现象,到大二就有了,到大三就成了现在这个样子。我谈了一个男朋友,他早我一年毕业了。大一、大二时,他总是陪我上晚自习,周末陪我玩,当时很开心,学习成绩也好,现在他陪我的机会减少了,所以心情总不好,总想他能够天天陪我。有时他答应回来看我,又失约了,我的情绪便又特别低落,甚至想哭。想到旷野上呐喊几声,每每看到班里的其他同学一对一对地在一起,我好羡慕,好嫉妒。

您说我是不是有心理障碍,我该怎么办?迫切希望您早日回信。

随着身心发育的日渐成熟,大学生对爱情的渴望和追求自然萌发。对于刚刚脱离家庭生活、远离父母"束缚"的大学生来说,恋爱是他们所面临的第一件独立的、依靠自己力量来解决的人生大事。什么是真正的爱情,如何对待恋爱、追求爱情,怎样把握自己、处理好恋爱中出现的各种问题,如何协调恋爱中的各种关系等,将是每个大学生所面临的问题。然而,不少大学生处理不好这些问题,也不能从中获得全新的自我体验,反而迷失自我,出现各种心理困惑和心理问题,影响到他们的人际交往、学习及心理健康。

第一节 爱情概说

一、爱情理论

爱情是什么?

爱情有广义和狭义之分。广义的爱情是指人与人之间相互爱恋的感情。狭义的爱情是指恋人或夫妻之间的纯洁、神圣的感情。人们所讲的爱情一般指的是狭义的爱情。

心理学界对爱情十分关注,形成了各式各样的爱情理论。

埃里希·弗洛姆(Erich Fromm),美籍德国犹太人,著名人本主义哲学家和精神分析学家。弗洛姆是第一个研究"爱"和"爱的能力"的学者。在其名著《爱的艺术》中提出爱是一门艺术,要求人们有这方面的知识并付出努力。爱是一种能力,需要学习。他将人类的爱分为五种:兄弟之爱、父母之爱、异性之爱、自我之爱和神明之爱,相信爱的本质有四大元素:关怀、责任、尊重和了解。

心理学家鲁宾(Rubin)认为爱情是个人对某一特定的他人所持有的一种态度,他以特定的方式表达自己对爱慕对象的思想、感情和行为。鲁宾(Rubin)对爱情展开定量的科学研究,把喜欢和爱区别开来,认为爱的因素是对对方负责、温柔体贴、自我揭示、排他性。喜欢则指为他人所吸引、尊重对方、认为对方与自己相似。

李(J. Lee)等人根据人们在爱情中的不同行为表现,总结了六种常见的爱情形式:一是浪漫式爱情,将爱情理想化,追求一种感觉,强调形体美,追求肉体与心灵融合为一的境界;二是好朋友式爱情,爱情是一种深情厚谊,是长时间培养出来的;三是游戏式爱情,爱情像游戏,"有时我不得不回避我的情人们,以免他们互相发现";四是占有式爱情,"如果我怀疑我爱的人跟别人在一起,我的神经就紧张";五是实用式爱情,找能满足自己的基本或实际需求的人;六是利他式爱情,"我宁愿自己吃苦,不让我爱的人受苦"。以上六种爱情形式并不互相排斥,比如任何一种爱情都会有一定程度的占有成分。只不过,在一定时期或者情境下,人们的爱情可能会以某种形式为主。

哈特菲尔德(E. Hateld)等人提出爱情主要有激情爱和伙伴爱两种。激情爱是个体希望和对方融为一体的强烈的情感状态,处于激情爱的人春风沉醉,心无旁骛,不能忍受爱人的冷落和背叛。伙伴爱是对与自己生活在一起的伴侣的一种深刻的卷入感,彼此理解、尊重、互相依赖,像亲人一样,比起激情爱容易动荡的特点来说,伙伴爱稳定一些。一般来说,恋爱的初期激情爱的成分多一些,随着彼此关系的稳定,特别是结婚以后,双方的情感会转变为伙伴爱。

美国耶鲁大学心理学家斯滕伯格(Sternberg)的爱情三角理论是最为著名的理论。他认为爱情包括三种成分:激情(passion)、亲密(intimacy)及承诺(commitment),爱情是由激情、亲密以及承诺三个要素组成的三角形。激情、亲密和承诺三大元素组成七种不同类型的爱情。这七种类型分别是喜欢式爱情、迷恋式爱情、空洞式爱情、浪漫式爱情、伴侣式爱情、愚蠢式爱情、完美式爱情。斯滕伯格将三者具备的爱情称为完美式爱情。

尽管心理学家对爱情定义的表述有差异,但基本内容是一致的,主要涉及生物因素、精神因素和社会因素三个方面。所谓爱情,即情爱和性爱的统一。国内心理学界倾向爱情是人际吸引最强烈的形式,是指心理成熟到一定程度的个体对异性个体产生的有浪漫色彩的高级情感。

 **知识拓展**

在危地马拉丛林深处的提卡尔,矗立着一座神庙。它由史上最显贵的太阳王建造,代表着美洲最伟大的古文明——玛雅文明。这位君王(Jasaw Chan K'awiil)活了八十余岁,在公元720年葬于提卡尔神庙。他深爱着他的妻子,同时为妻子修建了一座神庙,正对着提卡尔神庙。每到春分或秋分,太阳在提卡尔神庙后升起,他妻子的神庙便浸浴在拖长的影子中。到了下午落日之时,他妻子的神庙的影子也会完全遮罩在提卡尔神庙上。直到1300年后的今天,这对恋人的陵墓依旧互相拥抱、亲吻。

埃菲尔铁塔(La Tour Eiffel)得名于其设计师亚历山大·居斯夫·埃菲尔。当年,富家小姐玛格丽特与默默无闻的埃菲尔一见钟情,不顾家人反对嫁给了他,与他携手度过了生命中最难忘的时光。后来,玛格丽特去世,埃菲尔发誓要建一座最能与妻子对视的建筑。而他自己,也就守着对妻子的爱恋到老,终生未再娶。就因为埃菲尔的忠贞,所以铁塔也被赋予了这么一种说法:爱情的见证、忠贞的象征。

西方人用这种死后的相守描绘着爱情,东方的古人用同生时的相思述说着爱恋。"我住长江头,君住长江尾。日日思君不见君,共饮长江水。此水几时休,此恨何时已。只愿君心似我心,定不负相思意。"当然,也会狠狠地表达:"山无棱,江水为竭,冬雷震震,夏雨雪,天地合,乃敢与君绝!"

二、爱情的特点

(一) 对等性

恩格斯在论述爱情第一特征时就指出,爱情是以所爱者的互爱为前提的,就是双方互相爱慕,自主自愿。首先,尊重对方自愿选择的权利,双方都有爱和被爱的权利,都有对爱选择的权利,一方强制、勉强凑合都不是爱情。其次,单相思不是爱情。再次,尊重对方人格。双方在人格上是平等的。

(二) 排他性

爱情是一男一女之间的爱慕关系,不容第三者介入。恩格斯在《家庭、私有制和国家的起源》中指出"性爱按其本性来说就是排他的",是一种特殊的相互拥有的感情。伟大的教育家陶行知曾经形象地说过:爱情之酒甜而苦,两人喝是甘露,三人喝是酸醋,随便喝要中毒。爱情的排他性并不排斥爱人与其他异性的正常交往。爱情和友谊是不同的,友谊可以广泛播种,朋友相交可以是多个。有些人限制爱人与朋友往来,把恋人当作私有财产,无端猜忌和怀疑,这与真正的爱情是背道而驰的。

(三) 持久性

爱情是在个体心理发展到相对成熟时产生的,这种情感稳定而持久,经得起时间的考验。男女双方忠诚坦白、互相信任,顺境时互相尊重、互相帮助,逆境时互相关心、互相支持,奠定了双方感情发展的牢固基石。列宁与其夫人订的约法"互不盘问,互不隐瞒",体现了真正爱情的信任感。有爱情,就有义务,就有责任。爱情需要深化发展。恋爱阶段甜甜蜜蜜,结婚以后渐渐冷冷淡淡,有人说结婚是爱情的坟墓,其实是得了"爱情幼稚病"。若想永远保持爱情的温馨、浪漫、芳香,就必须不断培养、发展、深化这种特殊的感情,正如鲁迅所说:爱情必须时时更新、生长、创造。只有经过时间的淬砺,爱情才能长久、常青,给人以精神上感情美的享受。

(四) 利他性

爱情是奉献的、利他的。弗洛姆在《爱的艺术》中提出,给予才是爱的本质。我国著名心理学家樊富珉曾说过:"衡量一个人对异性有无爱情,强度如何,可以通过是否发自内心,帮助所爱的人做其期待的所有事情这个指标来衡量。"

三、爱情的发展

关于爱情的发展理论有很多,其中社会交换理论比较出名。

社会交换论者把求爱者视为理性主义者,他们选择能给自己带来更多幸福的人做伴侣;而所有导致爱情的因素均可归结为利益和价值。两者既有物质的、经济的因素,也包括社会的、心理的因素。据此理论,爱情发展大致经历四个阶段。

(一) 取样与评估

互不相识的双方在某一群体中选择愿意交往的对象,所考虑的主要因素是交往的收益与成本及其相抵销后的盈余。如果收益及盈余超过自己期待值,对方成为追求的目标。

（二）互惠

在此阶段，双方尽可能交换收益，即为对方提供收益，也从对方获益，同时力求降低成本。如一起聊天，互赠礼品，共同讨论感兴趣的问题等，但避免进入对方的私密性领域。在交换中，双方互惠，两个人亲密感加强。

（三）承诺

双方认为从对方得到的收益大于从其他异性那里得到的，因此停止与其他异性的交往，双方关系相对固定，开始一对一频繁交往。

（四）制度化

亲密感的加强，双方都觉得离不开对方，又担心对方离开自己，希望能通过契约形式将双方关系制度化，如订婚、办理结婚手续。契约使双方关系具有排他性，彼此忠实。

知识拓展

关于人的心理世界的神奇和人的内心世界还没有被探明的奥秘，保加利亚女诗人叶里萨维塔·巴格良娜这样描写：

> 站在你前面的他，
> 与你并肩而行，
> 你要用什么样的听诊器，
> 方可探测到他的内心世界？
> 你要驾上什么样的车，
> 才能驶进他那理想的苍穹？
> 怎样才能破译，
> 他思想的内容，
> 怎样才能计算，
> 他希望的光环，
> 激情的月圆，
> 悲伤的月食，
> 和失望的程度？
> 心心点灯。

永远保持激情，让浪漫的爱坚贞不渝、地老天荒，这是每个人都有的梦想。但现实生活中能做得到吗？常识告诉我们很难。社会心理学的研究也证明了，激情和浪漫会随着时间而冷却，而共同的理想、共同的兴趣、共同的价值观以及宽容和习惯等因素在维持感情中的重要性会与日俱增。

印度学者古普塔（U. Gupta）等的一项研究很有说服力。他们访问了印度西北部城市斋浦尔的 50 对夫妻，发现由爱情结合的夫妻婚后 5 年，彼此爱的情感会不断减少；与此形成鲜明对照的是,由家庭之命而结合的夫妻,开始的爱情水平并不高,但他们的感情会慢慢增加,5年后大大地超过了因爱而结合的夫妻们。

四、影响大学生恋爱的因素

恋爱是男女双方培养感情的过程。大学期间,性生理的发育成熟是大学生恋爱的最根本的生理动因。生理发展所引发的心理巨变是大学生恋爱的心理动因;而宽松的校园环境、浪漫的人文氛围,以及社会开放的文化渗透和道德伦理规范的约束是大学生恋爱的环境动因。

(一) 生理因素

一个身心健康的人迟早都会对异性产生倾慕爱恋之情,生理动因是大学生恋爱心理产生、发展的自然因素。我国当代大学生年龄一般在18～22岁之间,正值青春发育成熟期,即性萌发到成熟的时期,不仅生殖系统,即性器官和内分泌在发育成熟,而且大脑中的性控制中枢与情绪中枢也正逐步成熟。这个时期大学生性本能欲求具有很强大的推动力,男女同学之间相容相悦,对异性产生好奇、好感、亲近的心理需要,出现了想与异性交往的欲望,引发其强烈的恋爱冲动,他们通过恋爱来满足这种欲求。

知识拓展

恋爱心理发展一般经历4个时期:① 异性疏远期。一般在12～14岁,进入青春期的少男少女,由于生理发育的急剧变化,引起心理的不安、害羞,使男女之间在心理和行为上出现隔膜,关系疏远甚至反感。不过,随着社会的现代化进程,由于各种传媒的发达及人们观念上的日趋开放,这一阶段的表现已越来越不明显。② 异性向往期。一般在15～16岁,随着性生理的发育,尤其是性意识的发展,男女生逐渐从疏远、抵触开始转向是彼此产生好感,愿意在一起学习、游戏和活动。③ 异性接近期。一般16～18岁,随着性生理的进一步成熟,异性间产生向往和倾慕,往往采取各种方式接近异性,和异性相处感到愉快,初恋开始出现。④ 恋爱期或爱情产生期。18岁以后,随着性生理和性意识的成熟,男女生交往频率的增加,以及环境因素的影响,多数青年进入恋爱状态。单从年龄上看,多数大学生处在上述性心理发展的后两个阶段,但由于个人经历及自身社会文化背景等方面存在差异,在恋爱心理发展的阶段特征上的表现,可能有很大的落差。

(二) 环境因素

在大学校园里,少了父母、长辈的"束缚"和"监控",大学生觉得有了更大的自由与自主,对自己的恋爱问题持有相对较大的主见;同时,同学中的恋爱相互影响,使得恋爱心理相互感染,活跃了大学生的恋爱心理;而大学浓厚的文化氛围,使学生可以从各种渠道,如杂志、影视、网络中获得有关爱情的各种信息,这些又诱导、刺激着大学生恋爱心理活动的发生、发展,并时时刻刻影响、转化着大学生的恋爱心理。

而传统的伦理道德规则也时时牵制、影响着大学生的恋爱心理。特别是它严肃又神秘压抑的两面性,在外来"性解放"文化的影响渗透下,冲击着大学生的恋爱心理,使他们的恋爱观发生了错位,贬斥传统文化所推崇的贞操观、性与婚姻结合,漠视婚恋、家庭的责任与义务。加之地位、财富、权力等社会功利意识在大学生恋爱心理中的分量渐增,使他们陷入婚恋的认识误区,流入"性与道德、法律无关""性与婚姻分离"的思想误区,这些给当事人心理造成或多或少的不良影响。这些不良的文化风气使大学生情感多于理智,为欠缺理性的恋爱找到了理论根据,并用这些谬论付之于实践,使得他们在恋爱心理上显得既茫然、迷乱又开放,所有这些加剧了恋爱期大学生心理的不安、烦恼和焦虑。因此,可以说环境,特别是校园环境是引导与制约大学生恋爱心理健康发展的一个因素。调查显示,大约1/4的男生和1/2的女生在边缘性性行为发生后,心理产生了严重困扰,表现为心理上的不安、烦恼、自卑、自责、疑虑、恐惧等;而出现婚前性行为的大学生中,大多在心理上出现严重不安、自我否定、恐惧、焦虑等心理反应。

(三) 心理因素

作为整个心理系统的一部分,大学生的恋爱心理和整个心理系统以及其他部分有着必然的联系。认知活动是大学生恋爱的感性基础,它对大学生恋爱心理起着感应、唤起和导向作用。而情绪则对大学生恋爱心理体验起着活跃和扩展的作用。情感是造成大学生恋爱心理不稳定的主要因素。青年中期的大学生可塑性强,情绪波动大,面对情感问题的两难抉择。在理想与现实的天平上,他们不知如何做才能使二者保持平衡,从而顾虑重重、思虑万千诱发情感冲突。

在大学生的恋爱心理形成过程中,担心害怕产生了激情行为,悲哀带来失望与伤心,愤怒则引发了嫉妒与冷酷等,这常使大学生在建立健康恋爱心理过程中失去心理平衡,诱发了空虚、无助、寂寞的心绪,引发一些诸如抑郁、消沉、自卑、不安等情绪障碍,可以说情绪调节着大学生恋爱心理的起伏。

至于意志方面,则把恋爱的建立与社会义务、责任、权利联系起来,制约着大学生恋爱心理的发展。众多有关越轨性行为的分析,以及恋爱受挫后的过激行为的调查显示,在缺乏主观意志力作用、自制力薄弱情况下,大学生很难调整自己的恋爱认知与情绪,破坏了恋爱本身的美,严重的还引发恋爱心理障碍。恋爱中的大学生出现的负面情绪,主要是自我评价不当引起的。据调查,许多大学生因自己的外形特征、经济状况、家庭地位等不尽如人意,将恋爱挫折错误归因,怀疑自己的能力,从而造成情爱品质评价过低,形成消极的恋爱心理,诱发心理障碍,严重影响恋爱心理健康的发展。

五、恋爱动机与心理健康

各种各样的恋爱动机,在给大学生带来轰轰烈烈爱情的同时,某些简单化、盲目性的特点势必影响爱情的健康发展。调查显示大部分谈恋爱的大学生认为谈恋爱是为了"摆脱寂寞""丰富生活""消愁解闷"或是为了"让精神有个寄托",是因为寂寞而爱。

大学生正处于自我概念发展成熟时期,自尊心强,对于他人对自己的评价与态度异常敏感,因而在人际交往中,常常为了避免伤害到自己,维护自尊,而封锁自己的内心世界,形成闭锁心理;再者考入大学后,在暂时缺乏明确的学习目标、远大的理想与事业追求的情形下,学习动机不足,再与高中紧张的学习生活相比,更感到学习枯燥无味、精神空虚。这些都可能更增添了大学生远离家乡的孤寂感,使之寻求异性知己,试图用"爱情"来慰藉自己,找到充实精神的东西,形成"寂寞期的恋爱"。而在这种动机下产生的恋爱有很大的片面性、盲目性以及冲动的感情色彩——"谁同情我,谁理解我,谁就是爱我的人"。

当哪一天寂寞消失了,"爱情"也就随之结束了。而这带来的势必是心理上的创伤,有的因为"不想爱了,但不知如何结束"而焦虑不安;有的因为"不想结束而结束了",而自卑、抑郁,甚至做出过激行为;同时也有在交往一段时间后发现对方并非是自己所爱的人,但却不知道如何做,这也给当事人带来无尽的精神压力与痛苦。可以说,这种情感寄托型动机所衍生的恋爱缺乏独立意识和自立能力,使大学生更易恋爱受挫,心理创伤更大。

另外,在恋爱动机上还有些学生受社会功利思想的影响,出于为追求荣耀、名誉、地位、经济等表面的光彩,为满足自己的"自尊需要",或为了寻求刺激、追求浪漫生活而谈恋爱,明知自己并不爱对方,但为了满足自己的虚荣心理而欺骗自己与对方的感情。有的希望能从对方那里获得经济、社会地位等方面利益而与之恋爱;有的只是为了四年的大学生活多一点刺激,满足自己膨胀的虚荣;有的甚至只为了获得经验,这些都无疑给爱情埋下危机和隐患。

有的学生常常为此事惴惴不安,害怕对方洞悉自己的本意,有的为此痛苦不堪,因为对方并非为自己真正所爱,长期这样,或多或少都给自己带来无形的压力,每天都可能陷入这种焦虑、不安、忧郁之中。这种功利性动机所引发的恋爱,其感情基础不稳定,所处其中的大学生心理负荷日益增加,阻碍其健康爱情的发展。

高校调查显示:近四成大学生在体验爱情

婚恋观是人们价值观在恋爱、婚姻问题上的体现,随着社会主义市场经济在我国的迅速发展和西方婚恋观传入我国,人们的婚恋观发生了深刻的变化。作为接受新思想最前沿的大学生的婚恋观又是如何?近日,省内6所高校共同参与、进行了一次"关于郑州在校大学生婚恋观"的调查。他们希望通过调查的方式,进一步了解当代在校大学生的婚恋观,探索当代大学生婚恋观的多元价值判定标准和特点。

本次调查共有郑州大学、河南财经学院、河南农业大学、郑州航空工业管理学院、郑州商业高等专科学校、中州大学等省内6所高校参与,采用随机抽样和分层抽样的方法进行,接受调查的学生从大一到大四均有涉及,主要是大一和大二,男女比例为2∶1。每所院校100份问卷,共600份,回收593份,有效问卷593份。其中男生381份,占64.2%,女生212份,占35.8%。

据了解,此次调查研究采取的是问卷式,主要由郑州轻工业学院法政系社会工作专业大三学生组织进行。调查之前,轻院学生首先将郑州市的大学按文理和大专、本科进行分类,然后从中抽取6所高校分别进行。问卷主要涉及恋爱观、性观念、婚姻观3个方面。

郑州轻院法政系副主任、中国人民大学社会学博士张宝锋说,新版《普通高等学校学生管理规定》已实施了一段时间,针对大学生婚恋褒贬不一的评论多来自社会各界,真正体现在校大学生想法的声音不是很多,这个调查将为大学生开展性教育工作提供客观材料,为大学的素质教育和婚姻咨询提供相对客观、可靠的实证资料,为在校大学生树立正确的婚恋观提供依据。

调查显示,除了1.2%的被调查者没有选择之外,38.6%的大学生表示现在正在谈恋爱,其余60.2%的大学生表示没有或者现在没有谈恋爱。可见,社会认为在校大学生谈恋爱是普遍现象并不十分准确。

调查结果显示,现在的大学生谈恋爱的目的很明确,而且基本一致。在总的比例中,选择"寻找未来伴侣"和"体验一次真正的爱情"分别占了36.4%和31.5%。可见,大学生的恋爱字典里"坚守""忠诚"占了不小因素,女生在"寻找未来伴侣"中的比例更突出,将近40%。选择"内心空虚、摆脱压抑感"的大学生占了12.3%,这个数字也应该得到学校的重视。此外,选择"其他"的有15%。

网恋不占主流。由于大学生大部分时间接触的人都是同学,调查所知,有男/女朋友的学生大部分都是在共同的求学过程中认识的,而且占据了绝对的多数,这个比例占到了73.9%,通过网络认识的仅有4.8%,其他如亲朋好友介绍、火车或路上偶遇等的比例都不太高。

交友更重人品。调查显示,如今的大学生在选择男/女朋友时更加注重人品、性格、共同语言和责任心,选择这些因素的比例分别占到了87.2%、74.0%、66.3%和61.0%,而过去人们非常重视的家庭背景和经济条件只占了11.1%和14.3%,这充分说明当代大学生的婚恋观与传统婚恋观还是有着很大的差异。

四成学生认同同居现象。调查显示,有20.5%的大学生反对在校同居,有40.1%的大学生赞同同居现象,还有35.1%的大学生表示要慎重,但只要是真心相爱也是赞同的。

八成多学生表示不会在校结婚

新《普通高等学校学生管理规定》不禁止大学生结婚,但是,调查发现,86.5%的大学生表示不会在校结婚,主要原因是没有经济基础。这说明了虽然教育部赋予了大学生在校期间可以结婚的权利,但大学生是否行使这一权利是另外一回事。也有一小部分表示在校期间会结婚,但只有2%的比例。

在被调查者中,预计结婚年龄集中在25～30周岁,也就是说,大学毕业后的3～5年是大学生的结婚高峰期。而且男生预计结婚年龄要比女生晚,女生预计结婚年龄有大约65%选择25～28岁结婚,大约25%预计28～30岁结婚,男生大约50%预计25～28岁结婚,大约33%预计28～30岁结婚。

过半学生反对"一夜情"

调查显示,大学生对"一夜情"的态度,反对的还是占了多数,其中选择"坚决反对"的男生有30%,女生超过40%,选择"自己不会做"的男生近30%,女生近40%,这说明传统的道德取向仍然占主流。但对"一夜情"的态度也较以往缓和,超过10%的男生和不到5%的女生选择"无所谓,双方自愿",近30%的男生和不到15%的女生表示"慎重,在不伤害感情的情况下可以"。虽然持这种观念的大学生仍属少数,但由此可见,这种观念也在逐步被接纳,表明现代大学生的道德意识和责任感有下降趋势。

释放压抑感也是谈恋爱的原因之一

在调查过程中还发现,释放压抑感也是大学生谈恋爱的主要原因之一。首先,在大学生活中,人际交往、学习考试等都可能给大学生造成身心压力,使他们产生压抑感。而恋爱后,与异性建立一种比较亲密的关系,可以造成注意力的转移,也可以摆脱孤独感。其次,现在大学生大多数是独生子女,从小受父母宠爱,现在求学在外、远离父母,会感觉缺少关爱,从而备感孤独,于是,就找一个能陪自己、让自己释放压抑感的朋友来交往。

校方对大学生恋爱采取消极政策

通过调查还发现,很多高校对大学生恋爱问题采取回避的态度,平时默不作声,只有当学生犯下错误,校方才加以介入,进行处理,而缺乏对学生进行适当的教育和引导。此外,从中学到大学,性道德教育几乎是一片空白,教材与教育界似乎羞于谈性道德,更不用提系统的性教育课程。

建议:性教育仍需走进大学课堂

郑州轻院法政系老师胡莹对这次调查给予了指导。通过调查,轻院师生希望大学要大力加强校园文化建设,倡导校园文明行为,因为健康有益的校园文化生活是消除大学生孤独感、培养大学生健康情操、强化道德约束力的良好方式。大学还要加强思想政治教育,注重舆论,引导大学生正确处理恋爱与学习的关系,并加强责任感和自尊自重自爱教育。性道德、性健康教育也应该被提上日程。如在对待大学生婚前性行为问题上,必须开展和加强性道德、性健康教育。要通过性教育,纠正大学生性意识中的偏差,建立健康的性意识,树立正确的道德观念和法制观念,正确进行两性之间的交往。同时要发挥心理咨询机构的重要作用,对个别因恋爱问题引发心理疾病和心理障碍的学生进行单独辅导,帮助他们恢复信心,避免恶性事件的发生。

第二节　大学生恋爱问题与调适

一、恋爱心理困境与自我调适

作为人生永恒主题之一的恋爱是大学生成长道路上的必经途径,但他们在恋爱中常出现很多说不明白的心理困惑,即恋爱心理困境,使他们在恋爱道路上走得跌跌撞撞,阻碍了其健康成长。因而拥有健康的恋爱心理,学会自我调适恋爱过程中出现的各种心理困境,不仅是恋爱成功的保证,同时更是大学生心理健康的重要前提。总的来看,大学生应主要了解以下4种恋爱心理困境,并学会自我调适。

(一) 缺乏爱与被爱的能力

有的大学生没有谈恋爱或恋爱时常失败,就总认为自己被别人瞧不起,认为自己对异性没有吸引力,因此不敢与异性坦然交往,以为这样的回避就能减少与异性接触从而保护自己的自尊心免遭损害,同时在众人面前极力掩饰自己内心的失落与痛楚。

引起大学生出现这样恋爱心理困境的原因主要在两方面:

(1) 大学生的自我评价偏差。大学生的自我意识正处在发展成熟阶段,尽管他们一向被认为是很自信的,但他们同时也表现出对他人评价很敏感,并把这些看法作为自我评价的一部分。而有的学生往往过于关注别人对自己怎么看,却从未认真考虑过如何给自己一个客观的评价。

(2) 由于大学生的认知偏差。大学生对恋爱吸引力缺乏科学的认识,产生了误解。有的学生认为人们在择偶时更倾向于外貌等生理特征,殊不知当代大学生无论是男生还是女生,在择偶时的确要考虑外在魅力这类特征,但才能、人品、性格、兴趣爱好、相互感情、心理相容更具吸引力。

具有这种心理困境的大学生第一应挖掘自己的长处,排列出自己能吸引人的闪光点,适当地转换一下自己的思维方式,用自己的优点比较别人的缺点,以此来增强自信和悦纳自己;第二学会辩证地思考问题,看到事物的两面性,问问自己是否对异性有吸引力,是否一定要在大学期间拥有恋人,或许早来的爱会提前消失,迟来的反而才是真爱;第三,多参加有异性同学的集体活动,大胆地、真诚地去与异性同学交往,去了解与观察所喜欢的异性同学的心理,同时认识自己的恋爱期待心理,缩短理想我与现实我的差距,调适好恋爱心理的外部期待与内部期待之间的矛盾,给自己的恋爱动机与恋爱价值观找好位置。

(二) 异性朋友中难寻真正的恋人

有的大学生错把异性之间的正常交往视为谈情说爱,致使男女生之间不敢往来;有的大学生在恋爱关系确定之后,便干涉甚至限制对方与他人的正常往来和友谊,否则就会心里不悦,无端猜疑,让爱情与友情成为水火不容的东西,这不仅引起两种不同需要之间的矛盾,更引起同学之间的人际冲突,关系紧张;也有一些大学生在与异性交往时,只要对方表示一点好感,便想入非非,自作多情地认为自己是对方的恋人了,害起了"单恋",甚至刻意给彼此一般的同学关系贴上"恋爱"的标签;更有一些大学生一直在爱情与友情之间徘徊,将二者混为一谈,以至在异性面前茫然不知所措。

引起这种心理困境的主要原因是当代大学生在爱情与友情的认识上还存在一定比重的偏差,对于友情和恋情的认识还很肤浅,再加上当代大学生由于青春期的提前,使其性心理发展滞后于性生理成熟,影响了大学生的行为取向、思维方式。

知识拓展

引发这种心理困境大多是源于自身,因而更需要大学生自己来调适。理论上大学生应明了两点:一是恋爱具有社会性和自然性、复杂性,因此在恋爱过程中既要主动,也要顺其自然;二是大学生应克服从众、恋爱错觉、逆反等心理,大学生在与异性交往中要勇于说"不",学会控制感情,不自作多情,更不要把迷恋当作恋情,以免伤害自己与同学。

(三) 婚前性行为

当代大学生对婚前性行为的宽容态度在逐渐扩大,贞操观的重要性也有所下降,而大学生在涉及本身时,一方面希望自己未来的婚姻纯真,在传统文化的氛围中,意识到这些现象的不妥之处;另一方面在恋爱时,容易情感战胜理智使恋爱误入歧途,给双方身心带来创伤,给未来留下阴影。

面对这种心理困境,大学生应从自身学会处理好恋爱与学业、恋爱与成才、恋爱与人格塑造、恋爱与人生等方面的关系,主动地了解性生理、性心理、性社会等方面的健康知识,在困惑时主动进行咨询;积极利用所学专业参与各种社会实践,从中感受为社会服务,实现自身价值的成功心理体验。

 案例分析

小樊与小路是高校"夫妻部落"中的一员,两人在校园附近租下一套房子,过起了同居生活。两人在接受记者采访时坦言,双方对未来都没有太明确的想法,目前生活在一起只是为了"相互取暖"。

(四) 网恋

随着因特网的迅速发展和普及,大学校园里出现了一种全新的亲密交往方式——网恋,对大学生的学习、生活和成长产生了较大影响。专家认为,进入网络时代后,无形的网线开始取代月老的红线,许多未曾谋面甚至远隔重洋的男女,通过网络相识、相恋,不足为怪,更何况青年大学生情窦初开、感情丰富,而且个个都会使用电脑,堵是堵不住的。但是对于已经影响到大学生身心健康和学习的网恋,高等院校不能不闻不问不管,高校教育工作者有责任通过了解学生的网恋行为,把握学生的网恋心态,帮助学生分析网恋的利弊得失,引导学生正确认识网络中的情感问题,对学生网恋进行有效的教育和引导。

 案例分析

在一所重点师范大学的一间女大学生宿舍居住着 7 名女生。这 7 名女生都在谈恋爱,其中就有 6 人是网恋。不少高校的大学生断言:"凡是上网的同学几乎人人都有一次网恋经历。"而且这些大学生都敢于公开自己参与网恋的身份,包括班主任、辅导员、家长、同学,对谁都不避讳,如果有人反对,还嘲笑对方:"现在是什么年代了,还如此大惊小怪。"

女大学生李某,长得挺漂亮。她有许多网友,大家都聊得很好。渐渐地,她发现和其中一个男生特别投机。一次不太在意的见面,却让女孩更加心仪,因为她发现男孩比想象中好很多,从此网恋就变成了现实中的恋爱。长时间的相处,让女孩发现男孩有许多像这样从网上骗来的女朋友。男孩一直在欺骗她,这就如晴天霹雳,李某心里接受不了这样的事实,没有心思做任何事,甚至要割腕自杀。

女大学生的这种网络心理障碍属于情景性忧郁,她把自己真实的感情给了一个并不

真实的人,真正相处了以后,发现他根本没有网上那么优秀,感觉也不像在网上那么好,只是虚有外表而已。更没想到男孩是一个专在网上欺骗女孩感情的人。因此造成心理障碍甚至想要自杀。而从男孩的角度来看,这也是一种网络心理障碍。他经常欺骗网上的女孩,表现了他在平时生活中却存在着自卑心理,这样的人特别希望得到关注。他们虚有一个好的外表,就好像"绣花枕头烂稻草"。他在网上把自己说得天花乱坠,其实是一无所有。网络是虚拟的,它可以让人们随意幻想,有些男孩把自己想成白马王子,女孩想成白雪公主,过度的幻想就产生了病态心理。

二、恋爱挫折的自我调适

对于爱情,人们都希望它是甜蜜的、美好的。然而,爱情生活中,也不乏苦涩和忧郁、坎坷与挫忻。爱是一种能力,并非天生就有。对恋爱中的各种挫折,要学会去应对和调适,培养自己爱的能力。

(一) 单恋

爱情是相互的,是两情相悦发出的共鸣,如果只是一方倾心于另一方,另一方不知道,或者另一方知道了却不理睬,就不能叫爱情。这种单方面的爱恋,心理学上称为"单恋",即人们常说的"单相思"。

单恋是一种畸形的爱情,是一种爱情错觉。单恋一般有3种情形:一是自作多情型,误认为对方爱上了自己或明知对方对自己没有爱意仍深深地爱着对方。二是藕断丝连型,恋爱中断了,还深深地眷恋着旧情人,无法摆脱往日的情丝。三是羞于表达型,自己深爱着对方,却不知道对方的感情,又羞于向对方表白,而苦苦地思念着。无论哪种情形,都是没有现实基础的无效追求,对当事人是很痛苦的,就像一个人执着地想得到一样东西而又无法获得,爱的情感越深,所带来的情感折磨就越痛苦。

害"相思病"的人应尽早从作茧自缚的单恋中解脱出来。首先,要冷静地分析和辨别自己的那份"情"是不是"爱情"。若是,就要勇敢地向对方表白,与其总是在患得患失中痛苦度日,何不"快刀斩乱麻"。即使对方拒绝了,短痛总比长痛好,到时也不会遗憾;若不是,就要对自己单方面的感情加以否定,从认知上解决偏差,切除"恋"的本源。其次,要扩大自己的人际交往面。单恋的人常常生活在自己制造的假象里,把自己理想化了的标准投射到所暗恋的人身上。其实,他们心中的偶像并不像他们所想象得那么完美,与所有人一样,普通又平凡,有优点也有缺点。只有在较广泛的人际交往和比较中,才会发现所暗恋的人是否适合自己,从而减少自卑,增强自信心。再次,要学会转移自己的情感。人的情感是很复杂的,一旦产生爱的感觉,是很难一下子丢掉的,这时不妨运用转移的方法,把自己从爱的漩涡中摆脱出来。

(二) 多恋

爱情是严肃的,具有专一性和排他性;爱情也是神圣的,应具有责任心和道德感。如果一个人同时喜欢上两个以上的异性并保持恋爱关系,或者同时接受两个以上异性的追求,就是"多角恋爱"。有的大学生把多角恋爱视为自己能力的展现、魅力的释放而引以为荣;也有极个别同学视爱情如游戏,搞多角恋爱玩弄异性,以满足私欲或达到报复他人的目的。

然而,有一种说法却能得到一些大学生的接受:恋爱是一个选择与竞争的过程,多恋是寻找真爱的一种途径,应该允许别人通过鉴别来选择。乍听起来这似乎有一定的道理,但实际上是一种谬论,不仅偷换了概念,而且存在着严重的逻辑错误。的确,恋爱不是选择或竞争的终结,应该说恋爱过程始终处于选择与竞争之中,这也是自由恋爱的本意。但是,这种脚踏"两只船"或"多只船"的爱情选择,还含有选择的意味吗?真诚的爱情需要这种选择吗?假如你是被人选择的一个对象,将会有什么感觉?也有人说,他(她)愿意接受这种选择,这样更富有冒险性、挑战性和刺激性,成功了,说明他(她)是最好的;不成功,就算积累经验。真的会有这么轻松吗?

无论你在多恋关系中是唱主角还是处于被动位置,都要及早地从这种感情纠葛中摆脱出来。

(1)处理这种关系要保持高度的冷静和理智。傲慢和自卑、怀疑和妒忌、讽刺和狡诈,都不是正确的态度。无论出现什么情况,都要保持爱情的纯洁和真诚,尊重自己,尊重对方,还要适当尊重插足的"第三者",否则有可能酿成不良的后果,更不利于这种复杂关系的解决。

(2)要重新审视自己与对象之间的恋爱关系。当自己的恋人对他人产生了恋情,尽管很痛苦,但一定要进行理性的分析:是自己的问题,还是对方经不住爱情的考验,或者是对方认为第三者比自己强,再通过与自己所爱的人坦诚交谈,作出抉择。千万不能感情冲动,不顾双方感情的实际,为了挽回所谓的"面子"而做出蠢事来,那会给自己带来更大的情感困扰。

(3)要"急流勇退"。如果发现自己闯进了别人的情网,或者发现与所爱的人的关系不可能发展下去,就应该鼓起勇气,积极地退出来。这看似消极,实为解决多恋关系的一种积极策略。因为在多角关系中,人的感情往往是说不清道不明的,如果再在上面耗费时间和精力,是没有多大价值的,而且可能会给自己的感情带来更大的伤害。当然,问题并不是那么简单,有些人不敢正视实际的情况和真正的立场,认为"退让就是失败",其实这才是消极和失败的想法,是应当克服的一种心理障碍。瓦西列夫在《情爱论》一书中说:"一旦发现自己是'多余的人',就应该高尚地忍受自己的不幸,无论他在感情上是多么的痛苦。"

(三) 失恋

恋爱是一对男女为寻求和建立爱情而相互了解和选择的过程,双方都有选择的权利。由于各种主观或客观的原因,一方不愿再保持原先的恋爱关系,双方的恋爱关系就要终止,爱着的一方就会失去对方的爱情,这就是通常所说的失恋。

从热恋关系中断裂出来,一下子失去了与自己最亲密的人,无论对任何人都是一种痛苦的情感体验,都会带来不同程度的心理创伤,引发一系列的心理问题,甚至会做出傻事来。而大学生由于年轻,缺乏社会阅历和经验,恋爱时情绪高涨,满怀自信,永远把自己看成是"主角",一旦被别人抛弃,在潜意识里会把它看作是自己无能的表现,极易引起毁灭自己和报复他人的行为来。这种易于走极端的心理是心胸狭隘、不成熟的表现。

失恋就像沙漏,而泪水和心痛是那涓流的沙,每一次思念的翻转,就会引起一次决堤——你会不由自主走到约会的老地方,寻觅熟悉的身影;街上某个相似的背影会令你栗然心惊;他(她)的名字一被提及,你的心就会忍不住绞痛了起来。面对镜中急剧憔悴的容颜,嘴角的肌肉早已忘了笑的感觉,你陷入哀愁、自卑和仇恨的流沙里,却不知如何挣脱出来。

其实,失恋是生活中很正常的现象,就像恋爱后要走入婚姻一样。一个人爱上了另一个人,不仅是情感加入到另一个人的生活之中,思想、人格、整个的身心也都闯入了对方的生活世界里,在相互的"磨合"过程中,有可能成功,也有可能永远"磨合"不了。在开始谈恋爱的时候,就应该做好失败的心理准备,因为在这个过程中,你在不断地考验和选择对方,对方也会不断地考验和选择你。爱情不能强求,如果已经失去,就要适时放手,这也是一种拥有爱的能力的表现。失恋固然痛苦,却非全然是件坏事。它可以磨炼人的意志和性格,开阔人的认识领域,提高人的心理承受能力。

诗人爱默生说:"一个人如果从来没有参观过痛苦的展览会,那么他只看见过半个宇宙。"在人生的交响乐中,失恋是一段小小的插曲,也会给人留下一段有意义的回忆。所以,重要的不是失去了恋人,而是不要失去爱的勇气和能力。以下是正确对待失恋的应有态度:

(1)学会精神慰藉。爱情是生命的重要组成部分,但不是全部,更不是唯一。初恋是美好的,但生活中美好的东西还有很多,你失去的不一定就是最好的。俗话不是说"强扭的瓜不甜"吗?与其勉强凑合痛苦一辈子,还不如快刀斩乱麻难受一阵子。失恋的痛苦在于一个"恋"字,即分手了还总是想着过去恋人的优点,这时就要给自己加点"酸葡萄",即吃不到葡萄就说葡萄是酸的。要多想过去恋人的缺点,甚至把优点也想办法说成是缺点,而对自己则多罗列些优点,甚至把有的缺点适当地曲解为优点,这样,心理就会平衡些,失恋的焦灼和苦恼也会得到缓解。

(2)寻求积极发泄。许多失恋以后的悲剧都是由于痛苦情绪的压抑、沉积而爆发的,所以,千万不要过分埋藏和压抑失恋的痛苦。培根说:"如果你把快乐告诉一个朋友,将有两个人分享快乐;你把忧愁向一个朋友倾吐,你将被分掉一半的忧愁。"当失恋出现不良情绪时,可以找老师、亲朋好友倾诉一番,甚至大哭一场,把内心郁积的苦闷发泄出来,这样会放松心情,心态也会随之好起来。如果实在排泄不了,又严重地影响生活和学习,就去心理咨询机构寻求心理医师的帮助。

(3)转移注意力。失恋后如果总是沉湎于自己的伤痛中,就无法从失恋的阴影中走出来,因此,要设法把自己的注意力从失恋的事情中转移到自己感兴趣的事情上,如听音乐、唱歌、跳舞、打球、画画、聊天等,以冲淡心中的烦恼,重新鼓起生活的勇气。大学是人生过程中的一段重要历程,是学习的黄金阶段,如果总沉溺于爱情的患得患失中,必然会荒废学业,失去生存的基础和意义,人生也会变得空虚乏味。

恩格斯在青年时期曾经有过一次失恋,为此他旅游至阿尔卑斯山对大山诉说痛苦,向大自然寻找慰藉,很快就从失恋的痛苦中解脱出来,以新的热情投入生活。

世界大音乐家贝多芬曾经有过两次失恋,使他非常痛苦,但他从痛苦中奋起,创作了"第二、第七、第八交响乐",给人类社会增添了光彩,贝多芬因其在音乐艺术上的辉煌成就而名垂史册。

(4) 塑造健全人格。恋爱不成功,也许是你的缺点使对方难以容忍,所以在失恋的痛苦中冷静下来后,要及时反省自己,找出问题所在,改造和完善自己,培养阳光心态,保持自我人格的健全。

知识拓展

蔡戈尼克效应

20世纪20年代苏联心理学家B.B.蔡戈尼克在一项记忆实验中发现的心理现象——蔡戈尼克效应。她让被试做22件简单的工作,如写下一首你喜欢的诗,从55倒数到17,把一些颜色和形状不同的珠子按一定的模式用线穿起来,等等。完成每件工作所需要的时间大体相等,一般为几分钟。在这些工作中,只有一半允许做完,另一半在没有做完时就受到阻止。允许做完和不允许做完的工作出现的顺序是随机排列的。做完实验后,在出乎被试意料的情况下,立刻让他回忆做了22件什么工作。结果是未完成的工作平均可回忆68%,而已完成的工作只能回忆43%。在上述条件下,未完成的工作比已完成的工作保持得较好,这种现象就叫蔡戈尼克效应。人们天生有一种办事有始有终的驱动力,人们之所以会忘记已完成的工作,是因为欲完成的动机已经得到满足;如果工作尚未完成,这同一动机便使他对此留下深刻印象。对于失恋中"被动"的一方而言,失恋事件正是"蔡格尼克效应"中的"未完成事件"。

三、大学生健康恋爱观

多少相爱的人都希望爱情的玫瑰永远鲜艳娇嫩,可又有多少人的爱情玫瑰在没有等到海枯石烂就已经枯萎了。弗罗姆在他的《爱的艺术》中十分明确地指出:"爱不是不学而能、不学而会的。"他把爱说成是一种主动的能力,认为人们需要主动学习爱的理论与实践知识。

知识拓展

有一对老夫妻,在他们76岁的时候,有时坐电梯还会忍不住地不避旁人地互相凝视亲吻。这对老夫妻就是心理学家埃里希·弗罗姆和他的妻子弗里曼。弗罗姆在52岁的时候,前妻病故,几年后与弗里曼结婚,正是这场持续了28年直到他去世的热烈情感孕育了《爱的艺术》。《爱的艺术》是一本指点人们如何追求真爱的经典著作。

健康的爱情观对大学生的健康成长与发展有着非常重要的影响。现实中,有很多大学生对爱情抱着错误的认识:爱是永恒的;爱不需要理由;爱情能够改变对方;爱情是至高

无上的;你的恋人只属于你;只要过程不要结果;不在乎天长地久,只要曾经拥有;有付出必定有回报;因相爱而发生性关系是正常的;没有爱情的大学生活是失败的;失恋是人生最大的失败;爱就要满足对方的一切要求。有些观点深深地影响了一部分大学生,让他们付出了个人成长的沉重代价。恋爱关系的建立意味着一个人走进另一个人的生活圈。只要是两个人,必然意味着不同,必须学会彼此相互适应。学习和发展爱的能力是每一个人的人生功课,做好受益一生。

(一) 学会识别真爱

大学生往往像歌里唱得那样傻傻分不清什么是真正的爱情,从而导致受伤。学会识别爱的真伪,是迎接爱情的必要准备。首先,区别出好感和爱的差别。爱的历程分为"好感""爱慕""相爱",好感只是爱情的前奏,但不一定发展为爱情。好感以直觉和印象为支点,而爱情是以心灵的融合为基础。其次,一时的感情冲动不是爱情。真正的爱情是一种炽热又深沉、强烈又持久的感情,它使恋爱双方变得更加完美。最后,异性的友谊和单相思都不是爱情。

(二) 学会接受爱的能力

学会接受爱,包括施爱的能力和接受爱的能力。恋爱的过程是男女双方互相培养感情的过程,是双方互相施爱和受爱的过程,否则,爱情无法持续。大学生懂得什么是爱,知道自己喜欢什么,需要什么,适合什么,要敢于表达,善于表达,这是爱的能力;面对别人的施爱,能够及时判断并采取相应的措施,这也是一种爱的能力,两者缺一不可。

(三) 拒绝爱的能力

拒绝是一门艺术。拒绝爱的时候注意两个方面:一是拒绝要果断,因为爱情来不得半点勉强;二是拒绝要掌握最佳时机,用恰当的方式予以拒绝。要尊重他人,珍惜每一份真挚的感情。

(四) 发展爱的能力

1. 爱需要学会接纳

一个男生曾信誓旦旦地对女友说:"我一定会使你改变。"但是,没过多久他就发现,他根本做不到。他不仅无法让她变成他所期望的样子,反而是,如果他不改变自己他就无法再爱她。其实,一些人之所以会对所爱的人有这种不切实际的期待,可能是因为他爱自己比爱对方多,或者在他的眼里所爱的对方只不过是有望成为他的爱人的一块好材料罢了。他以爱的名义来把这块材料雕刻成他所欣赏的模样。

当你真正爱一个人时,就意味着你在最大限度上接纳和尊重你所爱的这个人。请注意,我们说的接纳与尊重是指你会将你所爱的人作为一个独特的生命个体来爱,而不是当作一件物品来爱。而既然是独特的生命个体,就会有他特有的个性、价值观念、生活习惯与风格等。也许你不会对他(她)的所有方面都非常满意,但是,这并不妨碍你对他(她)这个完整的人的接纳。如果你爱他(她),就不该强求他(她)在所有方面都如你所期望的那样。你会以开放的心去欣赏他(她)的成长与变化,而不是焦急地等待他(她)变成你所喜欢的样子。

所以,爱一个人需要有容纳两个人共同成长的宽广胸怀。爱的证据是我们承诺要鼓励对方自由发展。我们相互依赖,需要对方来帮助彼此完成自己的夙愿。爱情是建立在对自己和对他人的健康接纳的基础上的。一首古老的法国歌曲唱道:"爱情是自由之子,永远不会是控制的产物。"

2. 爱需要学会自信

一个不够自信的人往往无法很好地爱别人。他会因为不自信而不敢真诚地表露自己,也会因为不自信而担心失去对方的爱。由此,他可能不敢完全投入地去爱,爱一个人意味着要承担一份责任,因此需要足够的勇气和自信。爱的同时也意味着我们容易受伤。因为,我们将自己暴露给对方,而对方并不是一个完人,即使他多么爱我们,他依然可能伤害我们。自信的人即便是在受到伤害时也依然能够坚持自己爱的承诺,依旧相信对方、爱对方。而不自信的人对伤害过于敏感,则可能因此而不再信任对方。缺乏自信不仅会阻碍我们克服恋爱过程中的困难,同时还可能给爱情增添额外的负担。因此,增强自信是提高爱的能力的基础。

3. 爱需要学会承担责任

完全被爱的激情所支配、陷入爱的迷狂的人,伴随而来的是对对方的责任。当一方把爱给予了另一方,也就使得另一方有了一种责任。同时,接受对方的爱,也就承担了对对方的责任。相爱的双方在生活感受、生命情趣乃至人生价值等方面都发生极为广泛而深刻的联系。任何有过爱的体验的人都深深地体会到这种千丝万缕的牵连。任何一方的举手投足都有可能影响到对方,甚至可能是一根心弦拨乱对方整个心海。越是对爱的精神意蕴有深入本质理解的人,越会深刻地体会到爱的责任。

弗罗姆认为,爱的核心因素就是责任。而且爱的责任十分艰难,它意味着用自己全部的生命去承诺另一个生命。只有具有这种深度的责任感的人,才会真挚热烈地去关心和尊重他所爱的人。所以,只有当一个人的肩膀可以担负起两个人的命运的时候,爱情的玫瑰才可能永远鲜艳娇嫩。

(五)爱需要学会应对挫折

"海边上,一头巨鲸在叹息,它在叹息中自言自语——爱情中总少不了痛苦和悲戚。"(西班牙诗人克普拉语)任何爱都要承担风险,没有无风险的爱。爱的风险包括因爱而失去一些东西,因爱而受到伤害,以及爱的失去等。当我们选择了爱,也就意味着我们决定承担爱的风险。一旦爱情开始,我们就要有应对爱情挫折的心理准备,同时还要在爱的过程中不断学习如何应对。

 **知识拓展**

佛经里的爱情故事之——珠儿与芝草

传说的灵隐寺房檐上,有一只不知织了几千年网的蜘蛛,有一天,佛对蜘蛛说:"人生最珍贵的是什么?"蜘蛛说:"是未得到。"佛说:"你再想想。"说完便走了。

又过了一千年,佛又来问蜘蛛:"人生最珍贵的是什么?"蜘蛛还是说:"未得到。"

忽一日,一阵大风把一滴露珠吹到了蜘蛛的网上,蜘蛛见到露珠晶莹剔透,很是喜欢,蜘蛛每天看着它,觉得这几天才是最快乐的。但是突然有一天,一阵大风把露珠吹走了,蜘蛛难过了一阵子。佛又问蜘蛛:"人生最珍贵的是什么?"蜘蛛说:"是未得到和已失去!"佛说:"既然你仍然认为是未得到与已失去,那你就到人间走一趟吧!"

于是,蜘蛛投胎到了一个官宦之家,成了富家小姐,父母给她起了名字叫珠儿。一晃,过了16年,珠儿已长成婀娜多姿的少女。

这一年,皇上为新科状元甘露在后花园开庆功宴,甘露在席间,作诗吟词,大展才华,在场少女,均被甘露所迷倒,其中也有皇上的最小的公主,长风公主,珠儿却波澜不惊,因为她知道这是上天的安排,注定甘露是她的。

过了几天,珠儿陪同母亲去庙里上香,碰巧遇到了甘露也陪同母亲上香,两人的母亲不久就攀谈上,珠儿和甘露也走到走廊上聊天,在谈话中,珠儿丝毫感受不到甘露对自己的喜爱,不禁问道:"难道你忘了16年前灵隐寺的蜘蛛了吗?"甘露诧异地看着珠儿,说:"你美丽,可爱,很讨人喜欢,但未免想象太过丰富了吧?"说完,便挽着母亲离开了,珠儿百思不得其解,为什么上天安排了这场姻缘,却又让他不记得自己。

又过了几天,皇帝赐婚将珠儿许配与芝草王子,珠儿真的就要绝望,茶饭不思,身体日益衰弱,失去了对生命的渴望,就要回天乏术。芝草王子听说后,跑到珠儿的床前说:"那日在后花园,我对你一见钟情,我苦苦哀求父皇,才得到了赐婚,如果你死了,我也活不下去。"说完便要拔剑自尽,这时,佛又出现了,佛对着灵魂出窍的珠儿说:"那日,你遇见了露珠,你有没有想过,是什么把露珠带到你面前,是风,露珠只是你生命中的插曲,最后又被大风带走了,甘露终是属于长风公主的。而芝草就是三千年前长在灵隐寺门前的那枝草,它看了你三千年,爱慕了你三千年,可你从没低头看过它一眼,蜘蛛,我再问你,人生最珍贵的是什么?"珠儿似乎一瞬间恍然大悟:"人生最珍贵的不是未得到和已失去,而是正在把握的幸福。"佛听完便消失不见了,珠儿出窍的灵魂也回复到身体里,睁开了眼睛看到正要自尽的芝草王子,她急忙打掉了短剑,和芝草紧紧相拥。

我们为之轻狂的爱情,原来只不过是求不得和爱别离,因为欲望太多,所以总是因为不满足而痛苦。珍惜眼前拥有的,这才是离苦得乐之道啊。

 **本章小结**

本章主要对爱情进行了概说,介绍了大学生恋爱问题与调适等方面的知识。通过本

章的学习,学生要知道爱情的本质,熟悉大学生活中常见的恋爱问题,并学会调适的方法,树立正确的爱情观,正确对待个人的恋爱问题,享受真爱带给自己人生的快乐。

 心理训练

将全体成员分成若干小组,每组 6~10 人,小组成员顺时针轮流说一句"失恋但不失……"如"失恋但不失态",每小组一张纸,每组派一位成员作记录。活动结束后每组选一位成员朗诵。

 思考与练习

1. 怎样正确地处理爱情与学业之间的关系?
2. 结合自己的实际情况谈谈如何正确对待恋爱问题。
3. 大学生应该怎样提高爱与被爱的能力?

第八章 大学生性心理与心理健康

 引 言

从本质上来说,"性"是与生俱来的,无善恶之分。但是,如果认为"性"的问题不需接受教育,"无师自通",这实际上是把人降低成了纯生物学上的人。性的社会属性是通过教育而实现的,不是天生就有的。作为社会意义上的人,应该养成正确的性心理。通过性心理教育,树立正确的性观念,正确地认识性,是性心理辅导的重点。

 学习目标

1. 了解性生理和心理的发展。
2. 了解大学生在性心理方面存在的问题,形成对性心理的正确认识。

 案例分析

20世纪90年代初的大学,风气尚正,同居的事情较少发生。上海某大学的一位女生在上到大四的时候,在相恋两年的男朋友的极力要求下,一同走进了一家宾馆。这一夜,她变成了女人。大学毕业的时候,两个人都留在了上海,不顾家里的反对,开始了他们的同居时代。当时,男朋友承诺25岁结婚。就在工作一年之后,男朋友离开了她。这对她的内心是极其沉重的打击。在这个时候,经由单位同事的介绍,她认识了一个长自己3岁的男性。通过一段时间的了解,双方建立了恋爱关系,她也从悲痛中走了出来。他时常会在论坛中宣扬放弃处女情结,真爱至上。于是,她的心中并不再担心自己的过去会对这段爱情构成威胁。就在准备领取结婚证之前的一个月,他们发生了关系,这是他们仅有的一次关系。从此之后,他也消失得无影无踪,他的内心难以忍受她对自己的不负责任。

在第二次打击之后,她选择了报复,时常出入迪厅和酒吧,与很多不同的男人上床。她认为这是在报复她的第一任男朋友,也是在报复那个并不真心爱她,只爱处女膜的人。在她的内心中,最让她不好受的是有的时候事情办完了,对方会留下一些钱,每一次她都会把这些钱撕掉扔进黄浦江。每一次和男人上床,她都会很注意让对方戴上安全套。她知道这个社会性传播疾病的猛烈,但是最终她还是患上了可怕的梅毒。失去了工作,失去了家人,她在世界上还有什么呢?只有一身脏病的肉体,她的报复行动在继续,每次事情结束了她都会要求对方留下一些钱……

大学生处在走向成熟的过渡时期。伴随着残存的幼稚性和抗诱惑力弱的特点,以及性生理、性心理成熟期的低龄化,不少大学生已有性经历。在我国,"性"曾是一个极其敏感的话题。如今,伴随着社会变革和西方文化的冲击,在性问题上,人们表现出了极其矛盾的心态:要么无知,要么世故;要么压抑,要么刺激;要么矢口否认,要么任意放纵;要么是遮遮掩掩、神神秘秘,要么就是不顾羞耻、肆意妄为……因此,性问题对大学生而言是一个不能回避的问题。这不但直接关系到大学生的心理健康,而且与其一生的生活质量息息相关。

第一节 性心理健康概述

一、性心理健康及标准

(一)性心理健康的含义

1975年,世界卫生组织在瑞士日内瓦提出了性健康概念,即"性的身体层面、情感层面、智力层面、社会层面四位一体的完整结合状态,从而能积极地丰富和健全人格,促进沟通和增进爱"。性健康是健康人格发展的一部分,是人体健康的组成部分。性的无知或性的错误观念将极大地影响人们的生活质量。

(二)性心理健康的标准

根据性心理健康的内涵,个体的性心理健康应该符合以下标准:

(1)能够正确认识自我,愉快地接纳自己的性别。一个性心理健康的人,能够正视自己性生理的发育、性心理的变化,会自觉地把自己融于社会这个大背景下认识自我,能客观地评价自己和他人,并乐于承担相应的性别角色。

(2)具有正常的性欲望。性欲是能够获得性爱和性生活的前提条件,因此具有正常的性心理,首先就得具有性欲望。一个人如果没有性欲望,就不会有性爱和和谐的性生活,性心理健康就无从谈起。同时,它又是正常的,性欲望的对象指向成熟的异性,而不是同性或其他物品等替代物。

(3)性心理健康的个体性心理特点和性行为符合相应的性心理发展年龄特征。在生命发展的不同年龄阶段,人的心理发展表现出不同的质的特征,性心理的发展也同样呈现出阶段性的特点。如果一个人的性心理与大多数同龄人格格不入,就绝不是健康的性心理。

(4)性心理健康的人具有较强的性适应能力。性适应是指个体在生长和发育过程中,性活动(包括性欲、性意识、性观念及相应的情感、品质和性行为)与所处的社会环境和文化形态之间形成的一种和谐关系,也就是性生理、性心理、性社会的三要素在性生活过程中交互作用而显示出的一种协调状态,即性适应就是个体的性活动与外界形成的一种和谐关系。性适应能力就是个体的性活动与外界形成和谐关系的能力。性适应能力的获得是一个漫长的复杂的过程,它是伴随着个体的性生理从不成熟到成熟的过程而逐渐建立的。它表现为:个体性的自我同一性的建立;能够正确对待性生理成熟所带来的一系列身心变化;在出现性冲动后,能够正确地释放、控制、调节性冲动,使之符合社会规范的要求;等等。

(5) 性心理健康的人能和异性保持和谐的人际关系。随着性生理和性心理的发展与成熟,希望与异性交往,并能保持良好的关系,是个体自然而正常的性要求。性心理健康的个体,能够在日常的学习生活中,与异性进行自然的、符合社会规范要求的交往,在彼此的交往过程中,保持独立而完整的人格,有自知之明,不卑不亢,做到相互尊重、相互信任、自然有礼。

(6) 性心理健康的人其性行为能增进社会的文明风尚。性心理健康的人具有一定的性知识和性道德修养,能自觉去分辨性文化的精华与糟粕、淫秽与纯洁、庸俗与高雅、谬误与真理,自觉抵制腐朽没落性文化的侵蚀,并以自己文明的性行为、性形象去为整个社会的性文明构筑一道亮丽的风景线。

第二节 大学生性心理的发展特征

大学生就其生理和心理的发展过程来说,已进入了性生理成熟或性心理趋向成熟的阶段。在这个阶段,与性有关的各种现象也就出现了:交异性朋友,有性冲动,准备尝试或已尝试了性行为,有性压抑、异常性行为等。这些现象,都是青年成长过程中的重要组成部分和必经之路,是自然的、正常的。但也会不同程度地给大学生带来压力和烦恼,引起心理冲突,给他们的大学生活、学习和社会活动带来了不良影响。性问题已经成为诱发或导致大学生心理困扰甚至心理障碍的重要原因,构成了对大学生身心健康的危害。学校应多渠道去普及性教育,为学生营造一个健康的教育环境。

一、大学生性心理发展的一般特征

(一) 性心理的本能性与朦胧性

有的大学生性心理缺乏深刻的社会内容,主要是生理发育成熟带来的本能作用。他们好像情不自禁地对异性产生兴趣、好感和爱慕。不少学生不了解性的基本知识,对性产生了浓厚的神秘感。由于性生理和性心理的日趋成熟,大学生向往与异性交往的需要越来越强烈,对异性产生兴趣,喜欢揣摩异性心理,总是找机会与异性接触与交往。

(二) 性意识的强烈性和表现上的文饰性

随着年龄的增长，大学生的性意识明显增强。一方面，大学生需要友谊，渴望理解，寻求归属和爱，希望与自己所爱的人分担痛苦，共享快乐。另一方面，大学生又存在着自我封闭的心理状态，许多人不愿轻易敞开自己的心扉。这类人尽管在心理上对性问题和对异性都很敏感，但行为上与异性交往时又表现出拘谨和羞涩，甚至不屑一顾，对旁人过分的亲昵表示反感，其实他们内心是很希望得到这些体验的。

(三) 性心理的动荡性和压抑性

青年时期是人一生中性欲最旺盛的时期。大学生的心理还不够成熟，还未形成稳固的道德观和恋爱观，自控和自制的能力有限，他们的性心理容易受到外界的影响而显得动荡不安。大学生处于性能量高峰期，有着强烈的性欲望和性冲动。但受道德及社会规范的约束，性的生物性与社会性的冲突使许多大学生产生了性压抑。调查发现有性压抑的男生占62.4%，女生占33.6%。有的大学生面对这种压抑，只能以扭曲的方式发泄出来。

(四) 男女性别的差异性

大学生的性心理存在着明显的性别差异。例如，在对异性感情的流露上，男生表现得较为外显和热烈，女生往往表现得含蓄而温和；在内心体验上，男生多表现为新奇、神秘和喜乐，女生则表现出惊慌、羞涩和不知所措；在表达方式上，男生常常比较主动和直接，女生往往采取暗示的方式。不过，这种差异近年来有缩小的趋势。

二、大学生性心理的发展状况

我国大学生在校学习年龄在18～23岁之间，就其心理的发展状况而言，已经进入了性生理和性心理趋于成熟的阶段。这一阶段，性心理表现为以下几个方面：

(一) 对性知识的关注

对性知识的关注，应该说早在人有男、女两种性别之分的朦朦胧胧的认识时就出现了。不少孩子在成长的过程中会不断地追问父母自己是怎么来的。由于长期以来受封建思想禁锢的影响，性的问题一直被笼罩着一层神秘的面纱。这种对性的神秘化、对性知识传播的禁忌，使得人们在孩提时就缺乏获得性知识的正常渠道。进入大学后，考试压力缓解，学校、家长管理也放松了，加之大学阶段的生理发育更趋成熟，性意识不断增强，这更加引发了大学生对异性的关注，对性知识的渴求和了解。

(二) 对异性的爱慕

大学是年轻人的世界，年轻人在一起学习、生活，自然会对异性产生仰慕，渴望与异性交往。青年男女彼此向往与追求是青年性心理发展的正常表现。受生理发育成熟的影响，在频繁的交往中，会有意无意地产生对异性的好感与爱慕，甚至是深深的思念。

(三) 对性的欲求

当人的生理发育基本成熟以后,心理成熟并且健康的个体都会产生正常的性欲。近年来,在对一些高校学生的性行为进行专题调查时,发现他们或坦然或羞怯承认自己已有性的欲求,曾产生性幻想、性梦等各种性心理活动。

知识拓展

大学生是通过什么方式来实现自己的性需求并满足好奇心呢?调查表明:部分大学生通过晚上熄灯后睡在床上谈论有关性方面的话题,看有关描写性的书刊、影视、网页,或与恋人相处时拥抱、接吻或互相触摸身体,以及手淫或同居等方式来得到暂时的满足。但在这些获得性欲望满足的方式中,有不少是不利于大学生成长的。

三、影响大学生性的因素

性受自然的生物因素限制,具有生物属性;受心理过程和个性品质的制约,具有心理属性。同时,性还要受社会文化习俗、伦理道德、法律规定等各种社会生活环境的制约,具有社会属性。

(一) 生物因素

影响性的生物因素是指对性发育和发展产生影响的生物遗传物质和生理条件。例如,决定男女第一性征的性染色体、决定第二性征的性激素以及对性欲有影响的性腺发育。生物因素决定了性就如人的呼吸、饮食一样,都是人的一种自然本能,是健康成熟男女的正常生理机能和正当合理要求,也是生物有机体生存和种族繁衍的必要原动力。性的生物因素也决定了人类的性作为一种生物本能,与其他生物的性机能一样。

男生希望自己魁梧高大,女生希望自己苗条漂亮。如果男生觉得自己矮小、瘦弱,就可能感到自卑;而女生若觉得自己过胖,长相平平,就可能出现苦恼。男生对自己生殖器的发育,女生对乳房的大小都十分敏感,并常为此心事重重。还有一些大学生为自己皮肤的好坏、脸上的青春痘而烦恼不安。

(二) 心理因素

影响性的心理因素是指影响性的活动和存在状况的心理过程和人格特征。不同的心理过程和人格特征使得人们有不同的性欲表达方式、交往欲求、性心理感受、性审美观点。一般来说,健康成熟的心理和人格,如自尊、自控、责任感、男女平等意识,有利于性生理和性心理的正常发展,也有利于合乎社会规范的性行为的形成;而不健康的心理和人格,如自恋、自卑、人格分裂、大男子或大女子主义等,不但会破坏性生理和性心理的正常发展,还会导致畸形性行为的产生。

丰富多彩的人类心理活动使人类的性关系早已脱离了动物界变成了人的一种高级复

杂的情感和心理活动。一方面,心理因素决定了以生理机制为内在驱动力的性会通过性欲望、性幻想、性梦、性情感表达出来;另一方面,心理因素使性独立于性生物学本能之外,广泛地反映和化解在各种文化艺术之中,如舞蹈、美术、摄影、雕塑、服饰以及建筑设计等。

(三) 社会因素

影响性的社会因素是指影响性的活动和存在状况的社会制度、经济基础、文化传统、风俗习惯、性角色规范及其相互作用。与性直接相关的社会因素主要包括社会性环境、家庭性状况、同龄群体的性氛围等。

1. 社会性环境

社会性环境对个体来说是一种既定的、先在的、不可超越的客观存在。因此,性一开始就是由政治经济制度、社会文化习俗、伦理道德、法律规定等决定的,具有强烈的社会必然性和规约性。

2. 家庭性环境

父母的性道德、性观念、善恶荣辱观念以及行为举止、生活作风无时无刻不作用于子女的感官和心灵,影响着子女性观念的形成。家庭性环境对子女性观念和性道德的特殊作用在于:一方面对子女的性角色意识,性心理,性是非、善恶、荣辱观念的初始定势起着十分重要的作用;另一方面,它是在日常生活中,在耳濡目染和潜移默化中,在无意识的示范中进行的,具有持续深入、具体细微、渗透性强、示范性强等特点。

3. 同龄群体的性氛围

同龄群体由于年龄和发育阶段的同步或相仿,性问题、性关系成为他们共同关注的重要问题,从而形成了小群体内部特有的性道德价值取向和舆论氛围。群体中的性观念和性规范并非代表每个人的意愿,但是个人对群体从心理上的从属,常常使他们服从小群体的性道德舆论,认同其性道德价值。长此以往,小群体的性道德价值标准就内化为每个成员的内在性道德观。

同龄小群体中的性道德舆论是一种强化和放大了的舆论,对其成员性观念的影响力和控制力常常超过家庭、学校和社会。因此,从不良小群体中获得的性道德观念,教育改造起来是非常困难的。如果从小群体入手来矫正不良的性观念和性行为则会起到事半功倍的效果。

第三节　大学生性心理困扰及调适

一、大学生性心理矛盾冲突

（一）生理成熟与心理不适的矛盾

男性以初次遗精（一般在 14~15 岁）为进入青春期的标志，女性以月经初潮（一般在 12~13 岁）为进入青春期的标志。伴随着第二性征的出现，个体进入青春期后，性器官开始迅速发育，一般到了 16 岁左右，基本上具备了性交能力。在这以后的数年里，性激素分泌使性器官不仅在形态而且在机能上进一步发展，最终获得生殖能力。刚跨入大学的学生，在生理上已接近或基本成熟（也有一些晚熟或年龄偏小的学生，进大学后才出现明显的第二性征）。然而，大学生的心理及社会成熟常常滞后于其生理上的迅猛变化。加上这些年来性生理成熟及身体发育的前倾现象，更加剧了这种生理与心理之间的矛盾冲突。

（二）生理需求与社会规范的矛盾

青少年从性成熟到以合法婚姻形式开始过正常的性生活，一般要经历 10 年左右的时期，这一时期被称为"性饥饿期"。大学生也处于这样的时期，一方面他们有着强烈的性生理感受和性心理体验，且伴有性冲动；另一方面，社会规范、习俗、校规、校纪等对大学生的性行为有严格的约束。这种矛盾确实使不少学生感到不安和压抑。由于个体的性欲望有其隐含性的特点，大学生的这种性压抑往往以多种形式宣泄出来：有时以非理智、非文明的方式宣泄，有时甚至毫无目的地胡闹、声嘶力竭地喊叫等。这些都可能与性压抑有关。

（三）传统性观念与开放性观念的矛盾

中国传统的性观念中，封建色彩浓厚。古人认为要"严设男女之大防……男女授受不亲"，要"存天理，灭人欲"，对性强调"非礼勿视，非礼勿听，非礼勿言，非礼勿动"，把性看作是肮脏的、丑陋的，甚至是"万恶之源"。性教育崇尚伦理学的说教和奉行"无师自通"的原则，把对性的关注看作是下流和无耻的，不能公开涉及有关性的知识，采取不敢正视的回避态度。现在，传统的性观念与开放的性观念之间的巨大反差和矛盾冲突，使得一些大学生要么受缚于封建传统观念的桎梏之中，徘徊于传统与开放的性观念的矛盾冲突之中，要么处于"性解放""性自由"的冲击之下。

二、大学生性心理困扰与调适

由于性生理的成熟和性心理的发展，大学生的性心理活动内容丰富多样。首先应当肯定,这些性心理活动本身都是正常无害的;只有当这些活动异常频繁或被个体视为异端时,才有可能构成心理的困扰。

(一) 性意识困扰及其调适

产生大学生性意识困扰的原因主要有:一是性无知,即对青春期性意识发展的特点以及对性缺乏正确的认识。二是性罪恶、性淫秽观念。许多大学生从未受过系统的性科学教育,学校、社会、家庭的外部环境,也没有给他们消除陈旧观念的客观条件。所以,有些学生只要出现性意念,就呈现一种否定心态。三是性压抑。大学生正处在性心理发展的交往异性和恋爱期两个阶段,本应通过与异性的适当交往来满足自己的心理需要。但产生性意识困扰的学生,大多是人为地压抑了自己合理的需求。四是严重的情绪障碍。性意识困扰往往伴有自卑、焦虑、紧张、烦恼、担忧等消极情绪。在这些消极情绪的控制下,大学生如果不能与他人自然和谐的相处,就可能诱发更严重的情绪障碍,这种情绪障碍反过来又加重性意识方面的困扰。

性意识困扰的现象突出表现为性幻想和性梦。在某种特定因素诱导下,性幻想是性冲动的发泄方式之一,属于正常的生理、心理现象。性幻想又叫"性的白日梦"和精神"自淫",通常是指在特定因素的影响下,在遇到有吸引力的异性,在阅读或看到影视及报刊中与性有关的镜头、图片或文章时,联想到性的问题,产生与异性或自身有关的性感部位的想象,甚至产生"自编""自导""自演"的与异性交往的联想。性梦是指个体进入青春期后,在睡梦中出现的带有各种性内容色彩的景象。处于青春期的男女,性梦是普遍现象。

对处于性意识困扰之中的大学生而言,不可简单粗暴地试图去阻断性意识的自然发展,而是要从以下几个方面入手,因势利导。

(1) 掌握科学的性知识。通过各种正常的渠道,学习性生理、性心理的有关知识,了解青春期性意识的发展规律,树立科学与健康的性观念。

(2) 自然大方地与异性交往。只有在日常学习与生活中了解异性,自然地与异性相处,广交朋友,建立友谊,才能消除对异性的无知和神秘感,让性心理健康发展。

(3) 正确面对恋爱问题。大学生恋爱的利弊,很多大学生已有切身的体会。从实际情况看,性意识困扰不仅发生在未谈恋爱甚至拒绝接触异性的学生身上,也可能发生在谈恋爱的学生身上。恋爱中的学生由于要经常面对性的问题,有时候反倒加重了性意识方面的困扰。

(二) 性行为困扰及其调适

大学生中常见的性行为,主要是性自慰(手淫)、边缘性性行为及婚前性行为(同居)。其造成的心理困扰主要表现为情感障碍、神经衰弱、强迫观念及其他性伤害、性暴力等性心理卫生问题。

1. 手淫

手淫是指抚弄自己的生殖器官等性敏感部位以获得性满足的活动,是一种性补偿和性宣泄行为,是一种自我的性刺激。调查表明,在参加测试的367名学生中,有67.8%的人承认自己有过手淫,手淫的学生中男生多于女生。大学生对手淫的认识,存在着两个完全相反的误区：一是手淫有益论，对手淫抱热衷的态度；二是手淫有害论，对手淫行为感到恐慌。

我们认为，对于手淫这种行为，既不提倡，也不必恐慌。同时，我们还要认识到，滥用手淫不是一个好习惯。要克服滥用手淫，对一般大学生来说，最好的办法是转移注意力，尽量把注意力从手淫的意念中转移到学习及其他有意义的活动上去。

2. 边缘性性行为

边缘性性行为一般是指男女之间的拥抱、接吻、相互抚摸、游戏性性接触等性交以外的行为，它一般具有激发性冲动的作用。一般来说，女性性欲渐起过程较缓慢，也就是说对边缘性性行为更感兴趣；而男性对边缘性性行为要求主动而强烈，但并不满足于此。边缘性性行为也是热恋中的男女相互表达性爱情感的动作方式。

大学生因边缘性性行为而引起的心理困扰主要表现在以下几个方面：一是在没有心理准备的情况下发生此类行为，会产生自卑感与罪恶感；二是两性间的感情尚未发展到可以发生此类行为的程度，感到勉强，有耻辱感和自身不洁感；三是对恋爱阶段过早发生这类行为感到草率，并由此对恋爱的成功与否产生怀疑。

对于大学生而言，边缘性性行为所带来的心理困扰更多的是发生在与异性恋爱的关系上。出现此类行为后，一方怀疑另一方是否真诚，并询问如何分辨、验证另一方是否出于真情；当另一方又与其他异性有所接触或两人发生分歧、感情出现纠葛，可能分手时，容易引起抑郁、焦虑，脑子里反复出现另一方与异性朋友相处时的情景。有时简单地认为，一旦发生了拥抱、接吻，也不管当时的情况怎样，就把这看作确定了恋爱关系；有的似乎对恋爱中的这类行为感到索然无味、不能产生激情，对恋爱的意义感到茫然。而对于种种困惑，关键是要理清恋爱与边缘性性行为之间的关系。

3. 婚前性行为

一项针对高校大学生"性与生殖健康状况"的调查报告显示，60%左右的被调查学生持性解放的观念，70%以上被调查学生对婚前性行为及未婚同居等行为持宽容态度，14.4%的未婚高校学生承认有过性行为，而在首次性行为中采取避孕措施的为47%，在性行为中每次都采取避孕措施的只有28.7%。有过性行为的学生中，有25%以下学生都经历过意外妊娠。专家指出，高校就读的男女生，特别是硕士生和博士生的年龄一般都达到了性能力和性激素顶峰。因此，高校学生发生性行为是可以理解的生理需求。学校和相关部门应尽快建立科学、权威、绿色的性教育网站或热线及服务机构，为他们提供权威可靠的性知识和避孕服务。

4. 大学生婚前性行为后的心理困扰

大学生出现婚前性行为后，会引起一定程度的心理困扰。在发生性行为的大学生群体中，有39.2%的人懂得避孕知识并采取了一定的避孕措施。这意味着有约60%的人处于相对的"危险"状态，即将或者已经感染和患上性病、妇科病，甚至是可怕的艾滋病。这样便不可避免地引起恐慌与焦虑，产生自我否定意识。对已发生性行为的，只有40.5%的男生和19%的女生持肯定态度，有近80%的女生担心怀孕，恐惧、自责及懊悔的男女生占有相当比例。这些同学对其行为既不能从行为上控制，又不能从理智上接受，产生严重的心理冲突。特别是女生，她们是性行为后果的直接承担者，婚前性行为给女性带来的生理、心理上的危害程度大大抵消了性行为的快乐感受。

5. 针对婚前性行为,应主要解决的心理困扰

(1) 观念与行为上的矛盾。有的学生受观念的影响,不假思索地就发生了婚前性行为。一旦发生了性行为,就要承受相当大的心理压力。我国传统的文化道德观念、国情、高校的校纪校规,对这种行为都有相当大的唾弃感,给双方带来过度的紧张与不安。尤其是女生在发生性行为后又觉得非得嫁给对方不可,潜意识里又反映了从一而终的封建观念。这种矛盾没有处理好,极容易造成心理上的不平衡,以致身心受到伤害,造成终生的遗憾和悔恨。

 **案例分析**

某女生进入大学后,认识了一个男孩,他们是老乡。男孩在女孩初次离家孤独时给予了很多的安慰和帮助,不知不觉他们相恋了。随着交往的深入,他们也都彼此从身体上接纳对方。于是,在一个晚上,他们有了第一次。虽然他们还在恋爱,可女孩每次跟男孩在一起都会想到性,感到恐慌,经常觉得所有人都知道他们的事,睡眠有障碍,上课注意力不集中,产生性幻想。她陷入了深深的担忧中,担心以后分手怎么办,不知道如何面对。

(2) 精神与肉体的矛盾。人类的性爱本应是精神与肉体的至美和谐的统一。对于大学生所处的这个特定的恋爱阶段,恋人之间保持一定的神秘感有利于双方精神的探索与追求。如果一开始就是肉体上的亲热,似乎得到了性满足,似乎爱情比以前更甜蜜,原以为性生活很神秘,现在尝试过了,觉得不过如此,彼此间距离的美感就不存在了,原来不满意的地方就更突出了。一旦爱的偶像逐渐坍塌,光环感消失,就会觉得原来想象中的"爱"只是一种性的需求。

(3) 理智与情感的矛盾。对已发生了婚前性行为的大学生,会出现自责或怨恨对方的情况。恋爱中的性行为不但影响了男女双方的学习,浪费了大学时期的宝贵光阴,尤其是给女性的身心带来了极大的伤害:担心怀孕,未婚堕胎,害怕影响声誉,轻率的性行为使女性在丧失了纯洁之后又遭男方遗弃。理智上本不愿再发生这种行为,但由于对性的需求可能变得难以自控。在这种种矛盾之下,当事人不仅因为当初的草率之举而后悔,又会对自己的这种行为失控而谴责自己,内心懊恼不已。

 **知识拓展**

美国学者认为:"青春期的女性比男性更注意性亲密的一个先决条件——感情。而青春期的男性则更多地希望发生性行为,却较少注意精神方面的影响。"青春期的男女在身心方面的差异会导致情感的破裂,并且大学期间的性行为所带来的心理负担和生理变化,会严重影响学习。性的生理成熟不等于心理的成熟,大学期间的很多恋爱同居的行为是轻率的、不负责任的。

6. 预防发生性行为的措施和有了性行为的应急办法

(1) 女性在与男性谈恋爱时,注意不要穿过于性感暴露的服装。研究表明,女性对男性往往注意言语等反映精神层面的内在素质,而男性对女性则往往通过视觉观察注意女性的容貌身材等外在的身体条件。过于性感的服装容易刺激男性的性欲。女性在男方提出性暗示和性要求时,应当尽量转移话题,把谈话内容转移到其他方面,理智地帮助男方克服性冲动。经验表明,对性行为有克制力的女性更为男方所敬重,有理智的爱情会带来真正的幸福。

(2) 在无法克制彼此的性冲动时不要忘记使用安全套,要尽量避免怀孕,预防性病与艾滋病。女性在大学期间未婚先孕,身体发生的变化会影响或中断学业,还会由于违反了大学的规定,受到包括勒令退学在内的种种处罚,这样会给男女双方的心理造成极大的压力。所以,在实在无法克制性冲动的情况下,女生一定要避免怀孕,尽量把影响学习和前途的不良后果降至最低程度。

(3) 发生性行为后如果发现怀孕,应当尽快到正规医院去处理,不要擅自堕胎或到不正规的私人诊所去做人流。因为人流处理不当,会导致生命危险或严重的妇科炎症。一些严重的妇科炎症破坏女性的生育能力,导致终身不孕,这将给未来的婚姻生活蒙上阴影。如果发生了以上情况,要寻求能够真正帮助你的通情达理的母亲或亲友的帮助。

(三) 性伤害的心理困扰及其调适

性伤害是指由性行为给受害者心理上造成严重的性体验现象。这类性行为本身可以是侵犯性的、违法的,也可以是非侵犯性的,但其行为后果都给当事人造成伤害,或产生长期消极退缩、回避人际交往、自尊心严重受损等心理反应。

大学生要尽量预防和避免性伤害。首要的就是恋爱中学会自我保护。恋爱期间应尽量避免发生性关系,理智地抵御种种性诱惑。事实证明,大学期间以恋爱的名义而发生的性行为对女大学生身心的伤害和影响最大。遇到性伤害后,要从以下几方面进行调适:首先是重新认识性伤害的社会特性。应该看到,任何社会都存在性伤害。不要一味地谴责自己、嫌弃自己,或是怨恨自己的不幸,应该吸取经验教训。正因为受过伤,才更懂得怎样保护自己。其次是面对现实,肯定自我。遭受性伤害对于任何人来讲都不是一件好事,但通常并没有糟糕到受害者个人主观臆断的那种程度,更不意味着一个人的未来没有希望。人生没有绝对的完美,关键是要面对现实,承认并接纳现实,不要嫌弃自己,更不要否定自己。再次是要树立新的生活目标,重塑自我。

(四) 对待性骚扰和性暴力的自我保护

1. 对待性骚扰的自我保护

男女生在成长的各个阶段都有可能遇到程度不同的性骚扰。性成熟时的女性更有可能遇到性骚扰。在我国的大学里,由于遭遇过性骚扰的人对性骚扰采取隐忍的态度,不愿公开揭露,很少有学生提出正式的骚扰抱怨,但校园内的性骚扰却存在着。一位女作家在她的一篇文章里曾这样写道:"凡是有女性涉足的场所,几乎都存在着不同程度的性骚扰。"这句话也许能从一个侧面说明性骚扰这种不良的社会现象在我们生活中的现状。研究表明,女性比男性更易受到性骚扰,性骚扰会导致女大学生心理产生恐惧、抑郁,影响学习情绪,出现头疼、失眠等身体症状,从而导致成绩下降。当遇到性骚扰时应当保持镇定,不可惊慌失措。

 **案例分析**

  20岁刚出头的女青年小黎,在距家4公里的工厂上班。2003年7月的一天早晨6时许,她像往常一样骑着摩托车去上班。车到空旷之处,一直尾随小黎车后的男青年夏某突然加速与她并行,并开始用不堪入耳的言语挑逗、调戏小黎。小黎严词痛责夏某。夏某见调戏不成,恼羞成怒,伸手摸向小黎的胸部,然后仓皇驾车加速逃离。遭到羞辱的小黎没有忍气吞声,而是勇敢地驾车追赶夏某。在即将追上的瞬间,小黎不慎连人带车摔倒。当日,被送往当地医院住院治疗,被诊断为面部外伤、舌体撕裂伤、上下唇撕裂伤等。住院治疗17天,小黎先后花费医疗费一万余元。

  事发后,公安机关对夏某进行了行政拘留。夏某主动赔偿小黎8000元。小黎出院后,俏丽的脸庞上已是疤痕累累,精神上受到巨大打击。一怒之下,小黎将夏某告上法庭,要求夏某赔偿医疗费、误工费、护理费、营养费、交通费、今后医疗费及精神损害赔偿费等。

  当遭遇性骚扰时应采取以下措施:

  (1) 应当与骚扰者面对面谈清楚,告诉他你的不快。在多数情况下,这是面对骚扰者说服他停止骚扰的最佳方式。但在你受到了严重的伤害或处于危险之中时,这种方法可能无效。

  (2) 对骚扰者必须给以严厉还击,明确而坚定地表明你的立场。说话不要模棱两可,以免对方误解或给对方钻空子。

  (3) 女性要自尊、自信、自立、自强,在学习和工作中消除懒惰、依赖心理和不劳而获的占便宜心理。

  (4) 尽量避免与骚扰者单独相处,或避开那些容易引起骚扰的场所。

  (5) 平时说话应当不卑不亢、大方自然,避免使用亲昵和暧昧的语言;在学习和工作场所不要穿过于性感、暴露的服装。

  (6) 对于屡教不改的情况严重的骚扰者,可以收集证据并且从他人那里获得支持你的证据。你可以向同事和朋友咨询以寻求社会支持,向上级领导反映,或诉诸法律。

  2. 对待性暴力的自我保护

  (1) 要了解、避免性暴力的措施

  ① 了解你的性格以及对待性暴力的反抗能力。当周围有男性时,如果你显示出坦然自信的精神面貌,男性的性暴力念头会减弱甚至消除;如果你显示出自卑或羞涩,男性的性暴力念头则会增强。研究表明,一对一的性暴力不是很容易实现的,如果你在身体受到攻击后有相当强的反抗能力,你的行动也可能会阻止性暴力的继续发生。

  ② 避开这样一些特殊男性群体:认为自己处于主导地位、女性应当服从他们的男性;试图引诱你大量喝酒或参与看黄色影碟的男性;对他人有身体上的暴力行为,残忍地对待动物、儿童的男性。

  ③ 避开某些情境和场所。坚持去公众场所,避免去偏僻的人烟稀少的地方。夜晚行走,最好是结伴而行。如果单独行走,则走在人行道的中间,在光线较好的人行道行走。

如果怀疑被跟踪,去最近的有灯光的房屋或人多热闹的地方寻求帮助或躲避。如果遇到危险,就大声呼救,迅速打电话报警。

④ 降低遭遇性暴力的风险。有很多性暴力并不是来自陌生人而是来自熟人。在与熟识的男性约会时,必须保持清醒的头脑,避免饮酒。女性如果喝醉酒,就等于是为性暴力的发生创造了条件。如果对方力劝你大量饮酒,你应预感到将会出事,适时终止约会回家。如果你不喜欢某个男性的行为,你要相信自己的直觉,迅速离开他。

(2) 在即将遭遇性暴力时的应对措施

① 保持冷静。尝试说服攻击者放弃攻击你的念头。人的心中总有善的一面,即使身处险境,也应尽量用各种方法,主要是用语言来唤起歹徒心中残存的善,使对方认识到自己行为的非正当性。

② 试着逃跑。如果周围有其他人,你可以用语言和行为吸引或告知人们你的状况。

③ 用身体反抗。攻击对方最脆弱的部位,如男性的裆部,以使自己有机会逃脱。无论你使用哪种反抗措施,你必须心中有数,要以保全自己的生命为前提。

(3) 在性暴力无法避免时的应对措施

① 生命安全第一。如果对方将凶器对准你,在说服无效的情况下,你要明白你已经尽力了,活着比被杀害或伤害要好;如果反抗失败不要感到内疚。

② 即使被侮辱后,也要认识到自己仍然处于危险境地。在对方让你离开时,不要用过激的语言和行动激怒对方,否则,局面将更糟。

③ 如果被侮辱,应当保留证据尽快报案,告诉家人或能援助并关爱你的人以取得他们的安慰和帮助。

知识拓展

婚前性行为可能产生的危害

1. 给女方心理带来极大压力

婚前性行为的发生,有时是女方主动提出的,而更多的是男方要求女方迎合或女方抵御不了。但事前事后男方和女方的心理状态是大不相同的,它给女方造成的心理压力,如恐惧、自卑、冲突等,便会接踵而来。调查发现,有27.3%的女性性交后怕怀孕,21.3%的女性很懊悔,21%的女性惧怕败坏名誉。在接受人流手术时,怕手术痛苦者占48.4%,不敢告诉家长者占17.3%,不在乎者占13%。手术后怕产生后遗症的占62.3%。怕失恋后不易再找对象的占20.7%,无所谓者占17%。

2. 给女方身体健康造成严重影响

在不想生育的前提下受孕,其补救措施就是人工流产。对婚前性行为者来讲,人流的不良后果有三:一是不能正常地恢复身体的健康状况。有的女青年为了不让别人知道,做完手术后不休息,立刻去上班、学习,严重影响了健康状况的恢复,甚至导致大出血。二是容易损伤生殖器官,出现意外事故。有的青年不敢去医院人流,找那些"江湖"医生,在极不科学的条件下施术,使生殖器受到很大损伤,有的甚至送了命,也有的遭到品质恶劣的

"江湖"医生的凌辱,身心均受摧残。三是引起许多并发症。医学研究和临床资料表明,人流对女性可造成月经量少、闭经、性冷淡、不孕、再次妊娠易导致流产、子宫内膜异位症、生殖器官炎症、前置胎盘、胎盘粘连植入、子宫穿孔、产后大出血,甚至引起宫颈癌等。

3. 使恋爱关系出现不利于女方的发展趋势

在未发生婚前性行为时,恋爱双方是相互平等、自由选择的关系。可发生之后情况则有所不同:一是双方吸引力比过去逐渐减弱。原以为两性关系很神秘,现在变得"不过如此",过去的光彩、魅力显得不夺目,不充满力度了。二是女方再选择机会减少。原来男方十分迁就女方,自女方委身于他之后,便以为"她再也离不开我了""非我莫属了",故对女方开始态度随便、任意支配。反之,女方则因把"贞节"已交给他了,"已经是他的人了",可又担心男方改变初衷,唯恐被抛弃,于是对男方一再迁就、容忍,即使发现他有较大缺点,可事已至此,只得将就成婚,贻误了终身大事。调查表明,性交后女方想报复男方的占10.7%,既悔恨又摆脱不掉男方的占21.3%,其缘概出于此。三是使男方对女方的猜疑开始萌生。恩格斯曾讲"性爱是排他的",女性如此,男性也不例外。男子总希望女友只信任自己,对自己开放,一旦与之发生关系,便又开始猜疑女方,"她对别人是否也这样"?若女方过去已谈过几个对象,这种疑心就会加重,或导致中止恋爱关系,或婚后生活不和谐。

4. 使新婚蒙上阴云

新婚是人生最快乐的事件之一,但婚前有过性行为或新娘子已有孕在身,这样的新婚就会失去应有的欢乐,蒙上一层阴云。就新婚夫妇而言,双方已没有新鲜感,只不过走走形式;周围人也会有议论、看不起,以为"有伤风化"。虽然传统观念中有些东西比较苛刻,但要一下子扭转"国情",对传统文化进行扬弃并非轻而易举。

5. 给婚后生活造成诸多不愉快

婚前性行为往往是在提心吊胆、唯恐别人发现的"犯罪感"心理状态下进行的,缺乏良好的性生活环境,双方不仅难以从中体验到性快感,反而留下了痛苦的性经验,容易造成夫妻某一方的性功能障碍,如性冷淡、阳痿等,导致夫妻性生活不易和谐。婚前性行为没有法律保证,女方因被抛弃而受哑巴吃黄连之苦,就会对男方怀恨在心。婚后将此苦诉诸丈夫,丈夫愤愤不平,就会找"负心汉"讨公平,造成纠纷、违法事故,甚至引火烧身,导致家庭不幸。婚前性行为,目前正呈现数量愈来愈多、年龄愈来愈小的发展趋势,已成为世界普遍关注的社会问题之一。近十年来,据国内、外大范围调查表明,社会对婚前性行为的认可程度,在国外也并非全都允许,比例在60%~70%之间,国内虽有所松动,比例也仅达30.5%。

6. 永远失去了新婚之夜的甜蜜

新婚之夜是迷人的。男女双方接受了亲友美好的祝福,其一切性行为不但合乎两个人感情发展的需要,遵循个人自然欲望,更被社会认可,并受到了法律的保护。在那个时候把你和他的灵和肉结合在一起,这是新鲜的、神秘的、永远都值得回忆的。有人说:"这是一个使人兴奋激动而又迷人的时刻。"在这样的时刻,一切关于男性和女性的最后一帷轻纱都将被揭开,一切神秘的关于男性和女性的传说都将被证实。唯其秘密,所以我们必须谨慎,以使新婚之夜的记忆永刻在相互心灵的丰碑中。神圣的新婚之夜也会极大地召唤男女双方的使命感和责任感,让他们明白自己在以后生活中的责任和义务,为将来建立一个稳定和谐家庭打下基础,这才是神圣的"新婚之夜"最重要的使命。可是,对于发生婚前性行为的双方来说,"新婚之夜"已经永远丧失了。"生活在一起"对他们来说已经没有任何新鲜感和神秘感了。婚姻对他们来说已经程式化,甚至成了可有可无的"鸡肋"。而同居关系则为以后维护女方的正当权益埋下了祸根——要知道,婚前同居可是你们自愿的,没人拿刀逼迫你,它也不会为社会认可,为法律所保护。如果你将来的正当利益受到了侵害,我们只能对你们报以同情,却无法帮助你们。要知道,社会和法律认可并保护的是他的合法妻子。那些婚前性行为的男女偷偷摸摸、十分草率地撕去了男女之间的最后一层轻纱,但没有条件让你去仔细品尝爱的甜蜜。他们的性欲匆匆来又匆匆去,除了留给他们一些原始的刺激和沉重的负罪感以外,什么也没有留下。这一切怎么能和那朦胧的、温柔的、蒙着玫瑰色轻纱的新婚之夜相比呢?他们实在是把应该加倍珍惜的东西给浪费了。

7. 会引起许多矛盾和纠纷

由于婚前性行为可能造成遗弃、未婚先孕、丢脸、怨恨、报复、暴露马脚、受到惩罚等许多后果,所以常常会引起某些意外事故。

第四节 大学生性心理健康教育对策

现代性教育起源于19世纪末20世纪初的美国。1912年,世界卫生组织首次使用"性教育"一词。

一、国内外性健康教育的状况

(一)国内

我国的性教育在改革开放前几乎是一片空白。20世纪70年代后期,我国打破了性教育的禁区,国家从立法和政策上对性教育作出了一系列规定。

首先,从教学大纲和健康教育来规定性教育的内容。1978年颁布的全日制十年制学校《中学生理卫生大纲》(试行草案)中指出:"必须重视青春期卫生、晚婚、计划生育的教育。"1988年,国家教委、计生委颁布的《关于在中学开展青春期教育的通知》,明确规定:"青春期性教育包括性生理、性心理和性道德教育三方面,以社会主义道德教育为核心。"1993年,国家教委颁布了《大学生健康教育基本要求》,其中性健康教育占有重要地位。1995年,国家教委体育卫生司印发的《关于在各大、中学校开展"加强预防艾滋病教育及搞好控制艾滋病宣传活动"的通知》中指出:"高等学校和普通中学要把青春期教育与预防艾滋病、性病教育结合起来,要加强性道德教育,提倡洁身自爱,要教育学生防止性失误。"1999年,我国社会主义建设新时期首部青春期性健康教育系列教材出版,填补了我国青少年性健康教育系统教材的空白。至此,我国青少年性健康教育迈入了普及阶段。

其次,从国家法律和法规方面提供性教育的法律依据。2002年施行的《中华人民共和国人口与计划生育法》第十三条明确规定:"……学校应当在学生中,以符合受教育者特征的适当方式,有计划地开展生理卫生教育、青春期教育或者性健康教育。"这为在学校实施青春期性教育提供了法律依据。

(二) 国外

1. 瑞典

瑞典是世界上最早开设性教育课程的国家之一,从1942年开始对7岁以上的少年儿童进行性教育。教师采用启发式、参与式和游戏式的教学方法,在小学传授妊娠与生育知识。1957年,瑞典国家教委制定了性教育指导要领;1966年,瑞典又尝试通过电视实施性教育,打破了家长难以启齿谈"性"的局面;1970年,性教育范围扩大到瑞典所有学校。1975年之前,他们偏重于生理教育,此后逐步增加了性道德、性评价等教育内容。瑞典的性教育有五个突出特点:一是非常实用;二是从幼儿期就开始;三是性科学教育一步到位,详尽、细致,不兜圈子;四是覆盖面广,不仅在学校已有完整的性教育课程体系,而且性教育已深入社区及社会生活的各个层面;五是开展广泛的国际合作。

瑞典的性教育很有成效,在学校专门开辟了性教育课,教导学生们如何对待异性朋友、对待感情、对待早恋等,高度重视他们的青春期心理问题,并为孩子创造一些同异性接触的机会,教育他们理智地对待和异性的交往,不去跨越友谊的界线。

2. 日本

日本文部科学省出版的小学第一册《卫生》课教科书封面,就有女性和男性的性器官图。日本初中、高中还会设立由专家学者成立的"协助者协会",负责向学生提供各种性咨询、性教育,并编写性教育指导手册。

3. 新加坡

新加坡推出多媒体"成长岁月"。新加坡教育部制定了一个系统的性教育方案,重心放在严格控制性行为、性年龄上。并为中学低年级学生设计了一套多媒体性教育教材《成长岁月系列》。

同时,新加坡政府对社会上一些不良的影视出版物、网络黄毒等大力抵制,严厉打击各种诱使少女犯罪的不法分子。

二、性心理健康的标准及性健康教育的内容

(一) 性心理健康的标准

1. 健康的性心理

(1) 正确认识自我,愉快接纳自己的性别。

(2) 具有正常的性欲望。

(3) 性心理的特点和性行为符合相应的性心理发展年龄特征。

(4) 具有较强的性适应能力。

(5) 能和异性保持和谐的人际关系。
(6) 性行为符合社会文明规范。

2. 不健康的性心理
(1) 性作为消除疑虑的手段。
(2) 性作为心理的"麻醉剂"。
(3) 性作为可交换的条件。

(二) 大学生性健康教育的内容

根据性教育的目标,性健康教育的内容可以概括为:
(1) 学习性知识。提供关于人体性潜能的科学而准确的信息。例如,人体的生长发育、身体构造、人的生殖心理、性心理等。
(2) 提供关于对性的态度、价值观和行为选择的教育。
(3) 进行处理人际关系与两性关系的技能训练。
(4) 进行责任感的教育。包括洁身自爱、抵制压力等。
(5) 进行有关性病、艾滋病、性传播疾病知识及预防控制知识的教育,以减少这些疾病对大学生的危害。

三、加强大学生性心理健康教育

(一) 以健全人格的培养为根本途径

对于大学生而言,性心理问题的核心就是自尊、自制和责任心的问题。因此,性心理成熟的过程也是自我完善的过程,培养健全人格正是解决各种性问题的根本途径。在面对性问题时,人格健全的人会自觉抵制各种不良刺激的影响,克制自己的欲望,尊重自己,尊重他人,使其能够以负责任的态度来面对"性"这件事。把性心理健康教育上升到健全人格培养的高度就是要结合大学生性心理发展的规律,对其进行社会价值观、个人意志品质、心理调节能力和社会适应能力等多方面素质的综合培养教育,以协调性心理发展与人格发展之间的关系,缩小性成熟与人格成熟之间的差距。

(二) 提倡爱情教育

结合爱情教育进行性教育,就是要通过培养大学生成熟的爱情观、责任感、恋爱动机和男女平等意识,达到理顺性心理与恋爱心理之间关系的目的,进而带动个体性心理的健康发展。大学生已进入正常的恋爱季节,许多人已开始恋爱。因此,大学生的性心理活动常常与恋爱心理联系在一起。爱情对欲望有一种自然抑制力。当一个人仅仅因为害怕得性病而不敢偷越雷池时,可能还会心存侥幸而放纵自己的欲望;但当一个人意识到爱情的神圣和责任时,他就会以审慎的态度去对待自己的欲望,用理性去护卫纯洁的感情。对大学生而言,纯洁的感情是真爱与淫乱的分水岭。如果缺乏真正的爱情,恋爱心理就容易被性欲冲动所主宰,从而影响双方感情的正常发展。

(三)加强道德伦理教育

人类社会的进步不仅是与自然协调共处的过程,更是与自身本能协调共处的过程。我们不能无视西方性革命对西方社会带来的巨大危害以及对我国造成的冲击,片面地认为性只是个人私事。性的社会属性也决定了性从来就不是一种个人私事,特别是发生在校园中的性行为。因此,大学生必须按照社会的规则来适当约束自己的性行为。用道德控制人的性欲望和性行为,也是人与动物相区别的标志。

第一,在性问题上,应当旗帜鲜明地给学生指出什么是正确的,什么是不提倡的,唯有旗帜鲜明地反对不正确的价值观,性教育才能产生有效的力量。把社会中存在的共同的、基本的、普遍适用的性价值观灌输给大学生,有助于引导他们进行正确的自主选择。

第二,强化两性关系中的尊严和名誉心理。维护自己尊严和名誉的心理,是性心理中具有积极能动性的激励机制。它以强烈的情感和情绪激励人们树立正确的善恶观和荣辱观,促使人们形成自尊、自爱的道德心理,激励人们无论在任何环境和条件下都能抵御诱惑,坚守节操。维护尊严和名誉的性心理是性道德得以产生和发展的坚实的情感和心理基础。在性道德教育中应特别注意强化这方面的教育,使人们获得性道德发生的深刻强烈的内在动因。

第三,注意性道德教育方法的灵活多样性。克服过去"一张嘴""一本书"的单一的方法,注意双向沟通,用感化的方法,尽量做到以理服人,以情感人。在教育的方法手段上,除运用广播、电视、报刊、网络等载体传播性教育信息外,还要利用广告、宣传画、印刷品等媒介,把抽象的道理通过直观的形象表现出来,以增强性道德教育的生动性和趣味性。

(四)加强性知识的传授

通过性知识传授,大学生可以懂得必要的性知识,正确对待青春期出现的一些性生理、心理现象,对性欲冲动保持理智的态度,使他们学会保护自己、调节自己、爱护自己、发展和完善自己,更好地防止在成长发育期间产生性生理疾病和性心理障碍,同时为今后的婚姻生活提供必要的知识储备。另一方面,让大学生通过公开、健康、科学的方式和途径获取有关性的知识,以满足他们对性知识渴求的心理,避免被黄色书刊、盗版光盘、网络等淫秽的性信号刺激、误导和毒害。在性知识传授中,性社会知识的传授应放在突出的位置。

数十年来的性学研究发现,一个人有没有可能从事某种性活动,要看他知道不知道该活动到底是怎么回事;而是否真的去从事这种行为,却取决于他是否"认同"该活动,以及有没有认同时的安全感。国际性教育学界从 20 世纪 80 年代开始,把"性的社会知识"作为性知识的重要内容来宣传教育,主要内容有:在历史上和现实中,人类各式各样的性活动究竟各占多大比例?各种性活动有哪些生物的、社会的和文化的制约或促进因素?人们为什么会对某种性活动产生特定的看法?社会是如何管理人们的性活动的?如果不传授这样的性社会知识,性教育就无法最大限度地发挥应有的引导作用,性道德教育也就会失去坚实的科学基础。

 知识拓展

同 性 恋

　　同性恋,又称同性爱,是性取向之一,是指只对同性产生爱情和性欲的人,具有这种性取向的个体被称之为同性恋者。在人类以外的其他动物中,也普遍存在同性性行为,但这与基于高级情感的人类同性恋不可同日而语,这也是人类多元化发展的一种具体表现。

　　中国在2004年首次公布了同性恋的人数。根据卫生部统计,男同性恋的人数为500万~1000万。同年,中国研究同性恋问题的著名专家张北川教授估计,女同性恋的人数也在1000万左右。2006年,中国疾病预防控制中心再次公布了男同性恋的人数:中国有2000万左右的男同性恋者。2014年,根据科学研究院的平均统计,中国的同性恋人数可达7000万,其中男同性恋者的人数在3000万以上,女同性恋者的人数在3500万左右。

　　2012年5月17日,世界卫生组织驻美洲的办事处泛美卫生组织,就性取向治疗和尝试改变性取向的方法,发表一份用词强烈的英文声明"Cures" for an Illness that Does Not Exist,即《为一种不存在的疾病"治疗"》。声明强调,同性恋是人类性取向中的一种正常类别,而且对当事人和与其亲近的人都不会构成健康上的伤害,所以同性恋本身并不是一种疾病或不正常,并且不需要接受治疗。世界卫生组织在声明中再三指出,改变个人性取向的方法,不单没有科学证据支持其效果,而且没有医学意义,并会对身体及精神健康甚至生命造成严重的威胁,同时亦是对受影响人的个人尊严和基本人权的一种侵犯。世界卫生组织亦借发表该声明提醒公众,虽然有少数人能够在表面行为上限制表现出自身的性取向,但性取向本身是个人整体特征的一部分,不能改变。

　　2015年6月28日,在美国纽约曼哈顿,帝国大厦点亮彩虹灯庆祝同性婚姻合法。当日,纽约举行一年一度的同性恋大游行。美国最高法院26日以5比4的投票结果裁定,同性婚姻合乎宪法。这一裁决结果意味着同性婚姻在全美50个州全部合法。

(五) 培养大学生多方面的兴趣

　　对大学生进行性心理健康教育,不能无视青年期个体经常涌现的性冲动。这种标志着个体性成熟的性欲冲动,无论是来自体内,还是由外界因素引起,都必须有合理的途径加以疏导,一味压抑或放纵都可能导致性心理与行为的异常。对于人格成熟的人来说,适当的意志调节和合理的升华作用都是有效的处理方法。然而对于人格尚未完全成熟的大学生来说,则必须通过健康有益的文体活动来转移兴奋点,实现性能量的合理宣泄。事实上,任何健康有益的兴趣活动都是转移、宣泄性冲动的有效方法。因此,把性教育与培养大学生多方面的兴趣、爱好结合起来,也是增进大学生性心理健康的有效途径。

 知识拓展

　　在各大院校的附近,餐饮业、网吧、美发、酒吧、歌厅生意火爆,到了消费时间,几乎家

家爆满,很多精明的商家选择了在此投资。除了这些行业,还有一项服务在这个区域很火,就是旅店业。尽管家家的门窗遮挡得严严实实,但从进出的客流、老板的言谈以及商家挂出的"客满"的招牌就可以看出来,客人是不愁的。在这里几乎很少看到背着旅行包的投宿客人,几乎完全是学生在消费。学校有大小不等的宾馆旅店。晚上,在小区周边散步的时候,经常会看见大学生们出双入对,有的行色匆匆,有的神色坦然,就像进饭店一样自然。有的时候还会看到女学生在旅馆门前的扭捏犹豫,看到女孩在男孩怀里挣扎着。这时候我想,她的心里一定在激烈矛盾着,这应该是女学生的第一次。每当看到这样的情形,我都有一些替女孩子担忧:已经到了旅馆的门前了,拒绝的勇气还能有多少呢?而在周边的居民出租房中还有相当一部分学生在一起以夫妻身份像模像样过起了日子。

一方面是旅店的火爆,另一方面就是医院妇科的"火爆"。在此,把火爆用引号引起来,是因为实在不忍心这样形容。可是,每天开门就有许多学生模样的女孩子来做妊娠化验(其中相当一部分做化验是不来医院的,尤其,这附近是医科大学)。

听一位在医院妇产科工作的朋友讲,她看到有相当一部分女生已经多次来堕胎,而且基本选择的是药物流产,而药物流产对人体的伤害是非常大的。

 **本章小结**

本章主要介绍了大学生性心理的发展特征、大学生性心理困扰及调适、大学生性心理健康教育对策。通过本章的学习,同学们要了解性心理的发展特点和大学生性心理的困扰问题及调适方法,并熟悉大学生性心理健康教育的对策,对自己的生理特征有正确的认识,能够合理地处理自己在性心理方面的问题。

 **心理训练**

盲人闯雷阵

教具:
实心球若干个。

场地布置:
在10~15米长的前进道路上,无规则地放若干个实心球。

方法:
每人预先选择捷径通过一次,碰球为失败,看哪个能闯过雷阵。

规则:
1. 不允许睁眼睛看。
2. 不许出声或其他暗示。
3. 碰球人不许继续前进,立即将球放回原处。
4. 练习人注意开始的前后间隔,以免碰撞。

思考与练习

1. 大学生性心理发展的特征有哪些？
2. 如何看待婚前性行为？婚前性行为的危害有哪些？
3. 根据自己性生理和性心理的变化，试分析采取何种方式进行调适。

第九章　互联网与心理健康

 引　言

网络以其数字化、信息化的生存状态和虚拟性、交互性、共享性的特点,介入了大学生的生活中,使大学生在学习方式、交往方式、消费方式、闲暇方式等方面发生变革的同时,也对大学生的心理健康及人际关系产生了深刻的影响。在面对与网络相伴而生的各种各样的心理状态,我们必须充分关注并采取相应的疏导和调适措施,正确对待和使用网络。

学习目标

1. 了解网络对大学生身心健康的影响。
2. 了解大学生常见网络心理问题。
3. 树立正确的网络观。

 案例分析

小赵曾是大学二年级学生,由于学习成绩问题现已退学。他来自青海农村,父母都是农民,是父母省吃俭用供他上学。小赵上大学后,接触到了很多新奇的事物,这些新奇的事物让他大开眼界。同时,他觉得自己出生农村,家境贫寒,有一种强烈的自卑感。网络游戏在这个时候走进了他的生活。他说在游戏里没有了成长的失落,找回了自信,找到了目标,还结识了一群志趣相投的朋友。通过自己的努力,他成了服务器的老大,可以受到其他人的尊敬,这在日常生活中是没有的。通过别人的劝说和引导,他也几次想戒掉网瘾,可是一不上网就像没头的苍蝇,没了方向,甚至情绪低落,烦躁不安。无奈,他只好办理退学手续。

互联网的迅猛发展,电脑的功能急剧膨胀,一下子把大家带到了一个更为多彩的新世界。它令人着迷,尤其令大学校园里这一群朝气蓬勃的年轻人着迷:网络包罗万象的特点能够满足青年大学生的好奇心与求知欲。有的学生没有想过要对自己的上网行为加以适度控制,更不会在网上有效地进行自我保护。由此,长时间的上网产生了一系列的身心健康问题,如视力下降、神经衰弱、思维迟钝、陷入畸形网恋等。因此,导致学业荒废,严重者甚至危及生命。

第一节 互联网与大学生

一、互联网的形成与发展

1960年,利克里德尔发表了一篇文章《人机共生》。在文章中,这位罗切斯特大学(University of Rochester)的行为心理学博士、麻省理工学院从事听说研究的学者写道:"用不了多少年,人脑和电脑将非常紧密地联系在一起。"文章还预测,在不远的将来,"人通过机器的交流将比人与人面对面的交流更有效"。这样大胆和超前的预测,如果不是在43年后的今天,互联网已经风行全球,确实让人难以相信。实际上,就在利克里德尔发表这篇大胆的文章的同时,互联网的研究已经在美国悄悄地拉开了帷幕。

1969年,美国国防部出于战略考虑,资助建立了一个名为ARPANET的网络,把加利福尼亚大学、斯坦福大学,以及位于盐湖城的犹他州州立大学的计算机主机联接起来,这是互联网的雏形。1971年,ARPANET上的网点数达到了17个。两年之后,ARPANET上的网点数又翻了一番,达到40个,各网点间可以发送文件。1972年,第一届国际计算机通信会议在美国华盛顿举行,会议决定成立Internet工作组,负责建立一种能保证计算机之间进行通信的标准规范,即"通信协议"。1974年,IP协议和TCP协议问世,合称TCP/IP协议。该协议的问世,最终带来了Internet的大发展。

1986年,美国国家科学基金会(NSF)投资,在普林斯顿大学、匹兹堡大学、加州大学圣地亚哥分校、依利诺斯大学和康奈尔大学建立了5个超级计算中心,并通过通信线路互相连接,形成了NSFNET的雏形。由于NSF的鼓励和资助,很多大学、政府机构甚至私营研究机构纷纷把自己的局域网并入NSFNET中。至1991年,NSFNET的子网增加到3000多个,成为Internet的基础。到1993年,WWW(World Wild Web)和浏览器的开发应用,为互联网赋予了新的魅力:网民在网上不仅可以看到文字,而且可以看到图片、声音、动画等等。从此,互联网日益变成一个丰富多彩的全新世界,以超出网民想象的速度获得了快速发展。至2002年底,全世界上网人数已达6.55亿。

互联网(Internet)作为一种崭新的信息技术,把网民带入了一个真正的信息时代。今天网民不仅可以通过互联网了解世界、学习、购物,而且可以在网上交友、聊天、开会,甚至玩游戏、赌博等,互联网正在改变网民的学习方式、工作方式和生活方式。

大学生始终是新生事物的促进派,站在时代的前列,代表着事物的发展方向。在网络大潮汹涌而来的网络时代,作为时代"弄潮儿"的大学生们自然也不甘落后,始终扮演着互联网忠实追随者的角色。1997年,中国互联网络信息中心开始进行中国互联网络发展状况统计。该统计包括我国互联网络上网计算机数、用户人数、用户分布等十几个方面,是目前我国关于互联网发展情况的规模最大、权威性最强的统计调查。到2003年1月,该统计已经进行了11次。在已经进行的11次统计中,青年大学生一直是网络用户的主力。

如在2003年1月公布的第十一次中国互联网发展状况统计报告中,我国共有互联网用户5910万。其中,18到24岁的用户占总用户数的37.3%,在各年龄段中居首位;大专和本科文化的用户占53.7%,在各文化层次中占首位;学生用户占28.0%,在各类职业类别中占首位。

类似的调查进一步说明了这一点。2000年,香港一研究公司进行的调查发现,香港大学生每星期平均上网五天,每次上网平均为2.5小时。2002年,上海市信息辅导服务公司的调查显示,上海各高校的在校大学生中,接触过网络的人数高达77%,其中经常上网的(指平均每周上网6小时以上)将近35%。这些事实都表明,青年大学生始终是互联网的忠实追随者,上网正逐步成为大学生生活的重要组成部分。

大学生具有创造性强、接受新鲜事物快等特点,但由于涉世不深、追求刺激、喜欢娱乐、自我控制力较弱,他们既成为互联网的极大受益者,又容易沉迷于网络,在心理健康方面受到很大的负面影响。可以说,互联网对大学生来说是一把双刃剑。

二、互联网的特征

互联网具有开放性、全球性、虚拟性、身份的不确定性、非中心化与平等性等特征。

(一) 开放性

互联网的本质是计算机之间的互联互通,以便能够做到信息共享。而且,计算机之间互联互通的程度越充分,共享信息越多,开放性越高,互联网所起的作用就越大。

(二) 全球性

网络拓展了人类的认识和实践空间,"老死不相往来"、终生难以相见的人们顷刻间变成了近在咫尺的网友。庞大的地球在不知不觉中变成了"地球村""电子社区"。人人都可以进入这个"地球村",成为这个"电子社区"的一员;人人都可以在网络上使用最新的软件和资料库,不同的观念和行为的冲突、碰撞、融合就变得直接和现实;网络化还把异质的宗教信仰、价值观、风俗习惯、生活方式呈现在人们的面前。在网络上,经过频繁洗礼和自主选择,不同国家、不同民族、不同生活方式的人们通过学习、交往、借鉴,达成共识、沟通和理解。

(三) 虚拟性

网络世界是人类通过数字化方式,链接各计算机节点,综合计算机三维技术、模拟技术、传感技术、人机界面技术等一系列技术生成的一个逼真的三维的感觉世界。进入网络世界的人,其基本的生存环境是一种不同于现实的物理空间的电子网络空间或赛伯空间。

(四) 身份的不确定性

在现实世界中,人们的社会关系,如亲戚、朋友、同事、邻里、师生等等,在很大程度上是一种"熟人型"的,其交往活动依附于特定的物理实体和时空位置,并受着较为稳定的社会价值观念文化的支撑和规约。而在网络世界里,尽管计算机专家可以将一切信息还原为数字"0"或"1"。换言之,信息在其构成上是确定的,但是信息的庞杂性、虚拟性和超时空特征使得作为行为目的、意义和情感的传播通道并不是清晰可辨的。同时,网络世界是一个开放多元的世界,它跨越了时空的地理界限,但无法聚合历史文化的差异。这些都使得发生在人与人之间的网络交往易变、混沌,网络世界中的人际关系也因此充满了不确定性。不仅如此,在"网络社会"这个崭新的信息世界,主体的行为往往是在"虚拟实在"(Virtual reality)的情形上进行的。在网络技术的帮助下,每个人都可以成为"隐形怪杰",其身份、行为方式、行为目标等都能够得到充分隐匿或篡改:一个白发老翁可以发布电子信号将自己伪装成红颜少女,强盗亦可自称警察而难被发觉,甚至就像比尔·盖茨的那个玩笑:"在 Internet 上没人知道你是一条狗!"

(五)非中心化

互联网以令人惊异的发展速度,把社会各部门、各行业乃至各国、各地区联成一个整体,形成了一个相对自由的"网络时空"。互联网是由世界上许多国家的局域网所构成的。在科学家设计 Internet 的前身 ARPANET 时,军方就要求这个网络没有中心,让信息在网络中能够自由地传播,因此它采用离散结构,不设置拥有最高权力的中央控制设备或机构,这样 Internet 就成了一个绝对没有中心的网络世界。此外,从地理角度讲,Internet 覆盖在整个地球表面上,既没有明确的国界和地区界限,也没有开始和结束。一旦进入这个由光纤电缆和调制解调器构成的世界,你就变成了电子化的飞速运动的"符号"存在。作为小小的个体陷在无边无际的"网"中,无论怎样"挣扎"都将是无能为力的。

(六)平等性

Internet 作为一个自发的信息网络,它没有所有者,不从属于任何人、任何机构,甚至任何国家。因而也就没有任何人、任何机构、任何国家可以左右它、操纵它、控制它。在这里,没有政府机构的监督和管理,所有的用户都是自己的领导和主人,因为所有的人都拥有网络的一部分。在这里,谁都没有绝对发言权,但同时,谁又都有发言权。这样,网民可以充分感觉到自由性与主体之间的平等性。网民可以阅读来自许多外信息源的消息,可以自由选择议论话题,而不必受编辑、新闻出版机构的控制,不必担心自己的言论是否离经叛道。只有平等的网上公民,没有至高无上的网上统治者;只有网络公民之间的平等交流,没有一味的说教者、灌输者或者固定的受众。

(七)个性化

互联网是世界上最大的计算机网络的集合。它将世界上数以万计的计算机、网络互联在一起,既互通信息、共享资源,又相互独立、各自分散管理,没有人比其他人享有更多的特权,权力、阶级、阶层甚至地理位置、国家、民族在网络中都失去了意义。每个网民都有可能成为中心,人与人之间趋于平等,不再受等级制度的控制,个体的个性意识逐渐增强。

三、互联网的影响

互联网的发展,对人类的影响是深刻的、多方面的,不仅改变了人类的工作方式,也深刻影响了人类的生活方式。首先,互联网的发展,使空间距离在很多时候已经毫无意义。地理位置相近曾经是建立友谊的基础,而网络时代的青年则完全不受空间距离的束缚,他们通过网络跨越国界,彼此互相了解。与此同时,网民也可以坐在家里,通过网络完成自己的工作,在家办公和移动办公成为现实。其次,互联网不仅是网民工作的帮手,也是娱乐的工具。互联网的开放性、交互性、隐蔽性等特点,和丰富的图文、声音、动画、软件等形式多样、取之不尽的海量信息,不仅可以帮助网民完成手头的工作、案头的文章,也成为网民闲暇之余的娱乐胜地。在互联网上,不同性别、年龄,不同兴趣爱好者都能够找到自己喜欢的内容,结识自己喜欢的朋友。通过互联网,网民的交往范围显著扩大,选择性明显增强,生活习惯相互渗透、相互影响,世界各地区、各民族之间的生活习惯逐步趋于一致。

但互联网也带来了比较突出的问题。这些问题有:(1) 网络犯罪。网络上时常会非法潜入一些"黑客"或者恶作剧的精灵,进行破坏。Internet 成为犯罪分子开拓的犯罪新领域,网络犯罪由此产生并有愈演愈烈之势,成为网络社会的公害。(2) 传播色情信息。虽然信息内容具有地域性,但 Internet 的信息传播则是全球性的、超地域的,这使得这一问题变得突出起来。因为色情信息和色情服务在某些国家的道德上是允许的,而互联网是全球共享的,这就使得某些国家道德上允许存在的色情信息能够无障碍地在世界范围内传播,从而导致文化道德的冲突。据统计,目前世界上的色情电子信息服务达几十万家,且有相当高的访问度,甚至高于访问学术网点的人数。我国也发现许多通过 Internet 传来的色情信息。由于文化传统、社会价值观和社会制度不同,它对我国的危害更加严重。(3) 网络文化侵略。国际互联网络信息环境的开放性,使多元文化、多元价值在网上交汇,特别是某些计算机网络应用发展得相当普及的西方国家凭借网上优势,倾销自己的文化,宣扬西方的民主、自由和人权观念。这就加剧了电子空间国家之间、地区间道德和文化的冲突。(4) 破坏国家安全。世界上存在着对立的政治制度和意识形态,并不是到处充满祥和与善意。一些国家通过 Internet 发布恶意的反动政治信息,利用信息"炸弹"攻击他国,破坏其他国家的安全。甚至出于一定的政治目的,一些国家想出各种办法,突破层层保密网,直接进入核心的计算机系统的"神经中枢",进行无声无息的破坏。

(二) 网际关系

网络社会中的人际关系,简称网际关系,就是以电脑网络和数字符号信息为中介,在超文本多媒体链接中实现的人—机—人互动基础上形成的人际关系。大学生作为易感人群,网络人际交往给他们的生活方式、价值观念带来的挑战和改变是前所未有的。

一是交往角色的虚拟性。用户只要随便填写一下 E-mail、IRC 或是 BBS 的注册表或者登记表,就可以获得一个相应的身份,并以这个身份在网上进行人际交往。这种虚拟的角色,使交往双方都没有任何心理负担,而有一种为所欲为、肆无忌惮的心理。

二是交往主体的平等性。互联网的发明者宣称,网络提供了一个自由、平等的世界。

无论你在现实生活中的身份是何等显赫,但到了网上,你只不过是一个网民而已,同其他任何人一样无任何特权,大家都是平等的。

三是交往心理的隐秘性。网上人际交往虽然可以通过文字来传情达意,但这种文字交流大多是经过刻意加工的信息,交往的心理也是经过包装的。这种"网交"无论持续多长的时间,网友之间也很难明白对方的"真心真意"。

四是交往过程的弱社会性和弱规范性。在现实人际交往中,十分看重的身份、职业、金钱、容貌、家世等交际主体的社会特征和社会地位,在网上的人际交往中可以全然不顾;在现实交往中要遵守的一些社会规范,在网络交往中也不必遵守,只要按照网络技术要求去操作,就可顺利完成网上人际交往。这种弱社会性、弱规范性的网络人际交往,容易使一些人暂时摆脱现实社会诸多人伦关系的束缚和行为的约束,甚至放纵自己的道德行为规范,从而造成非人性化的倾向。

五是交往动机多样性。异性间的情感交往是大学生网上交往的"主旋律"。异性效应在网上交往中不仅存在,而且表现得很明显。不少人上网聊天、浏览信息的潜在动机在于寻找异性。在追求休闲娱乐和心理享受的同时,也有很多人抱有相机觅友和调情的目的。网络人际交往对大学生的健康成长既有正面效应,也有负面效应。

第二节 网络与大学生心理健康

一、网络对大学生心理健康的积极影响

(一) 网络提供了更大范围的群体环境,有助于培养人际交往的能力

网络交往通过全方位、多层次的信息传输为大学生提供了更方便且范围更大的社会交往机会,使大学生的社会性得到空前的延伸和发展。从一定意义上讲,它给大学生心理健康带来积极的影响。网络的开放性、大众化、虚拟性、直接性等多种特点容易使网上交往打破身份、地位、财产等社会等级的限制,为人际交往提供便利。由于网络交往所具有的间接性和虚拟性特点,使得网络人际交往比较容易突破年龄、性别、地位、身份、外貌等传统人际交往影响因素的限制,为大学生提供了虚拟性的更为广阔的网络交往空间。通过网络跨越国家、民族和种族的界限,走向国际化的大学生更加理解和尊重各国、各民族的文化。

(二) 网络提供了角色实践的场所环境,有助于胜任现实的社会角色

人际交往中,交往者要扮演不同的社会角色。交往环境和交往关系不同,交往角色也会发生变化,交往者所扮演的往往是复合角色。网络为大学生提供了角色实践的"练兵场"。网络创造的"虚拟环境"使大学生能够在其中不断地进行角色学习,理解角色的行为

规范,体会角色的需求和情感,了解角色间的冲突,并借助网络群体成员间的互动,检验自己的角色扮演情况,进而把握自己在现实社会中各种角色的尺度。

(三)网络提供了打破传统线性思维束缚的环境,有助于激发大学生的创造性思维

在网络中,由于大量使用的超文本阅读方式是以网状形式来构筑和处理信息的,它是一种跳跃式的、非线性的思维方式。从非线性的角度出发思考问题,那么在处理一个复杂的事物时就必须考虑它与周围事物的种种联系,并透过这种网状的联系来寻求解决问题的方法。这种思维方式有利于培养大学生的发散性思维,拓宽大学生的思路,帮助大学生正确地看待周围的人和事,树立科学的世界观和人生观。

(四)网络具有强大的知识传授功能,有助于学会学习

某种意义上,网络是一个社会大课堂,充满了挑战性和创造性的学习机会。在网络上,大学生可以学会掌握最适合自己的学习方式,能够通过探索独立地进行有效的学习,学会信息处理的方法,培养科学素养以及社会交流、适应的能力。网络带给大学生不可计量的信息,学习其他内容也是学习的一个方面。网络帮助大学生学习对于网络的合理应用,帮助大学生更好地学会终身受益的真正的学习。

(五)网络提供了专业心理援助,有助于提高个体心理健康水平

在现实生活中,个体心理健康水平存在程度差异。低层次的心理健康指的是没有心理疾病症状,高层次的心理健康是指人的潜能得到充分发挥或"自我实现"。因此,即便是正常的人也要不断提高自己的心理健康水平。目前,互联网上普及心理健康知识、提供专业心理援助的心理健康站点比较多,主要包括高校心理学系或个人创办的专业心理网站或主页。如北京师范大学心理咨询中心:www.bnu.edu.cn/x|zxzx/bj.htm;华东师范大学心理咨询工作室:www.hdpsy.com;北京东明成功人生心理咨询中心:www.dmcgrs.com;华夏心理网:www.psychcn.com;中国心理网:www.psy.com。尽管这些心理学的专题网站或主页各自的侧重点有所不同,但它们都自觉地担负起了普及心理健康知识、提供专业心理援助的责任。由于这些网站或主页既方便快捷而又具有较好的保密性,因而受到大学生的广泛喜爱,它们确实在一定程度上对大学生的心理健康辅导起到了积极的作用。

二、网络对大学生心理健康的消极影响

网络对大学生心理的冲击,容易造成他们情感自我和角色自我的迷失,影响其心理健康,并诱发出种种心理障碍。

(一)网络成瘾症

网络成瘾,全称为网络成瘾综合征(Internet Addiction Disease,简称 IAD),又称网

瘾。2000年,美国一些研究人员认为,大约5%到10%的网络用户存在上网成瘾的可能。电脑网络成瘾问题在大学生中越来越突出。网络成瘾是指上网行为冲动失控,过度使用互联网导致个体出现明显的心理与社会功能的损害。由于进入电脑网络空间就好比是进入一片浩瀚的信息海关海洋或一个知识和娱乐的数字化迷宫,从而导致人们能够完全沉浸到网络虚拟化的空间中而不能自拔。网络成瘾的大学生似乎对上网有强迫倾向,上网就兴奋异常,上不了网就"网瘾难耐",在网上流连忘返,根本无法关机,整天沉溺于网络,甚至通宵达旦。网络成瘾症与吸烟、酗酒甚至吸毒等上瘾行为有着惊人的相似之处。

一般而言,网络用户染上网络成瘾综合征是有一个过程的。刚开始上网时,表现为精神上的依赖,渴望上网"冲浪",玩游戏、聊天,感受网络带来的快乐;之后,上网时间逐渐延长,上网频率逐渐增多,可能发展为躯体上的依赖,出现情绪低落、睡眠障碍、生物钟紊乱等,进而导致体重下降、精力不足、自我评价低、思维迟缓,甚至有自杀意念和行为,但上网时精神状态恢复正常。因此,必须让大学生认识到网络成瘾的危害,引导他们合理使用网络。

 **案例分析**

2006年6月中旬,北京某名牌大学二年级学生宋某,因迷恋网络,被医生诊断为"重度网络成瘾患者"。在被父亲送到医院治疗的当晚,他用玻璃碎片割腕自杀,幸亏抢救及时才保住了性命。

大学生王某家庭贫困,但入学后逐渐迷恋上网络游戏,后来发展为逃课、夜不归宿。长时间连续上网,最终导致他严重营养不良,整天昏昏沉沉,上课呼呼大睡,荒废了学业,一学期欠债2 000余元,最终被学校劝退。

(二) 人际交往障碍

人际交往障碍是指因使用网络而引发的现实生活中的社交障碍。社会学常识告诉我们,人际交往的互动是青年时期完成个体社会化的基本环节。人的行为在社会交往中要受社会道德规范的匡正,而在网上他们不必遵守现实社会中人际关系和角色扮演的规则,没有必须履行的角色义务,这种匿名效应使他们在网上与陌生人交往幽默、浪漫,而在现实生活中却不善言谈、沉默寡言。网络锁住了他们现实世界的情感之门,他们只对虚拟的网络空间"一网情深"。他们在现实生活中懒得表露自己的情感,也不愿意接受他人情感的表露,渐渐地会对现实产生疏远感、淡漠感和不信任感。长期的网络"冲浪"会逐渐地失去自我,改变个性。

(三) 情感问题

情感交往是大学生网上交往的一个主要方面。大学生正处于情感体验的高峰时期,向往异性、渴求情感是正常的。但在实际生活中,他们的情感表露或多或少地都受到这样或那样的限制,他们不论愿意与否,总要面对自身生存的人与人之间的情感氛围。网上最热门的话题是网恋。就正常发展的网恋而言,由于网恋是借助于网络媒体、依靠文字进行的,缺乏重要的基础性环节——感性,因此网恋的成功率极低,大部分是"见光死""下网散"。网恋虽然与现实脱离,但却容易造成较大的感情或心理伤害。

(四)网络人格心理失真

在现实世界中,每个人按照不同的社会分工扮演着不同的社会角色。而在网络人际交往中,人的真实姓名、性别、年龄、身份等多种社会角色被掩蔽,并且网络中人的角色缺乏责任性,渐渐会失去对周围现实的感受力和积极的参与意识,从而导致了孤僻、冷漠、欺诈和隐匿人格的心理。他们混淆了网上角色与现实生活中的角色,忘记了自己的社会责任和社会地位,在网络和现实生活情景中交替出现不同的性格特征。网上行为、网下行为缺乏同一性,人格缺乏相应的完整性、和谐性,从而导致部分大学生偏执性人格、自恋性人格、边缘性人格和多重人格冲突等。这类大学生具有脱离现实、退缩孤僻、沉溺于幻想的行为特点。

 案例分析

一位大学生这样表述:"我宁可把钱花在通宵达旦上网上,也不舍得买一件像样的衣服、吃一顿可口的饭菜;宁可步行去500米以外的网吧,也不舍得花一块钱坐车。"从这位学生的表述可以看出,这是多么可怕的心理扭曲!

(五)网络自我约束力降低,直接导致网络道德失范

首先,在道德意识方面,由于网络自我约束力降低,导致道德上的怀疑主义、虚无主义和个人主义主导了部分人的思想。其次,在道德规范方面,网络的使用冲击了现存的道德规范,真实的道德规范难以规范他们的行为。再次,在道德行为方面,网络隐蔽性为许多不道德的行为提供了新的场所。遨游在网络中的大学生不需要真实的姓名、身份,可以隐瞒性别、年龄、身份。网络隐蔽性在某种程度上造成了不道德者随处可见,其中以说谎最为严重。

经常上网对大学生的学业和身体等的影响也是相当大的,主要表现在以下几个方面。

(1) 浪费了大量宝贵的学习时间,严重影响学业。大学生自由支配的时间较多,一些大学生下午和晚上经常上网聊天或玩游戏,到星期六、星期天更是如此。有的学生甚至通宵达旦"住在网上",个别学生旷课去上网聊天。有些学生因上网,导致学科成绩极差,经常逃课,根本听不进老师的教育,有的甚至留级、退学。

(2) 长期"住在网上"使大学生身心疲惫,造成严重的身体健康问题。大学生正处在身心发育阶段,网上游戏或聊天时间过长,使他们的身心疲惫、生物钟混乱,导致大脑中枢神经系统处于高度兴奋状态,引起肾上腺素水平异常增高,交感神经过度兴奋,血压升高,植物神经紊乱,严重者可诱发心血管疾病、胃肠神经官能症、紧张性头痛等病症。精力和体力的透支,即使下网后,神经的高度兴奋也无法一下子平息,网上刺激的画面和字语还在眼前晃动;使上网者睡眠质量下降,食欲不振,引起消化功能紊乱,出现神经衰弱等"网络综合征"。可见,经常上网对大学生的身体健康是极为有害的。

（3）失去了对现实世界广泛的兴趣与爱好。沉溺于网上游戏或聊天以后，大学生将会利用一切可以利用甚至不可利用的时间上网。他们对现实的各种活动，如打球、下棋、看电影，以及班级里的各种活动都不感兴趣，认为这些活动没有什么意义，网络已成为能够代替一切活动的一种新的嗜好。这样长期下去，势必导致脱离现实生活与活动，从而淡化或失去对现实生活中广泛的兴趣和爱好。

第三节　网络成瘾

一、大学生网络成瘾的心理原因

大学生迷恋网络的原因很多，以下仅从心理学角度加以分析，从而探讨大学生上网问题的心理机制。

（一）好奇心理

好奇心是人类的一种原发心理。对外界各种新鲜事物，大学生具有比一般年龄阶段的人有更为强烈的好奇心理，他们迫切希望自己知道的东西多一些、新一些，互联网为大学生提供了最有效、最快捷的满足好奇心理需要的实现形式。依赖网络浏览各种最新的信息，包括最新的电影、电视节目、影视明星趣闻、政客刺激性丑闻等，成为大学生最喜欢做的事。网络永远是常新的，在好奇心理的驱动下，大学生在不断地点击着一个又一个的信息与画面链接。

（二）寻求绝对自由的空间

在隐蔽性的网络环境下，来访者的真实姓名、年龄和性别等都是可以不公开的，来访者之间也不刻意去追求对方的具体而真实的情况——这是网络游戏的规则。由于身份的隐匿性导致了责任意识的淡化。在网上人们的言行很难受到社会道德和法律的约束，一部分大学生在网上发泄私愤，如攻击社会、漫骂学校及领导，甚至侮辱朋友、老师和同学，文字内容不堪入目。

（三）逃避现实

我们在达到某种目标的过程中，常常会遇到各种各样的障碍，因而挫折在所难免。在大学生的学习和生活中，同样不可避免地会遇到挫折，如恋爱挫折，人际关系挫折，学习、就业挫折等。大学生普遍没有承受挫折的心理准备，稍有挫折就会出现情绪反应。心理学研究表明，人们受挫后有三种不同的反应方式：补偿、逃避和攻击。网络环境为大学生受挫后提供了逃避和攻击的场所。一些受挫的大学生在网络里发泄愤怒、攻击他人，以求得受挫后的心理平衡。积极适度地宣泄不良情绪是心理健康学所倡导的，但逃避现实无益于问题的解决。只有真诚地面对现实、正视现实、能动地接受现实,才是明智的选择。攻击他人,也是一种不良的人格表现,会导致一系列情绪问题的发生,是极其有害的。

(四) 寻求情感宣泄

大学生的情绪、情感日益丰富。在进入大学后,大学生性意识觉醒,有迫切发展友情与爱情的需要,但同时又有较强的闭锁心理,对同学没有信任感,决不轻易袒露真情。网络交往的快捷性与方便性使大学生快速交流情感的需要得到满足。网上交流既满足了大学生迫切要求交往的需要,又可避免可能造成的情感伤害。据有关调查,大学生在网上"感情生活"内容占 16.7%~33.3%。网络的平等性和安全屏障使大学生在网上随意而尽情地发泄自己的情绪。一方面,大学生可以在网络上讲述自己情感方面的困扰和煎熬,获得精神和情感上的支持和安慰,同时也可聆听其他人的故事;另一方面,由于繁重的学习压力和激烈的竞争压力,大学生忙忙碌碌,同学之间缺乏交流,难以找到倾诉的对象。因此,网络上的情感交流对他们来讲非常重要。

(五) 休闲娱乐

据调查,网络休闲、娱乐、健身需要方面的内容占 20%~58.3%,平均占 38.6%。这表明当今的学生热衷使用网络探讨"玩"的经验和方法。丰富多彩的游戏和海阔天空的聊天被称为"电子海洛因"。过于迷恋网络游戏和聊天,是不利于大学生的健康发展的。

(六) 自我表现

大学生希望得到别人对自己的关注和肯定,获得他人的重视和较高的评价。但由于闭锁心理,他们又常常把自己的内心封闭起来,享受一个人的孤独和寂寞,不愿与他人交流思想。内心强烈的自我表现的欲望会促使他们不断寻找机会来加以满足。虚拟的网络世界给了他们广阔的舞台,让他们尽情地表现自我。

 案 例

晓峰刚考上大学时,与其他新生一样,心中洋溢着新奇、自豪和激动的满足。然而,在入学之后不到一个月时间里,他就渐渐感到了一种难以言说的困惑:完全陌生的环境、难以捉摸的人际关系、晦涩难懂的课程……来自多方的压力让他陡然间萌发出一种迷惘。于是,他渐渐迷恋上了网络,迷恋上了 CS、传奇等网络游戏。在这些充满着凶杀、暴力和色彩的虚拟世界中,他的精神世界得到了极大满足。他也从刚开始的偶尔迟到、旷课,发展到夜不归宿,整日整夜地泡在网吧里。电脑屏幕中那些虚拟的打打杀杀的画面俨然成了他生活的全部……在大一上学期的期末考试中,他的功课全部亮起了红灯,六门功课全不及格,但他依然无动于衷,继续夜以继日地泡在网吧中……

二、网络成瘾的分类

20世纪90年代,由于互联网技术及其应用的全球普及,网络成瘾问题成了现代社会新的心理疾病。这种不由自主的冲动性行为障碍被称为"互联网成瘾综合征"。它是指由于过度地使用网络(通常是与工作、学习无关的)而导致了明显的社会、心理、生理损害的一种上网行为。简单地说,就是对以网络为载体的内容以及形式发生过度迷恋而超出一般尺度,进而影响到正常的学习、工作和生活状态。网络成瘾分为以下五类:

(一)网络交际成瘾

网络交际成瘾是指流连于QQ、MSN、BBS、聊天室和发E-mail等网络交际平台,在网上寻求社会支持,不断发展新的人际关系,搞网恋,交网友,过分迷恋这些虚拟关系而忽视现实人际交往和情感交流。有人认为网络成瘾和非网络成瘾者的差别在于,前者利用网络是寻求情感支持、不断扩展新的人际关系,后者主要是巩固原有的人际关系。

(二)计算机成瘾

计算机成瘾是指沉溺于玩游戏或某些方面的编程,可以几天几夜不下网。

(三)色情网络成瘾

色情网络成瘾包括听色情音乐,观看色情图像、文字和视频,流连聊天室等。

(四)强迫信息收集

强迫信息收集是指不能自制地收集一些无用、无关或不迫切需要的信息。

(五)网络强迫行为

网络强迫行为是指不可控制地网上赌博、拍卖或网上交易、购物等。

 **知识拓展**

美国心理学家杨(Kimberly S. Young)以DSM-IV中的赌博成瘾的诊断为参照,列出了网络成瘾的8项标准:专心于网络,上网的时间越来越长,不断地试图减少网络的使用,当减少网络使用时会出现退缩症状,时间管理问题,面临着环境的压力(来自家庭、学校、工作、朋友),对周围的人隐瞒自己的上网行为,由于网络的使用而导致情绪的改变。只要符合以上8项中的任意5项,就可以判断其患了网络成瘾症。但是,诊断网络成瘾到目前都没有一致的标准。不过,存在网络成瘾现象则是不争的事实。

三、网络成瘾的预防

网络成瘾其实是一种表象,实际上是大学生在成长过程中出现一些自我认同的困惑问题。在大学生的自我发育尚不能适应社会时,常有无助、依赖、挫败感。当他们在现实生活中遭遇困难和挫折时,比如说自我价值感的缺失、过重的学习和就业竞争压力、性意识的觉醒与性满足的压抑、人际交往的挫败、内心的孤独寂寞、成人感的无法实现等,为逃避现实,容易沉溺于网络,通过网络获取心理的满足。因此,帮助大学生在现实社会中建立自我认同感,是预防网络成瘾的最基本的思路。

大学生只有在寻找到人生的目标时,才能内心充实,情感积极,意志坚强,并能克服由高中到大学、由读书到进入社会的过渡阶段中种种心理困惑和烦恼,才不会沉溺于网络。上网也最多使你得到暂时的放松,再多的问题、再大的困难绝不会因为你的逃避就可以得到解决。网上说得再好的话,表现得再亲密的关系,再让人兴奋的情景,那也是见字不见人的虚幻的游戏。因此,应该确立正确的网络理念,科学理智地上网,不能把上网当作逃避现实生活或克服消极情绪的工具。在上网时,要注意以下五个方面的问题。

(1)上网之前要有明确的任务和目标。
(2)要控制上网操作时间。
(3)上网的过程中应保持平静的心态,不宜过度投入。
(4)加强同现实生活中的人际交往和情感交流。主动同父母、同学、朋友写信或电话联系,诉说生活中的烦恼和忧愁,寻求帮助和支持。积极参与丰富多彩的校园文化活动,在活动中释放压力和不良情绪,在交往中结交朋友,在挫折中发展壮大自己。
(5)完善自身素养,科学用脑。计算机作为现代信息技术的核心,在信息化社会已经得到广泛应用。但现代文明人的确需要一种新的文明素养——网络文化信息素养,只有有了这种文明素养,人们才能适应信息社会的需要。面对扑面而来的信息潮,理智的网民要善于运用信息科学,学会筛选有用的信息,提高自己抵制信息污染的能力,使自己不仅成为网络的使用者,更是网络的建设者和真正的主人,以良好的姿态迎接信息社会的挑战。

四、网络成瘾的心理咨询和心理治疗

首先要让网络成瘾者承认并正视这个问题,这是矫治网络成瘾的困难所在,因为很多人在网上体验到的是兴奋和愉快,而不是痛苦。使网络成瘾者认清成瘾行为的危害,并主动寻找帮助,是重要的一步。但一般来说,网络成瘾者仅凭自身的力量是难以摆脱成瘾行为的,要真正克服,还需要专业人员的指导和家人、朋友,特别是老师、父母以及室友的监督、支持和帮助。

(一)时间控制法

上网者难以把握的是时间。不管是成瘾者还是一般的上网者,感觉在网上的时间特

别快。特别是成瘾者上网以后,几乎没有时间概念。因此,控制上网时间应该是行之有效的办法。但是要真正限制成瘾者的时间,又是一件非常不容易的事。在这里,时间控制法不是单纯地控制上网的时间,而是要打乱上网者惯常的网络时间表,让其适应一种新的时间模式,从而打破其上网的习惯。例如,上网之前,用闹钟定个时间,或者让周围的人监督。

(二)自我警示法

在很多情况下,网络成瘾者由于认识上的偏差,往往夸大面临的困难,并缩小克服困难的可能性。为了帮助网络成瘾者将精力关注在减轻和摆脱成瘾行为的目标上来,可以让成瘾者分别用两张卡片,列出网络成瘾导致的主要问题和摆脱网络成瘾将带来的主要好处,然后,让网络成瘾者随身携带这两张卡片,时时处处约束自己的行为。另外,让网络成瘾者列出染上网络成瘾症后忽略的每一项活动,并按照重要性进行排序,使其意识到自己以前在成瘾行为和现实生活中体验到满足感和愉悦感,从而降低从网络环境中寻求情感满足的内驱力。

(三)"家庭"疗法

时间控制法和自我警示法需要有较强的自控力和自制力,这一点正是大学生网络成瘾者所缺乏的。这里的家人是广义上的,同网络成瘾者接触时间较多、空间较近、关系密切的熟人都是"家人",如家人、老师、室友、朋友甚至社会这个大家庭的成员等。要戒除网瘾,需要他们给予支持和理解。

 案 例

小王是大二的学生,大一开学不久后就迷上了网络。无论课程多少,每天到校外网吧泡四五个钟头成了每日的必修课,聊天、通宵在线打网络游戏也是常有的事儿。小王平时十分内向,沉默寡言,在沉迷网络以后,仅有的几个朋友也懒得去交往了。与此同时,学业也受到很大影响,重修学分达40多分,学位证也拿不到了,还受到留级的处理。小王自己很着急,在老师、家人和朋友的多方监督、鼓励和帮助下,终于悔悟,重新开始,经过一年的认真努力,终于取得了不错的成绩,恢复了正常的学习状态。

(四)群体支持法

任何人都是社会的人。大学生所在的群体应该说给网络成瘾者的矫治提供了一个良好的校园文化氛围。针对网络成瘾者独来独往不合群的特点,可以强制要求他们参加诸如互助小组、学生社团、才艺班等社会团体,提高个体结交类似背景朋友的能力,要把他们的时间和精力从网络上抢过来,强迫他们参加有益的校园文化活动,使其生活步入正常人的轨道,从而减少或降低乃至最终脱离对网络的依赖。

（五）行为疗法

网络成瘾行为是因为患者在长时间的行为过程中获得了快感，这种感觉作为一种强化物固定下来，形成强迫性行为。因而，这种行为既然可通过强化的方式来获得，也必然可以通过强化的方式消退。在行为疗法中，放松疗法、系统脱敏疗法、模仿学习、角色扮演或行为排演、自我管理法等都是常用的有效手段。网络成瘾的形成机制和其他成瘾行为的心理机制的不同之处在于前者感受到了快感，这种快感在网络刺激的不断强化下，形成了稳定的行为模式。所有行为疗法侧重于消除上网带来的快感和无法上网造成的心理压力。

（六）综合疗法

美国心理学家杨（Kimberly S. Young）曾提出具体的方法来控制网络成瘾行为，这些方法包括：打破原来的上网习惯；外力制止；上网之前先确定目标；戒断，即控制一切与成瘾相关的活动；设置提醒卡；个人生活调查；支持小组；家庭治疗。这些方法实际上是上述方法的综合运用，主要从两方面对网络成瘾进行干预：一方面探索并解决引发维持成瘾行为的深层次问题；另一方面根据行为疗法相关原理，通过控制成瘾行为的引发和维持条件，来控制成瘾行为。

第四节 大学生互联网应用教育对策

一、大学生应志存高远，奋斗不息

理想和信念是人生的精神支柱。有相当一部分大学生进入大学以后，人生目标迷茫，特别是没有崇高的人生理想，所以对许多现实的东西不感兴趣，精神空虚，缺乏人生追求。个别大学生胸无大志，缺乏对生存问题的理性思考。人的生命是有限的，要使有限的生命有意义，就必须树立明确的奋斗目标，就必须在奋斗目标的指引下沿着正确的人生道路拼搏进取，这对人生具有决定意义。许多人庸庸碌碌、虚度年华，并不是因为他们没有智慧，而是因为没有高尚的人生追求。大学生应志存高远，奋斗不息，努力创造辉煌的人生，对社会多作贡献。有了这样人生追求的大学生，自然就没有那么多网络问题了。

二、高校要提高认识，大力加强网络管理

高校是培养人才的摇篮。既然大学生网络问题普遍而严峻，高校应提高对大学生网络问题的正确认识，以高度负责任的态度切实加强对大学生使用网络的管理，研究有效的管理运行机制。高校要加强大学生的思想道德教育，使他们树立正确的世界观、人生观和

价值观,大力开展网络安全教育并指导学生正确上网。高校不仅要加强校方机房的规范化管理,不以经济利益来牺牲大学生的根本利益,还要加强学生公寓个人入网电脑的管理,要有效地限制学生的上网时间,加强对大学生日常行为规范的经常化、制度化管理,以防止大学生在校外网吧无节制地上网,这样就把自律和他律结合起来。同时,高校还要建立一支思想品质过硬、技术精湛的"网上警察"队伍,及时堵截、删除信息,查找制造垃圾信息的人,以做好校园网络管理工作。

三、大学生树立理性的网络观

大学生应树立正确的网络观,科学地看待网络。

(1) 认可网络的作用和价值。网络带给人们不同于传统的生活方式,形成了人类新的生活、学习和认知方式,人类的社会化环境面临着一次全新的革命。使用网络会使大学生更加具有个性化和国际化,使其社会化呈现出新的趋势。

(2) 网络是工具。大学生应当认识到网络是人类发明的一种工具,而不应当被它所奴役。

(3) 网络是虚拟世界。虚拟与现实差别极大,不能用网络代替真实世界。

(4) 网络只是认识世界的一种手段而已。除了网络,还可以通过书籍、报刊、广播等媒体认识世界。

四、充分利用网络平台

"解铃还须系铃人",专家们提出,对待网络成瘾,应利用好网络这个平台来治愈它。通过借鉴多种方法,可以在网络中利用聊天室的功能开展团体咨询,还可参照朋辈心理咨询的原理,让部分治愈者成为志愿者,互相促进,帮助解决。目前,世界上发达国家已经开始着手进行青少年网络成瘾症的预防与矫治研究工作。高校应借鉴国外的先进经验,不断探索出更加有效的解决问题的方法与途径。

五、社会控制

首先,要加强法制建设。针对不同的网络犯罪现象,建立和完善相应的法律、法规。其次,不断研制开发高科技产品以解决大学生上网安全问题。

六、进行网络心理咨询

高校的教师,特别是心理咨询室的咨询老师,应该成为对大学生进行网络咨询与辅导的主力军,配合学生工作部门在大学生中广泛开展网络心理健康教育,使大学生对过度上网带来的身心问题有较多的了解,从而使他们自觉地调整自己的网上行为。高校的心理咨询老师要不断提高网络心理问题的咨询技能,对有网络问题的学生专门进行跟踪心理辅导,有计划地进行心理治疗,使他们尽快摆脱心理困扰。对那些由于上网而产生的突发性心理问题,如网恋失败等,更要配合辅导员及时做好心理疏导工作,有效地防止不良事件的发生。

七、进行自我调节

大学生自我调节应做到以下几点。

(1) 增强自觉程度。大学生要检查一下自己现在失去的是什么;列出那些自己过去主要参加的活动,评价每一项活动的重要性;列出哪些是过去拥有而现在失去的,评估这些改变对自己现在以及未来的影响。

(2) 培养替代活动。大学生要学会培养其他替代活动,构想哪些是一直都想要去做的休闲活动,列举出一直都很想联络的朋友,列举出其他自己觉得有趣的活动。

(3) 寻求外在真实的协助。在真实的生活中寻找满足需求的方式,寻找真实的支持。例如,与辅导员老师、心理咨询老师多交流,听听他们的意见;或在学习中刻苦奋斗取得好成绩,以满足心理需要等。

(4) 分析并了解上网的促发点。在上网前,许多大学生可能是觉得工作劳累、烦恼、金钱问题、没有朋友可以聊聊、觉得烦、想要逃避责任、无聊、沮丧等。当从事喜欢的网络活动时,比较前后的感觉,了解网络对自己的真正意义,并了解哪些状态是促发上网的因素。

(5) 建立正向的提醒。列出5个导致自己上瘾的原因,列出倘若切断网络的5个好处,把这些原因和好处写到小卡片上,随身携带,当想上网时,就把卡片拿出来读一读。

(6) 建立与采取具体的步骤来处理问题。列出必须要处理的事情,列出必须要采取的步骤,列出具体的行动时间表。不要把明天当作今天进程的延续,那样没完的工作便可推迟到下一天,要强有力地监督自己,必须按时间表执行。

知识拓展

大学生沉迷网游引起人大代表关注

过去的一年,网络游戏一口气创造了两个"神话":创出数百亿元的商业财富,把逾千万青少年学生变成网游玩家。这一年,中国每分钟新增近百个网民,约三成是学生网游玩家。

在传媒的镜头里,公众看到了越来越多因沉迷网游引发的不幸:猝死、跳楼、盗窃、退学、逃课⋯⋯他们还是小学生、中学生、大学生。但网游商们却强调,沉迷网游是因为有些人"自制力太差"。

"网游沉迷谁之过"的争吵,持续多年,未有公断。一位教授说,网游不是"魔鬼",但也绝不是"天使",网游产业天然该背负责任与道德的十字架。

政府的缺席已被诟病,网游公司的社会责任又在哪里?

网游商业神话有个"臭屁股"

没有哪个行业,在创富神话的光环里,背负着如此低的社会口碑。从2006年亏损52万元到去年上半年净营收6.87亿元,再到11月初以市值42亿美元成为美国发行规模最大的中国民企。去年,史玉柱的巨人网络赚了15个亿。

同样凭借网络游戏赚爆荷包的,还有网易等老牌门户网站。搜狐的网游收益甚至同比涨了473%。2007年,中国网游行业全年收入达95亿元。

然而,巨大的财富背后,却拖着一个被社会和公众口诛笔伐的"臭屁股"——网游产业带来的社会负面影响日益显著。中国互联网络信息中心(CNNIC)调查显示,在谈到网络游戏的影响作用时,53%的人认为,网游给自己带来了不同程度的负面影响。

华工大网游玩家江旭(化名)说:"光去年上半年,每个玩家就为《征途》(巨人网络出的一款网游)贡献了305元,其中大部分是青少年学生。"成立于广州的"中国反不健康网游志愿者同盟"称,正在搜集取证,拟对不健康网游发起集体公益诉讼。

商业利润高、社会口碑低,成了中国网游产业的怪现状。

媒体和公众"妖魔化"网游

媒体"妖魔化"了网游!一位网游业人士说,网游沉迷等负面问题与网游无关,是家庭和个人造成的。

但据CNNIC统计,国内青少年学生网民约6000万,农村中小学生网民1575万,其中60.8%玩网游,城镇更甚。全国"网络文明爱心大使"陶宏开调查发现,高校里因沉迷网游遭退学的例子不在少数,国内某知名大学,一次就清退了200多名学生。

中山大学心理学系李欢欢博士目睹了网瘾从极个别学生迅速扩散的状况。三年前,她即从事网瘾研究,为政府决策提供参考。她认为,现在网瘾大学生群体已在相当规模稳定下来,约10%已因网游沉迷可能"身心俱受损害"。

"一些网游的不健康特质越来越明显,变相赌博、暴力杀戮等充斥游戏。"中国反不健康网游志愿者同盟发起人明宗峰称,沉迷网游引发的极端个案日渐增多,网游健康状况仍在恶化。

陶宏开说:"我反不健康网游,是不想让国家未来的栋梁们垮掉。从前来求助的九成是中学生,现在一半是大学生和工作后的成年人。"其实,网游公司很清楚面临的问题和现状。陶宏开觉得,网游只是充当了财富转移的手段,把孩子、家长的钱吸过来,变成了网游商和利益集团的囊中物,盲目发展网游,其实是在透支未来。

……

2008年01月20日金羊网引《羊城晚报》

 **本章小结**

本章主要介绍了网络及网络对大学生的影响。本章的目标是帮助大学生学会正确对待网络,合理安排自己的休闲生活,把网络与自身的学习与生活有机结合起来。

 **心理测验**

对于网络成瘾的诊断与鉴别,目前并没有公认的标准。美国精神疾病学家 Kimberly S. Young 认为病态赌博的诊断标准最接近网络过度使用的病理特征。经过修订,网络过度使用诊断问卷正式形成。该问卷有8个题项,在每天上网超过4小时的前提下,如果下面8个问题的回答是肯定的,就可以诊断为网络成瘾。

(1) 你是否着迷于互联网?
(2) 为了达到满意你是否感觉需要延长上网时间?
(3) 你是否经常不能控制自己上网或停止使用互联网?
(4) 停止使用互联网的时候你是否感觉烦躁不安?
(5) 每次在网上的时间是否比自己打算的时间要长?
(6) 你的人际关系、工作、教育或者职业机会是否因为上网而受到影响?
(7) 你是否对家庭成员、医生或其他人隐瞒了你对互联网着迷的程度?
(8) 你是否把互联网当成了一种逃避问题或释放焦虑、不安情绪的方式?

 思考与练习

1. 网络对大学生有什么样的影响?应该如何对待?
2. 大学生如何自我调适网络心理困扰?

第十章 择业中的心理问题与自我调适

引 言

求职择业是大学生充分发挥自己的智慧和能力,走向人生成功的第一步。择业的心理准备不同于其他心理准备,它需要一个漫长的过程,贯穿于整个大学生活,是一个全方位、全过程的准备。本章主要介绍了大学生择业的心理与准备、大学生就业与心理健康的关系、职业生涯规划、求职技巧。通过本章的学习,同学们要了解大学生择业心理与准备,熟悉大学生的就业与心理健康的关系,制订合理的职业生涯规划,并掌握一些求职技巧方面的知识,争取在毕业后成功就业。

学习目标

1. 了解大学生求职择业前的心理准备。
2. 了解大学生就业的诸多压力,积极调整就业心态。
3. 了解大学生职业生涯规划的重要性,掌握大学生求职择业中的技巧和知识。

第一节 大学生择业心理与准备

一、大学生求职择业的心理准备

择业的心理准备是指求职者在就业前对所选择职业目标的自我定位,对择业过程中可能出现的各种情况所作的估计与评价,以及为了解决这些问题而建立的思想观念和心理活动。许多大学生求职择业及个人发展的经历、经验告诉我们,良好的心理准备是一种平衡器,它可以使求职者坦然面对各种择业机会并能充分发挥自己的智慧和能力,是走向成功的基石。择业的心理准备不同于其他心理准备,它需要一个漫长的过程,贯穿于整个大学生活,是一个全方位、全过程的准备,具体包括健康的心理素质和良好的择业心态。

（一）健康的心理素质

大学生要适应社会未来的需要，就应当提前做好择业的心理准备，具体应从以下几个方面着手。

1. 勇于竞争的意识

竞争已成为现代社会的主旋律。在市场经济的大潮中，竞争给生活注入了无限的活力。大学生应增强竞争意识，不是坐等工作找上门，而是凭自己的实力和勇气去参与竞争，为自己谋取一份合适的工作。因此，要积极地培养自己的竞争意识，摆脱被动依赖、消极等待的状况，树立"爱拼才会赢"的观念，做好多方面的竞争准备。

首先，培养自己的竞争能力。竞争能力的培养取决于竞争意识的确立。对大学生而言，求职并没有一个固定的模式。大学生要想在激烈的竞争中脱颖而出，就要不畏强手，发挥潜能，勇于竞争，敢于胜利。

其次，培养有利于竞争的良好性格。性格是一个人对事物所表现出来的经常性的、比较稳定的心理倾向。对于进校门、出校门的大学生来说，良好性格的培养着重在社会倾向上，即培养个人的独立性和进取性。

2. 较强的适应能力

人的本质是社会关系的总和，任何人不能脱离人群而单独存在和发展。尤其是进入21世纪以来，多变的未来环境，需要大学生具备良好的应变能力和适应能力，在面临新的工作环境、学习环境及人际环境和生活环境时，能积极地投入其中并尽快地适应。具体来说，也就是对环境的适应，对职业选择的适应，对他人的适应。

3. 愈挫愈勇的精神

有竞争就有风险，参与竞争就难免要受到挫折。大学生在择业准备和择业过程中会面临受挫的考验，要有愈挫愈勇的精神。遭遇一次求职的失败，就灰心丧气，是意志薄弱的表现。郑板桥有一首名诗《竹石》说得好："咬定青山不放松，立根原在破岩中。千磨万击还坚劲，任尔东西南北风。"

 知识拓展

松下电器创始人松下幸之助，起初家境贫寒，全靠他一人养家糊口。松下失业后，一家人的生活更是无法支撑。一次，他去一家电器公司求职，身材瘦小的松下来到公司人事部，请求给他安排一份工作最差、工资最低的活干。人事部主管见他个头瘦小又衣着不整，不便直说，就随便找了个理由说："现在不缺人，过一个月再来看看吧。"没想到一个月后松下真来了，那位人事部主管又推托说现在有事，没时间接待他。过了几天，松下又来了。那位负责人有点不耐烦地说："你这种脏兮兮的样子，根本进不了我们公司。"松下回去后借钱买了套新衣服，穿戴整齐又来了。这位主管一看，觉得不好说什么了，又难为松下："我们是搞电器的，从你的个人资料看，你对电器方面的知识了解得太少，不能录用。"两个月以后，松下又来了，他说："我已经下功夫学了不少电器方面的知识，您看哪个方面还有差距，我再一项一项来弥补。"这位人事部主管盯着松下看了半天，感慨地说："我在这

里工作几十年了,头一次见到你这样来找工作的,真佩服你这种耐心和韧劲。"就这样,松下终于打动了主管,如愿以偿地进了这家公司。后来,他经过艰苦不懈的努力,终于成为享誉全球的"企业经营之神"。

(二) 良好的择业心态

在求职择业过程中,除了具备健康的心理素质外,还应找准自己的职业定位,即树立正确的职业理想。俗话说:"尺有所短,寸有所长。"每个人都有优势和劣势,重要的是找准定位。每个大学生对自己的自身能力都应有客观的、正确的认识。只有这样,才能树立良好的心态,在求职中抓住机遇,从而避免盲目和减少失败。

1. 确定适当的职业目标

一个人的择业目标与本人具备的实力相当或接近时有利于增强自信心,从而使自己在择业中处于优势地位。确定目标、扬长避短是成功择业的钥匙。

(1) 自我评估。根据家长、老师和同学们的评价,借助于职业兴趣测验和性格测验,发现自己的性格特点及就业趋向。例如,自己是一个外向开朗的人还是内向稳重的人,自己对经济问题感兴趣还是对管理问题感兴趣,擅长哪些技能,在数字分析方面有优势还是语言表达能力方面有优势等。

(2) 确定短期和长期目标。长期目标一般是职业生涯的终极目标,即梦想,短期目标就是长期目标的分解和细化。例如,长期职业目标是进入国际知名管理公司从事研究分析、咨询工作,具体的短期目标则是提高素质能力,考取一定的证书等。甚至有些目标,从一进入大学就要规划,并从自己的具体规划出发,提高自己相应的能力。

(3) 分清楚就业、职业和事业。新东方教育集团董事长俞敏洪把工作分为三步骤,即就业、职业和事业。就业就是找一份工作,不管你喜不喜欢干。但是,你能干这份工作,有了这份工作,可以自己赚钱,不再花父母的钱,这就是就业。就业可以是临时工作,它和你的未来发展方向可以相关也可以不相关。职业是你选择的行业,可能干一辈子。事业则是职业的更高境界,是职业对外的扩展和延伸。但是其前提是,就算事业失败了,你依然能够回到你的职业上去。现在很多学校提出"先就业再择业"的口号,其本质就是如此。

2. 避免从众心理

毕业生处在择业洪流中,期望水平会受到其他择业者的影响。如果认为"大多数人钟情的一定是好工作",其结果是人云亦云,不假思索,盲目跟从大多数人走,忽视了自己的特长,丧失了机会。同时,虚荣心、侥幸心理会使某些人改变原有的自我期望而采取不切实际的从众行为,到头来,求得一时的心理平衡,却不利于自身价值的实现和长远发展。

3. 避免理想主义

近几年来,毕业期望值居高不下,已经影响到毕业生的顺利就业。有些毕业生由于刻意追求最满意的结果,如高工资、优福利,而错过了就业机会;有的甚至造成就业困难。尤其是那些条件好的毕业生,在择业过程中,脚踩几只船,这山望着那山高,不能及时调整择业期望值,以致后来就业困难,悔之莫及。

 **知识拓展**

  20世纪70年代，美国麦当劳总公司准备进军我国台湾市场。他们在前期开拓市场时，需要培训一批高级管理人员，于是进行公开招聘。由于标准颇高，许多初出茅庐的青年企业家都未能通过。经过几轮筛选，一位叫韩定国的某公司经理脱颖而出。最后一轮面试前，麦当劳总裁和韩定国夫妇谈了三次，并提出一个出人意料的问题："我们如果先要你去洗厕所，你会愿意吗？"韩定国还未开口，一旁的韩太太便答道："那没什么大不了的，我们家的厕所都是他洗的。"总裁大喜，免去了最后的面试，录用了韩定国。后来，韩定国才知道，麦当劳训练员工的第一课就是从洗厕所开始，因为服务业的基本原则是"非以役人，乃役于人"，从卑微的工作做起，了解以客为尊的道理。韩定国所以能成为知名的企业家很重要的一个因素是从卑微的地方做起，干别人不愿干的事情。

4. 克服依赖心理

  有些毕业生在择业过程中缺乏自信，把希望寄托在拉关系、走后门上；有的甚至由家长出面与用人单位洽谈。殊不知这样做的结果恰恰让用人单位对毕业生产生缺乏开拓能力、独立生活和工作能力差的印象。当今社会，挑战与机遇并存，只有在择业之初就树立自信心，敢于竞争，才能在众多的求职者中脱颖而出。戴尔·卡耐基曾经说过的一段话颇有意蕴：你若不能做一条大路，那就做一条小径；你若不能做太阳，那就做一颗星星；不能以大小来确定你的输赢，但要做，就要做最好的你。

5. 培养良好的职业道德

  从事一定的职业，就必须扮演一定的社会角色，承担相应的责任和义务。这就不可避免地与自己在社会中的其他角色、其他方面发生关系，甚至是矛盾和冲突。职业的社会性使从业者的职业活动不仅仅是为自己的生存而劳动的单一活动，还体现着以社会分工为纽带的社会关系，必须对社会承担相应的责任。因此，遵守职业道德，特别是敬业爱岗有重要的社会意义。敬业是职业道德最基本的要求，也是我国传统职业道德的重要内容。其基本含义是热爱本职工作，恪尽职守，讲究职业信誉，钻研本职业务，对技术和专业精益求精。

 **案例分析**

  一位日本女大学生刚到帝国大厦工作时，被分配到卫生间擦马桶一周，这令她非常沮丧。一位前辈走了过来，跪在地上将马桶擦得光洁无比，并从马桶里舀了一杯水喝了下去。前辈对工作认真负责的精神给了她极大的震撼。后来，她每天都将马桶擦得能喝里面的水。这是一个真实的故事，主人公后来当上了政府邮政大臣。大学生应认识到，不具有良好的职业道德，没有敬业精神，将来即使拥有再好的职业，也不会有所创造、有所作为，更不可能成才。反之，如果具有崇高的职业道德和刻苦努力的精神，则不论从事什么职业，都能作出成绩和贡献。

二、消除认识自我的障碍

认识自我是一个由浅入深、由片面到全面、由感性到理性的认识过程。对于每个求职者而言,能否正确地认识自己至关重要。造成认识的失误和偏差的原因是多种多样的,但是最主要的原因还在于认识者自身。由于这些因素是存在于认识者的潜意识和思维之中的,因此具有隐蔽、不易被觉知的特点,成为认识自我道路上最严重的障碍。

(一)角色障碍

所谓角色障碍,是指在认识自我时,认识者受角色意识所困,太多地考虑角色的社会性,而无法顺利进行自我评价,从而影响自我认识的正确性。简而言之,角色导致个性意识萎缩。在求职时,角色障碍体现在无法进行自主的选择,缺乏主见,有盲从心理。最佳的角色并不是社会普遍趋同的角色,而是适合自己的特长和个性的角色。大学生在求职择业以前,必须摆脱角色障碍,进入最佳角色。

(二)心理障碍

心理障碍是指对社会现实不能正常接受与适应的心理疾病。有一些心理障碍往往是由于对现实生活的消极适应而长期积习形成的。例如,由于承受了他人不公正评价的无形压力,而自己又缺乏自信心,日子一久就会产生自卑心理,使思维、行为方式产生消极变化。又如由于连续失败的打击,而自己心理承受力比较低,随时间的推移而形成了颓废心态。大学生在求职择业时,尤其要注意克服以下几种心理障碍。

一是自卑心理。自卑心理在认识自我的过程中会导致对自己能力估量过低,结果会使日后工作中自身的发展受到抑制。某些人就是由于自卑心理,缺乏对自己能力的自信心,因而在工作中碌碌无为,但求无过。而成功总是钟情于自信的人。被称为"旅店业帝王"的希尔顿曾说过:"决心成功的人,已经成功了一半。"克服自卑心理最有效的办法是"让事实来证明",把一切怀疑、恐惧抛在脑后,立刻动手去做自己不敢做的事,经过一点一滴的成功积累,自信便会慢慢地增长,自卑的心理也就逐渐消失了。

二是僵化心态。在心理学上把这种心态称为"约拿情结"。约拿情结是自我实现的严重的心理障碍。有些人终日忙碌而成就不大,不在于自身的潜能不够,而在于意志力不够坚强。要打破这种僵化心态,必须积极地投身于新事物的创造中。同时,要培养自身的竞争意识和进取意识,打破旧有的心理定式的束缚。

知识拓展

约拿是《圣经·旧约》里面的一个人物。他本身是一个虔诚的犹太先知,并且一直渴望能够得到神的差遣。神终于给了他一个光荣的任务,去宣布赦免一座本来要被罪行毁灭的城市——尼尼微城。约拿却抗拒这个任务,他逃跑了,不断躲避着他信仰的神。神的力量到处寻找他,唤醒他,惩戒他,甚至让一条大鱼吞了他。最后,他几经反复和犹疑,终于悔改,完成了他的使命——宣布尼尼微城的人获得赦免。"约拿"是指代那些渴望成长又因为某些内在阻碍而害怕成长的人。约拿情结是一种普遍的心理现象:既想取得成功,但面临成功,总是伴随着一种心理迷茫,敬佩最终取得成功的人,而对成功者,又有一种不安、焦虑、慌乱和嫉妒;既害怕自己最低的可能性,又害怕自己最高的可能性。

第三是盲目心态。对于一个不知自己将要驶向哪个港口的船员,风是不会遂他所愿的。有些人雄心勃勃,这也要干,那也要干,结果难于落实,甚至一事无成。一个人无论有多大的能力,如果分散在许多目标上,难免顾此失彼;相反的,即使一个人能力很小而能集中在一个目标上,也会创造出惊人的成绩。要克服盲目的心态,首先要确立一个坚定的目标,目标一旦确定下来,就要坚定不移地朝着这个方向努力,而不要朝三暮四、见异思迁;其次,要善于条理化地做事情,做到有始有终、胸有成竹,而不要瞎忙一气、不知所措。

 **知识拓展**

据说,有人向大化学家格林尼亚抱怨说:"我对文学、哲学、艺术都非常感兴趣,对化学、物理也有所涉足,为什么还是一事无成呢?"格林尼亚拿出一个放大镜,笑着对他说:"你把精力集中到一点上试试。"太阳光普照大地时,不能使纸燃烧,而采取聚光技术把太阳光集中成很小一点,却可使坚硬的钻石变成气体而蒸发。

(三)实践障碍

实践障碍是指在实践的过程中实际工作能力与个体自我评价相悖离的现象。实践障碍大致可分为纸上谈兵型、消极自卑型、依赖型等。第一种类型的人过高地评价自己,因为学了某种专业技能便自以为了不起,夸夸其谈,给人一种纸上谈兵、华而不实的感觉;第二种类型的人则是过低地评价自己,对自己的能力存在怀疑和顾虑,对社会的阴暗面则无限制地夸大,消极失望,因而在求职过程中不能清楚地表达自己的长处和想法,自然受到冷落;第三种类型的人则是缺乏独立意识,过分依赖他人意见,缺乏社会实践能力,这种类型的人在竞争激烈的求职斗争中是难有立足之地的。要克服这些实践障碍,必须加强自身的实践意识,积极参加社会实践活动,将理论和知识转化成实践能力。

以上所说的几种障碍,都是导致认识自我失败的因素。因此要正确认识自我,必须在实践中不断总结学习,排除各方面障碍。只有这样,才能正确认识现实中的自我,挖掘出自己的内在潜力,在求职时获得成功。

第二节 大学生的就业与心理健康

一、就业心理压力

当前,激烈的就业竞争环境给大学生带来了较大的心理压力。教育部原部长袁贵仁曾经指出:国际金融危机对我国就业的不利影响还没有消除,整个宏观层面就业形势就很严峻。2011年全国普通高校毕业生人数高达660万,再加上往届没有实现就业的,需要就业的毕业生数量之大可想而知。由此可见,当前就业形势的严峻,使得"就业"成为当代大学生最大的压力来源。压力过大会妨碍毕业生的顺利就业,不利于他们的身心健康,可能会出现抑郁、失眠等症状。

二、就业心理期望失落感

许多大学生都有一种"十年寒窗,一举成名"的心理,因此,对择业的期望相当高。大学生过分地考虑择业的地域、职位的高低和单位的经济效益,大多希望到生活条件好、福利待遇高的大城市、大机关、大公司工作,而不愿到急需人才但条件艰苦的中小城市和基层小单位工作。高期望驱使他们总是向往高薪水、高职位、高起点,渴求高收入、高物质回报率,并一厢情愿地对用人单位提出种种要求,将自己就业的标准定得很高,即使找不到合适的单位也不肯降低就业期望值。

 **案例分析**

现代财务管理专业某毕业生与某集团公司经过双选、面试考核,终于进入签约阶段,协议书首先由毕业生本人签署应聘意见,该生在"应聘意见"一栏中写下了以下6条要求:(1)从事财会工作;(2)每周工作五日,每日八小时工作制;(3)解决户口,提供单身住房;(4)住房公积金、劳动保险、养老保险等相关支出均由公司负担;(5)每半年调薪一次;(6)公司不限制个人发展(例如考研等)。单位鉴于以上条件不能完全答应,将协议书退回,并建议修改后再签。最终,该生因坚持自己的意见而未能被录用。现实就业岗位大多并不像大学生所想象的那么美好,因此当发现现实与理想的差异较大时就容易出现"高不成,低不就"的现象,并产生偏执、幻想、自卑等心理问题,并可能导致择业行为的偏差。

三、就业观念不合理

大学生的择业观念虽然在总体上是倾向于务实化与理性化,但由于处于择业观念的

转型过程,因此各种不良观念也存在着,并影响着大学生的健康和顺利就业。这些不良观念主要表现在以下几个方面:

(1) 只顾眼前利益,忽视职业发展。一些大学生在择业标准中只有工作条件、收入等眼前实在利益,而对自我的职业兴趣、能力、职业的发展前景等因素不作考虑,因而极易选择到并不适合自己的职业。

(2) 职业标准过于功利化、等级化。一些大学生过分强调职业的功利价值,甚至还将职业划分为不同等级,而不考虑国家与社会的需要,不愿意到条件比较艰苦的地区和行业去工作。

(3) 求安稳,一次到位的传统观念根深蒂固。一些大学生仍然喜欢稳定、清闲、福利保障好的单位,希望一次就能选定理想的职业,而不意选择有风险、有挑战性的职业,更不敢去自己创业。

(4) 过分强调专业对口,学以致用。一些大学生在求职时只要是与自己专业关系不密切的职业就不考虑,这样人为地增加了自己的就业难度。

(5) 职业意义认识不当。有相当数量的大学生仅仅把工作当作一种谋生的手段,没有充分认识到职业对个人发展、社会进步的重要意义。

四、就业人格缺陷

(一) 自我同一性混乱

有许多大学生尚未达成自我同一性,对自己的职业目标、需要、价值观及自身特点等没有明确的认识。在就业时不能正视自己的能力、素质,对自己没有一个客观、清醒、全面的评价。因此在职业选择时常常是茫然、犹豫不决、反复无常、见异思迁、躁动不安,不能主动、独立地获取职业消息、筛选目标、规划职业生涯,也不能作出正确的决策。

自我同一性混乱在就业中的两个突出表现就是盲目从众与依赖。盲目从众是指在求职中不考虑自己的兴趣、专业等特点,盲目听从或跟随别人的意见以及盲目寻求热门职业的现象。持有这种心理的毕业生往往脱离自己的实际状况,跟在别人的后面走。如在就业市场中哪个摊位前人多他们就往哪里去,别人说什么工作好他们就寻求什么样的工作,而全然不顾自己的能力和现状,不会扬长避短。依赖是指在就业中不愿承担责任,缺乏独立意识,没有个人独立的决策能力,没有进取精神,只是依赖父母或老师、学校,甚至只等职业送上门而不去积极争取。

一些毕业生自己不去找工作,只等着父母和亲朋好友出面四处奔波,到处找关系、托人情,甚至还怀恋过去那种统包统分的制度,希望学校解决就业问题。当别人为自己找的工作不合心意时就大发脾气,抱怨父母或学校。还有不少毕业生由家长陪着参加供需见面,职业的好坏完全由父母决定,缺乏自主择业的能力。

(二) 就业挫折承受力差

一些大学生在求职时只想成功,一旦遭受挫折就会像泄了气的皮球,一蹶不振,陷入苦闷、焦虑、失望的情绪之中不能自拔。他们对求职中的挫折既缺乏估计也缺乏承受能力,不能很好地调节自己的心态,也不会通过总结求职中的经验教训来获得下一次的成功。

自主择业给大学生提供了就业的自由及通过竞争获得理想职业的机会,应该说这也是大多数大学生所期望与认可的。但当大学生真正面对激烈的竞争环境时,也有许多人表现出缺乏信心、缺乏勇气,求职时战战兢兢、顾虑重重、畏首畏尾,不敢大胆自荐。结果是有压力没勇气,不能真正向用人单位展现自己的竞争实力,错过机会,在竞争中陷入不战自败的境地。

(三) 自卑与自大

一些大学生在求职中常会产生自卑心理,对自己评价偏低,总是以为自己的水平比别人差,自己肯定达不到单位的要求,自己能力不行等。就业中的自卑一般产生于以下一些情况:首先是一些冷门专业的学生看到就业市场寻求自己专业的单位少、待遇差或在求职中遭冷遇,就容易悲观失望;其次是一些性格比较内向、不善言辞的大学生看到其他应聘者口若悬河,自己什么也说不出来,也会自惭形秽;再次,一些在校成绩与表现一般的大学生看到别人的自荐书上奖励、证书、成果一大堆,自己什么也没有,也容易自我贬低;最后,一些女大学生在就业遭受到用人单位的歧视后也会自怨自艾。总之,自卑的大学生不敢正视现实,对自己的长处估计不够,怀疑自己的能力,不善于发现适合自己的职业岗位,在对自己的抱怨、贬低中失去了求职的勇气。

 **案例分析**

用人单位到学校来招聘毕业生时,小李去面试了,可是才几分钟就被淘汰下来。原因是小李在求职面试中十分紧张,回答问题的时候面红耳赤、语无伦次,面试前辛辛苦苦准备的"台词"、腹稿也忘得一干二净……

毕业生小D口才不错,在与用人单位代表面谈时自我感觉良好。一番海阔天空地高谈阔论以后,当对方问他的个人爱好是什么时,他竟得意扬扬地宣称是"游山玩水",结果被用人单位毫不犹豫地拒之门外。

自卑的反面是自大,而且两者有时会相互转化。一些专业较好、就业资本较雄厚的大学生容易从自信变为自负。还有一些大学生是脱离实际的自大,他们既缺乏对自己的客观认识,也对就业市场、职业生活缺乏了解,一切都凭自己的主观想象。例如,有的大学生自以为经过大学几年的学习和锻炼已经满腹经纶,任何工作到手中都可以出色地完成,在求职中自觉高人一等、自命不凡、四处吹嘘,一旦出现变故则容易陷入自卑、自责、一蹶不振的状态。

(四) 偏执与人际交往障碍

大学生就业中的偏执心理有不同的表现。首先是追求公平的偏执。要求公平的竞争环境,对一些不良的社会风气感到气愤是正常的,但有一些大学生表现为对公平的过分偏执,以至给自己的整个求职过程都笼罩上了心理阴影。其次是高择业标准的偏执。大多数大学生对求职有过高的期望,部分大学生固执己见,偏执地坚持自己原来的择业标准,甚至宁愿不就业也不改变。最后是对专业对口的偏执。一些大学生在就业时过分追求专业对口,不顾社会需要,无视专业的伸缩性、适应性,只要是与专业有出入的工作就不问津,只要不能干本专业就不签约,人为地减少了自己就业的机会。

有些大学生缺乏基本的人际交往能力。例如,有的在求职过程中过于怯懦、紧张,不敢在用人单位面前表现自己,甚至连面试也不敢去,常常一开始就面红耳赤、语无伦次。还有的在求职中不会察言观色,不懂得照顾别人的感受,不懂人际交往的礼貌礼仪。

 **案例分析**

小陈一直都找不到单位,原因就在于他极不善于和用人单位进行沟通,总觉得与对方格格不入。例如,有一次招聘单位到学校与其见面,一位同志在交谈中向小陈递了一支香烟,小陈连忙说:"不抽,不抽,我没有这种坏习惯!"这一举动把招聘单位的领导搞得十分尴尬,而在座的人都啼笑皆非。

五、就业心态问题

(一)过度焦虑与急躁

就业时许多大学生是希望谋求到理想的职业,担心被用人单位拒之门外,还担心自己在择业上的失误会造成终身遗憾,对未来的职业生活感到心中无底。在就业过程中存在一定的焦虑是正常的。但一些大学生的焦虑过了头,成天都充满了各种不必要的担心以致造成精神上紧张不宁、忧心忡忡、烦躁不安、意志消沉,行为上反应迟钝、手忙脚乱、无所适从。还有一些大学生在就业时显得过于急躁,整个就业期情绪始终处于亢奋状态,常常心急如焚、四面出击、东奔西跑,希望尽快找到合适的工作,但又缺乏对就业形势的冷静观察及对自我求职的理性思考,做了许多吃力不讨好的事。因此,常常会有一些毕业生在并不完全了解用人单位的情况下就匆匆签约,一旦发现实际情况与自己想象的不一样或发现了更好的工作时,又追悔莫及,甚至毁约,给自己带来许多不必要的麻烦与心理困扰。

(二)消极等待与"怀才不遇"心理

与就业时的急躁心理相反的是一些大学生在就业问题上表现得非常消极。他们平时也不参加招聘会,有单位来了就看看,如果不满意就等下去,满意时也不主动争取,抱着"你不要我是你的损失"的态度,期待着有单位会主动邀请。还有些人这山望着那山高,不肯轻易低就,明明已找到工作单位,但拖着不肯签约,总希望有更好的单位出现。

另外,有些大学生自恃条件很好,自认为"满腹经纶""博古通今""学富五车",可以大有作为,但在择业时常常要么碰壁,要么找到的工作不满意,于是就抱怨"世上无伯乐",抱怨自己运气不好,成天闷闷不乐、怨天尤人。

(三)攀比与嫉妒

在求职中大学生之间"追高比富"的现象时有发生,一些同学在求职中经常相互吹嘘自己的职业待遇好、收入高,导致职业期望越来越高,求职变成了自我炫耀。还有些同学看见或听见别人找到了条件优越、效益较好的单位,心理上就不平衡,抱着"他能去,我更能去"的态度非要找一个条件更好的单位,而不考虑自身的条件、社会需要特点、职业发展及就业中的机遇因素。还有些大学生对别人所找的工作心存嫉妒,特别是看到条件不如自己的人也找到很好的工作就更容易出现嫉妒心理,于是故意对别人的工作冷嘲热讽、贬低和挖苦以图打击别人。更有甚者抱着"我得不到,你也别想得到"的畸形心态,在用人单位面前造谣中伤、打小报告。

(四)抑郁与逆反

一些大学生在择业中受到挫折后会感到无能为力、失去信心,表现为不思进取、情绪低落、意志消沉。他们常常会放弃一切积极的求职努力、听天由命,严重时还会对外界的环境也漠然置之,减少人际交往,对一切都无所谓,并进而导致抑郁症。还有一些大学生对一些正面职业教育、职业信息存在逆反心理。对来自辅导员、班主任、负责就业指导的有关人士以及同学和用人单位的正确信息、善意的批评与建议,不相信、不听从,偏要对着干,要按自己的一厢情愿去求职。例如,当别人为其推荐某工作单位时,总是抱有戒心,别人讲得越多他越不相信。当求职失败时,不总结自己的问题,甚至明明知道自己失败的原因也不改正,在以后的求职中依然我行我素,听不进任何批评与建议。

(五)说谎侥幸与懒散心理

有些大学生认为用人单位不可能去查实每个人的自荐书是否真实,而且在面试时时间比较短不可能对自己作全面的考察和了解,只要自己当时充分表现一下,把工作骗到手,签好协议书就行了。于是,一些毕业生把别人的获奖证书、成果证明等偷梁换柱地复印在自己的自荐书里,而且自己明明没有当什么干部,也没有参加什么社会实践活动,也照着别人的写上,以至有时在用人单位收到的自荐书中一个班竟出现了五六个班长。还有的大学生在面试时把自己吹得天花乱坠、无所不能,结果经过现场实践考核或试用就马上露出了原形。

 **案例分析**

"熟练操作 word、Excel 等办公软件……"许娜的简历这样写着。但事实上,她只是经常上网,对文秘工作知之甚少。当初听了朋友的"经验",许娜"精心"制作了一份"硬件齐备"的简历,加上面试时自身条件优越,所以就顺利过关了。但在第二天,主管便发现,许娜制一个表格就要用一下午的时间,打印都不懂得如何设置……第三天,公司 HR 经理对她说:"许小姐,你这是在浪费我们的时间,也是在浪费你自己的时间。你这样的行为对彼此都是一种不尊重,希望你以后再找工作的时候能学会诚实……"

有的大学生签约比较早,往往在离毕业半年前或更长时间就落实了单位,这时就容易出现懒散心理,认为工作单位已定,没有什么可以担心了,应该松口气、歇歇脚了,于是学习没有动力,组织纪律涣散,考试仅仅追求及格,毕业论文只求过关,甚至长期旷课、看黄色录像、夜不归宿。还有极少数大学生因此受到学校的处分。严重的甚至被开除或勒令退学,找到的工作也因此丢了,悔之莫及。

(六)不满心理与行为、生理反应失常

由于就业市场上的不公平现象以及某些专业、学校不易找工作的客观现实,一些大学生在遇到就业挫折时就容易出现各种不满心理。如有些学生认为"学习靠自己,就业靠关系";还有些学生出现了对专业、学校的抱怨、贬低。在各种不满与不良就业心态的影响下还会出现一些不良行为和生理反应。这些不良行为有故意旷课、夜不归宿、喝酒、起哄、闹事、损坏东西、打架对抗、进行不良交往、行为怪异、过度消费等,严重时还可能导致严重违纪与违法行为的出现。由于刺激和心理冲突强度大,有的大学生会出现一些躯体化症状,如头痛、头昏、心慌、消化紊乱、神经衰弱、血压升高、身体酸痛、饮食障碍、失眠。行为与生理反应的失常通常是比较严重的就业心理失常的表现,出现这些问题时要及时进行心理调节或寻求心理咨询专家的帮助。

第三节 职业生涯规划

阿基米德说过:给我一个支点,我能撬起地球。人们在社会上要想获得成功,实现自己的梦想,也同样需要一个支点,这就是职业。职业是人们参与社会分工,利用专门的知识和技能,为社会创造物质财富与精神财富,获取合理报酬作为物质生活来源,并满足精神需求的工作。

随着社会经济的飞速发展,今天已经很少有人像我们的前辈那样,以一辈子坚守一个不变的职业为荣。"跳了吗""换个地方闯闯",是许多人的口头禅。成长于信息时代的当代大学生,越来越不满足于一职定终身,而是随时准备寻找一个更好的发展机会。因此,越来越多的人开始关注个人职业生涯的发展,希望及早做一份有效的个人职业生涯规划。

一、职业生涯的内涵

职业生涯是一个发展的概念,即将个人的职业生涯看作是一个动态过程,具有浓厚的个人色彩。它是一个人对职业发展道路的规划和准备,对于当今大学生的择业和就业具有重要的指导意义。具体来讲,职业生涯是以心理开发、生理开发、智力开发、技能开发、伦理开发等潜能开发为基础,以工作内容的确定和变化、工作业绩的评价、工资待遇及职称与职务的变动为标志,以满足需要为目标的工作经历和内心体验的经历。职业生涯是人一生中最重要的历程,是追求自我实现的重要人生阶段,对人生价值起着决定性作用。

二、影响职业生涯的因素

职业生涯既是个人发展的基础,又是个人发展的历程体现。影响职业生涯的主客观因素主要有个人因素、组织因素及偶然性因素。

(一)个人因素

个人的个性、追求、价值观及具体行为等,都直接影响到职业生涯的进展。不论成长于怎样的环境,大多数人对自己未来的发展都有一定的愿望、设想、预计和准备,一些人还为实现个人抱负设置了目标,并为实现目标而努力创造条件。

(二)组织因素

在人的一生中,对职业生涯影响最大的还是他们的工作单位,因为一个人的职业空间来自单位。单位对员工个人职业生涯发展的影响,包括人力资源观念、管理措施及管理者的水平。

(三)偶然性因素

在个人职业发展的过程中,不可避免地要受到偶然性因素的影响。有时候,这些影响的作用是巨大的。然而,机遇从来只青睐有准备的人。有所准备的人总是要比那些缺乏准备的人更易于掌握主动权。

三、职业生涯规划

职业生涯规划是个人结合自身情况及眼前的制约因素,为自己实现职业目标而确定的行动方向、行动时间和行动方案。

(一)职业生涯规划的种类

一个人的职业生涯贯穿一生,是一个漫长的过程。按照规划的时间维度,职业生涯规划可以分为短期规划、中期规划、长期规划和人生规划4种类型。

1. 短期规划

短期规划是两年以内的规划,主要是确定近期目标,规划近期应完成的任务。例如,计划两年内熟悉新公司规则,融合到企业文化中,为此要花较多的时间与同事、领导沟通,向过来人学习。

2. 中期规划

中期规则一般涉及2~5年内的职业目标和任务,是最常用的一种职业生涯规划。例如,三年后要成为部门经理,完成相应的业绩,以及为实现此目标而参加的培训等可采取的具体措施。

3. 长期规划

长期规划是5~10年的规划，主要是设定较长远的目标。例如，规划35岁时成为分公司经理，掌握更大的权力，以及为实现此目标所应采取的具体措施。

4. 人生规划

人生规划是整个人生的职业生涯规划，时间可长至40年左右，设定整个人生的发展目标和阶梯。

由此看来，职业生涯规划从短期到中期，再到长期，直至整个人生规划，如同将要拾级而上的台阶，一步步发展。但在实际操作中，时间跨度太长或太短的规划都不利于自身发展。所以，一般提倡职业生涯规划掌握在2~5年内比较好。这样既便于根据实际情况设定可行目标，又便于随时根据现实的反馈进行修正和调整。

（二）职业生涯规划的特点

1. 个性化

一个人的职业生涯规划必须由自己来设计。马斯洛的需求理论告诉我们，人发展的动力源泉在于人自身。每个人由于成长环境、文化背景、个性类型、文化资本构成、价值观、能力、职业生涯目标及对成功评价的标准等不尽相同，对自己的职业生涯规划也会不同。可以说，职业生涯规划是个性化的发展蓝图。组织和企业不能把组织的职业生涯规划强加在个人身上，个人也不能抱着"做一天和尚撞一天钟"的态度来对待自己的未来，将自己的一切交给别人，自己的职业生涯规划只能靠自己做。

2. 开放性

尽管职业生涯规划是相当个人化的事情，但也不能无视社会、企业环境及他人的影响。如果制订的职业生涯规划只从个人愿望出发，而不考虑社会和企业环境的需求与发展，也全然不考虑他人的忠告，其结果是规划目标无法实现。同时，那种强烈的挫折感也会让自己沮丧不已。所以，一份有效的职业生涯规划，必定是在对主客观环境审时度势的基础上，广泛听取领导、同事、家人以及职业顾问的意见之后，才制订出来的。而且，在这个开放变革的社会里，有效的个人职业生涯规划更要经历数次的修正和调整，绝不是一成不变的。

（三）职业生涯规划的要素

职业生涯规划的要素表明生涯规划具有明显的个性化特征。每个人因各自的职业生涯发展阶段和历程不同，其职业生涯规划的重点也有所不同。不同的人在作职业生涯规划时，所考虑的因素也有所不同，但有些要素是必须考虑的。我国人事科学研究者罗双平用一个精辟的公式总结出了职业生涯规划的三大要素：

$$职业生涯规划 = 知己 + 知彼 + 抉择$$

俗话说："知己知彼，百战不殆。"在职业生涯规划中，所谓"知己"就是了解自己；"知彼"就是熟悉周围的环境，特别是与职业生涯发展有关的工作环境。如果你确定的职业生涯目标符合现实，对从事的职业感兴趣，所从事的工作能发挥专长，利用了个人的强项，对工作的环境能够适应，这就说明你的职业生涯规划不仅做到了"知己""知彼"，而且还作出了正确的"抉择"。

(四) 职业生涯规划的原则

大学生在制订职业生涯规划时应遵循以下原则：

(1) 长期性原则。规划一定要从长远考虑，着眼于大方向。

(2) 挑战性原则。目标或措施是具有挑战性，还是仅保持原来状况；目标选择能对自己起到内在的激励作用；如果完成计划，会带来成就感。

(3) 清晰性原则。目标、措施要清晰、明确，实现目标的步骤具有可操作性，各种安排具体。

(4) 可行性原则。要从事实出发，充分考虑到个人、社会和企业环境的特点与需要，要与社会、企业需求相协调，各阶段的路线划分与措施安排要具体可行。

(5) 适时性原则。达到各种目标的行动安排、先后次序要作出明确的时间设制或标准，时间表应作为日后行动检查的依据。

(6) 适应性原则。目标或措施要有弹性或缓冲性，要能随着环境的变化而作调整。

(7) 持续性原则。人生的各个发展阶段应该持续连贯地衔接下去，作规划也应当考虑职业生涯发展的整个历程，作全程的考虑。各个具体规划与人生总规划是否一致，主要目标与分目标是否一致。

 **案例分析**

A同学大学就读国际贸易专业，毕业后理所当然地寻找专业对口的工作。A同学英语并不好，大学里也没认真努力过，所以毕业后也只拿到了CET-3，对外贸业务这个行业上来说是最低的要求了。虽然在大学期间A也想过毕业后不找本专业的工作，但就业形势和找工作现实不得不让A妥协，找了一家很小的外贸公司做外贸业务员。

做业务员和销售有关的工作底薪都是很低的，如果没提成工资只能维持个人温饱，别说能余下钱了。在一年多的外贸生涯里，A不但在业绩上毫无起色，性格从开始的乐观变得消沉，开始变得烦躁。由于做业务压力大，晚上也开始失眠。总之，工作是痛苦的，生活也免不了受工作的情绪带动。在工作中想得最多的就是跳槽，换行业。但刚毕业的学子们，对自己的职业生涯都是很迷茫啊。不知道什么适合自己，自己适合什么，自己的兴趣是什么，自己的所长是什么。由于工作需要，每天对着电脑，就经常浏览一些帖子，有段时间关于职业生涯的内容深深地吸引着A。从此，A的脑子不再平静，开始积极收集这方面信息，并进行自我分析和总结。后来，经朋友介绍，认识一个从事大学生职业规划的老师，在他的引导和分析下，A毅然地辞去了那份食之无味的外贸工作，走上了自己感兴趣的网络游戏开发及维护这个行业。

大学时逃课玩网络游戏所积累的经验和技术，都在这份工作中派上了用场，并从中获得了乐趣。开心工作的同时也获得丰厚的劳动报酬，谁说这不是人生的一大乐趣呢？对自己的工作和前途感到迷茫？正常！长期迷茫？那就需要调整与改变！

（五）职业生涯规划的步骤

1. 确立目标

俗话说："志不立，天下无可成之事。"没有目标，人生如同驶入大海的孤舟，四周茫茫，不知该走向何方。立志是人生的起点，反映着一个人的理想、胸怀、情趣和价值观，影响着一个人的奋斗目标及成就的大小。因此，我们在进行职业生涯规划时，首先要确定目标，这是制订职业生涯规划的关键，也是最重要的一点。制订职业生涯规划，是为了实现某种职业目标，进而获得自己理想的生活，所以目标抉择是职业生涯规划的核心。

2. 自我与环境的评估

"知己"是职业生涯规划的第一大要素。自我评估是职业生涯规划的基础，也是能否获得可行的规划方案的前提。有效的职业生涯规划要求规划者首先对自己作全面的分析。通过自我分析，深入地认识和了解自己，唯此才能对自己未来的职业生涯作出最佳的抉择。如果忽视了自我评估，职业生涯规划就很容易成为无根之木。

环境因素对一个人职业生涯发展的影响是巨大的。作为社会生活中的个体，我们只有顺应外部环境的需要，趋利避害，最大限度地发挥个人优势，才能实现个人目标。

3. 职业的选择

大学生职业选择的正确与否，直接关系到人生事业的成败。据统计，在选错职业的人中，有80％的人在事业上是失败者。所以，我们在选择职业时，一定要考虑性格与职业的匹配、兴趣与职业的匹配、特长与职业的匹配、内外环境与职业的相适应等。应把握职业选择的黄金法则：择己所爱、择己所长、择己所需、择己所利。

 **案例分析**

薛明小的时候，常跟父母外出旅游，看到那些各式各样的建筑，就特别喜欢，想当个建筑大师。长大后，他如愿以偿地考上了建筑设计专业，毕业后通过关系，进了家乡的国企建筑公司搞建筑工程，每天就是在施工工地上，最能发挥才能的就是帮助领导分析一下图纸，建筑设计根本不用。提出几次意见，领导却认为他有点狂妄自大。薛明很烦闷，忍耐着做了一年半。听说做房地产非常赚钱，于是他跑到南方做起了房地产营销，效益还不错，自己也在南方买了房。可是，每次想起自己的设计专业，想起自己童年的梦想，他的心就在作痛。再加上当前房地产下滑，于是，他又辞职去重新找工作，很想回归自己的专业，设计出理想的建筑。可是，想想自己转眼毕业五年了，还没有实践经验，专业还能拿得起来吗？也没有经常去学习现代设计风格，还能跟上时代的步伐吗？薛明很苦闷。

4. 职业生涯策略

职业生涯策略是为实现职业生涯目标而制订的行动计划。有效的职业生涯设计需要有确实能够执行的职业生涯策略。具体的、可行性较强的行动方案会帮助你一步一步走向成功，实现目标。在确定了职业生涯目标后，行动便成了关键的环节。没有为达到目标的行动，目标就难以实现，也就谈不上事业的成功。这里所指的行动，是指落实目标的具体措施，主要包括工作、训练、教育、轮岗等方面的措施。例如，为达到目标，在工作方面，你计划采取什么措施来提高你的工作效率;在业务素质方面,你计划学习哪些知识及掌握哪些技能,来提高你的业务能力;在潜能开发方面,你打算采取什么措施开发你的潜能等。对这些,都要有具体的计划与明确的措施。计划还要具体,以便定期检查。

5. 反馈评估

俗话说:计划赶不上变化。尤其是在现代社会,变化是永恒的主题。影响职业生涯规划的因素很多。有的变化因素是可以预测的,而有的变化因素则难以预测。有效的职业生涯规划设计最重要的是要不断地评估与反馈,不断地反省、修正目标和策略方案,以适应环境的改变,并最终实现最高人生理想。其修订的内容包括生涯机会的重新评估、职业的重新选择、生涯目标的修正、计划与措施的变更等。

总之,没有不成功的人,只有不成功的职业生涯规划。在职业生涯发展的道路上,重要的不是体现在所在的位置,而是迈出下一步的方向。只要开始,永远不晚;只要进步,总有空间。只要合理地规划未来,"我知道我的未来不是梦"。

第四节 求职技巧

一、求职技巧的练习与指导

作为求职者综合素质的一个方面,求职技巧实质上体现了求职者的多种能力和素养。比如,表达能力、应变能力、社交意识、时间观念和文明礼仪等等,贯穿于求职的整个过程,对求职成功起着至关重要的作用。求职者如果不掌握一定的求职技巧,纵使有一身好本领,也有可能被招聘单位冷落。求职技巧是求职过程中的方法、手段和技能。按求职的环节来分,通常把求职技巧分为招聘信息的采集技巧、求职文书的撰写技巧和求职面试的应对技巧三大类。

(一) 招聘信息的采集技巧

招聘信息是指与就业相关的消息与情况。没有招聘信息,就没有就业渠道。在人才需求总量供大于求的"买方市场"态势中,每一个择业者必须通过各种途径,获取足够的信息,以了解当下与自己类似的求职群体的总体供需形势,分析自身所学专业的就业前景与发展趋向,克服专业结构所带来的供求矛盾,然后明确自己向往的行业与将选择的职业,这样才不至于盲人摸象式地瞎摸一通。

招聘信息的获取途径有很多,应主要通过专门的就业指导服务中心、职业中介部门、各级人才市场和招聘会及各类大众传媒等获取招聘信息。对于采集到的招聘信息,应进行综合分析,并结合自身特点进行筛选,以保证招聘信息的真实性、科学性和有效性,最终实现成功就业。

 **案例分析**

"星级饭店招聘男女公关经理,要求气质好,口才佳,无须工作经验,无学历要求,底薪600元,月薪可达上万元。"一则贴在电线杆上的招聘广告引起了大学毕业生小马的注意,优厚的薪酬吸引他前去应聘,结果想走捷径的小马被骗去600元。大学生在求职时,一定要鉴别招聘信息的真假,天上不会掉馅饼,不可盲目地追求高薪酬。

(二) 求职文书的撰写技巧

求职文书包括求职信和求职简历。求职信反映的是求职者的求职意向和主观情况,求职简历反映的是求职者的客观情况。求职简历还是用人单位了解求职者基本情况的重要资料,是证实求职者适合应聘岗位的重要工具。求职信与求职简历的共同任务是帮助求职者获得面试机会。对于每一个求职者来说,写好求职文书将成为求职中的一个十分重要的环节,是踏上求职成功的第一步。

1. 求职信的撰写技巧及重点

求职信又称"自荐信",是有目的地针对不同用人单位的一种书面自我介绍,是求职者向用人单位表达自己求职意向的一种方式。其意义在于帮助求职者推销自己,概括求职者想要什么、能做什么等。应该说求职信没有什么统一的格式和现成的规定,重在内容真实,特色鲜明,措辞得当,简明扼要。一般应针对求职者自身的情况和用人单位的具体要求来撰写。首先,正确称呼用人单位,介绍自己从何处获得对该单位的就业信息,写清楚自己的姓名、性别、出生年月、学历、毕业学校及专业等个人的基本情况;其次,结合专业和特长说明求职的愿望动机,说明自己所要竞聘职业岗位的理由和今后的目标,这应为全文的核心和重点部分;最后,结尾要强调希望和用人单位招聘主管人员见面的愿望,并致谢。同时应附个人简历,写明本人的联系方式和具体通信地址。

写求职信应注意的主要事项有:

(1) 要有一个新奇、出其不意的开头,这样容易引起对方的注意和兴趣,达到先入为主的良好效果。

(2) 求职信的内容应特色鲜明,内容精练,直奔主题,切忌太短或太长,以500～600字为宜。

(3) 内容务必真实,既不过于谦虚,也不要过于夸大,应客观真实地反映自己的优点和才能,以及对用人单位的真情实感。

(4) 求职信最好自己手写,字迹工整,杜绝错别字,给人一种亲切、实在的感觉,一些附件可以打印或复印,但应尽量设计得美观、大方一点。

2. 求职简历的撰写技巧及重点

求职简历是自己生活、学习、工作的经历、成绩的概括集锦。它的主要任务是争取让接受方和求职者进行联系,主要目的就是争取到面试的机会。据相关调查发现,招聘者平均在每份简历上只花费1.4分钟。每次招聘会结束,都会有大堆式样各异的求职简历被无情地扔进垃圾筒。有的求职者对自己的简历过于包装,也有的简历千篇一律,这些也很容易被用人单位拒之门外。如何让自己的简历脱颖而出,顺利进入面试阶段,求职者必须合理把握简历的标准——简而有力,字字有声。

(1)以优良的人品感动人。是否具有非凡的经历、优秀的人格品质及良好的性格,已经成为当今许多用人单位在录用人员时要考虑的一项重要条件和内容。求职者假如能在这方面进行挖掘,做些文章,无疑会给自己增添一些优势。

(2)以明显的优势说服人。俗话说:"不怕不识货,就怕货比货。"对于那些在大学阶段成绩非凡和能力出众的求职者,在写求职简历时,就要善于突出和反映自己的优势,优点尽可能具体化。例如,写"成绩优异"就不如写"成绩排在年级或专业的第几名,通过了国家CET-4、CET-6考试,被评为'校三好生'"等,这样写更具有分量。

(3)以独特的见解征服人。求职者在写求职简历时,假如能够自然地写出对一些与自己相关问题的看法,也可让用人单位对自己的能力和水平有所了解。

(4)以出众的特长吸引人。用人单位都希望被录用者具备一定与所聘岗位相符的特长、才能。因此,求职者在写求职简历时,一定要根据应聘岗位突出自己的特长。例如,应聘的是行政、人事管理类的岗位,简历中可突出自己在计算机应用、沟通、协调、组织等方面的能力;营销类职位时则要突出自己的策划、社会活动、创新和表达能力等。

写求职简历时应注意以下主要事项:

第一,不要"遍地开花"。不要因找工作心切,随便找一些单位发出求职简历,这种"四处撒网"的做法,没有针对性,缺乏对用人单位的了解,工作之后才发现不理想,悔之晚矣!

第二,避免简写歧义。在平时谈话时,很多人都习惯简称自己的就读学校或专业,但在求职简历中应避免简称防止产生歧义。例如,"江大"这个大学简称,在江苏镇江地区一般人都当作"江苏大学"的简称,但在江苏无锡地区的人就会把它当作是"江南大学"的简称。

第三,不能主次不分,眉毛胡子一把抓。语言表达的逻辑性、条理性、明确性是写求职简历最起码的要求。把自己的最闪光的部分重点表达,人人都有的就一般陈述。

总之,求职是一个自我推销的过程,写求职信或简历只能"适度推销",而不可夸大其词。书写应工整、规范,要有理有节,不卑不亢,做好"一颗红心,两种预备"。

(三)求职面试的应对技巧

对大多数求职者来说,应届大学毕业生在上学期间各种笔试不断,尚能应对自如,而对面试则因经历少而不知所措。学会面试,是求职择业时面临的新课题。面试被广泛应用于人才劳务市场中,这是决定应聘者能否参加复试和签约录用的重要环节。

 案例分析

小顾曾经面试过一家三资企业的市场营销员岗位。面试中,企业人事对小顾有了初步的录用意向,复试也进展得十分顺利,复试即将结束之际,面试官突然抛来一个问题:"你的女朋友在哪里工作?"小顾愣了一下,然后和盘托出。结果出人意料,小顾最终没有被单位录取,原因是面试官认为,在与人初步交往时,他没能保护自己的隐私,那么在日后

的工作中又如何保护企业的形象和商业秘密呢?

求职者把握面试的技能、技巧是获得就业成功的关键环节。一般应把握以下几点:

1. 面试前的预备

俗话说,不打无预备之仗,"知己知彼,百战不殆"。

(1)全面了解应聘单位。求职者对用人单位所有制的性质、工作环境、业务范围、企业特点、发展前景,对应聘岗位职责及所需的专业知识和技能等要有一个全面的了解,同时还应该通过熟人、朋友或有关部门了解对你进行面试的考官的有关情况以及面试的方式、过程和时间安排,索取可能提供给你的任何资料。

(2)正确自我评价。求职者要自信地应对面试,就必须对自己有一个理性的评价,确定与自己的个性、爱好相符的工作环境,熟悉与应聘岗位相关的专业知识、技能。面试前还要预备一个简短的自我介绍,包括本人的优点、特点,具备了什么样的专业知识、专业技能和胜任应聘岗位的能力等。

(3)反复模拟练习。求职者在面试前可先进行模拟练习,根据应聘岗位的性质和要求自拟模拟题,试着提出问题和回答问题,真正体验面试的氛围,检查自己的不足。

(4)资料预备充分。面试时要带好招聘单位的有关资料,以备随时查阅;要带上自荐书和自己所填报的资料应聘表、自己发表过的文章、写的报告、计划书以及获得的各种奖励证书等;同时还要携带相关证件,以备招聘单位查阅。要注重所有材料排列整齐,心中有数,以免面试中需要时手忙脚乱给考官留下缺乏条理性的印象。

(5)保持最佳风貌。面试前要调节好心态,要自信、乐观、镇静,把注意力放在面试进程上,不要尚未面试,而过多关注面试对自己的重要性和利益关系,产生焦虑、胆怯、害怕等精神紧张状态,使应有的水平和能力不能正常表现和发挥导致失败。另外,面试时要求衣着装扮要整洁、大方、得体,既符合应聘的职业形象要求,又能体现自身的形象气质特点。尽可能提前到达面试地点,熟悉面试环境,为面试成功奠定基础。

2. 面试中的应对技巧

(1)要诚实应答。对主试人提出的问题,如果不知道,就坦率承认,对方会看中你的诚实。当主试人提出看法和指出你的不是之处时,要虚心接受;主试人若说得不对,你也只能是一笑了之,"仁者见仁,智者见智",不要非与对方争个是非曲直。

(2)要准确应答。对主试人提出的问题要给予肯定的回答,切不可模棱两可,对于社会问题、国际问题一类比较大的题目,不要照搬报纸、电视上的说法,只要侧重发表一两点自己的真实看法即可。即使说得不准确,也表明你对社会、人生、时事有自己独特的见解,同样会获得主试人的好评。

(3)答问要讲策略。面试中,假如对主试人提出的问题一时摸不着边际,以致不知从何答起或难以理解对方问题的含义时,可将问题复述一遍,并先谈谈自己对这一问题的理解。对不太明确的问题,一定要搞清楚,这样才会有的放矢,不致南辕北辙、答非所问。假如想当然地去理解对方所提的问题,其结果可能被视为无知,甚至是不礼貌。

(4)答问要有独见。主试人接待的应试者若干名,相同的问题问了若干遍,类似的回答也要听若干遍。因此,主试人会有乏味、枯燥之感。只有具有独到的个人见解和个人特点的回答,才会引起对方的关注。

二、正确处理面试求职失败

面试求职失败是指在面试时或结束后,被告知这个工作并不是给你的,或者你不能让用人单位相信你适合这份工作。这时作为求职者应马上改变策略,不再纠缠于给予机会,而是应珍惜面试的机会,坦然承认失败并希望面试官给些建议,指导你今后求职。不管你当时是否承认他的观点,你都应虚心接受,日后好好反思,或许会有很大的启发或意想不到的收获。

三、在求职面试中不断总结经验

职业指导人员对求职者进行求职技巧的练习与指导是非常重要的。通过对求职者的帮助、训练和引导,使劳动力实现人尽其才,人职匹配,达到和谐就业。同时求职人员了解、熟悉、把握、运用求职技巧进行求职更是必需的。与其抱怨工作为什么与你擦肩而过,不如审阅一下自己的求职技巧,学习、把握、提高自己的求职技巧,为顺利实现就业奠定良好基础。

如何确定职业定位

也许你刚刚升入大一,也许你现在已经是一名马上要走上工作岗位的应届毕业生,但不管你现在处于什么情况,都应该对自己的未来,尤其是未来要找一个什么样的工作,有一个清晰明确并且适合自己的目标和计划——我到底将来计划在什么行业发展?我将来到底要选择什么职业?我今生到底应该实现什么样的职业目标?

我们的职业目标和职业定位,是我们以后整个人生职业生涯的起点。如果我们的职业定位不清晰或不适合自己,那么很可能造成在我们参加工作许多年之后,仍然没有形成自己的真正专长,同时在个人事业上也没有取得任何真正的成就,而确定自己的职业目标和职业定位,从我们自身角度来说,除了所学的专业知识,还至少应该考虑以下几个方面:

1. 我喜欢做什么(主要包括职业兴趣、职业价值观等)?
2. 我适合做什么(主要包括性格、气质、智商、情商等)?
3. 我擅长做什么(主要包括职业能力倾向等)?

本章主要介绍了大学生择业心理与准备、大学生的就业与心理健康、职业生涯规划、求职技巧等方面的知识。通过本章的学习,同学们要了解大学生择业心理与准备,熟悉大学生的就业与心理健康的关系,制订合理的职业生涯规划,并掌握一些求职技巧方面的知

识,争取在毕业后成功就业。

 思考与练习

1. 明确自己的职业目标,给自己制订一份中期职业规划书。
2. 大学生应该掌握哪些心理调适方法来面对求职与择业?
3. 大学生应该做好哪些择业心理准备?

择业心理测试

请认真阅读以下条目,根据自己的情况作出选择,请将符合您情况的选项序号打"√"。答案没有对错之分。您作出选择后无须斟酌修改,第一印象即是最好的答案。1—表示非常不符合,2—表示不符合,3—表示说不准,4—表示符合,5—表示非常符合。

(1) 对于将来做什么工作,我已经作了决定。　　　　　　　1 2 3 4 5
(2) 选择职业最重要的考虑因素是钱。　　　　　　　　　　1 2 3 4 5
(3) 我担心找不到自己想要的工作。　　　　　　　　　　　1 2 3 4 5
(4) 尽管现在我还是个学生,但是我能想象出将来自己的工作状况。 1 2 3 4 5
(5) 如果父母不赞成我想要从事的职业,要不要选择它我会感到为难。
　　　　　　　　　　　　　　　　　　　　　　　　　　1 2 3 4 5
(6) 我对很多职业感兴趣,但是,如果从中选出一个的话,我就会觉得为难。
　　　　　　　　　　　　　　　　　　　　　　　　　　1 2 3 4 5
(7) 对于别人羡慕的职业和适合我的职业,我会选择前者。 1 2 3 4 5
(8) 我不确定我是否能够在自己选择的职业上取得成功。　 1 2 3 4 5
(9) 我会按照父母的希望选择职业。　　　　　　　　　　　1 2 3 4 5
(10) 我已经选定了我的职业,所以,现在我不用担心职业选择的问题。
　　　　　　　　　　　　　　　　　　　　　　　　　　1 2 3 4 5
(11) 我会按照父母和朋友的希望选择职业。　　　　　　　1 2 3 4 5
(12) 我经常考虑可能从事的职业,但是,我还没有确定一个特定的目标。
　　　　　　　　　　　　　　　　　　　　　　　　　　1 2 3 4 5
(13) 因为我对自己没有太多信心,我怀疑即使在我选择的职业中取得成功也不能帮助我成为我想做的那个人。
　　　　　　　　　　　　　　　　　　　　　　　　　　1 2 3 4 5
(14) 不管其他人怎么说,我想我会选择一个我喜欢的职业。 1 2 3 4 5
(15) 只要能赚到很多钱,我不在乎选择什么样的职业。　　 1 2 3 4 5
(16) 看报纸的时候,我喜欢读那些在我感兴趣的领域里取得成功的人的文章。
　　　　　　　　　　　　　　　　　　　　　　　　　　1 2 3 4 5
(17) 在选择一个职业的时候,其他人的支持对我极其重要。 1 2 3 4 5

(18) 我希望选择一个有声望的职业,不论我的兴趣和能力怎样。　　1　2　3　4　5
(19) 我担心我选择的职业不能帮助我成为想做的那个人。　　　1　2　3　4　5
(20) 对于我感兴趣的职业领域的人,我想和他们交流。　　　　1　2　3　4　5
(21) 我会根据我自己的标准来选择职业。　　　　　　　　　　1　2　3　4　5
(22) 对于职业,我已经作了明确的决定。　　　　　　　　　　1　2　3　4　5
(23) 当选择一个职业的时候,我考虑的是晋升的机会,而不是工作的性质。
　　　　　　　　　　　　　　　　　　　　　　　　　　　　1　2　3　4　5
(24) 我喜欢和校友讨论学业和未来职业。　　　　　　　　　　1　2　3　4　5
(25) 为了过我自己的生活,我会基于自己的信念来选择职业。　1　2　3　4　5
(26) 尽管以后我可能会改变想法,但现在,我已经选定了一个吸引我的职业。
　　　　　　　　　　　　　　　　　　　　　　　　　　　　1　2　3　4　5
(27) 对于能获得满足感的工作和能赚很多钱的舒适的工作,我宁愿选择后者。
　　　　　　　　　　　　　　　　　　　　　　　　　　　　1　2　3　4　5
(28) 我对自己和自己的能力缺少信心。　　　　　　　　　　　1　2　3　4　5
(29) 当我看到一些人在他们感兴趣的职业领域取得成功的时候,我倾向于模仿他们以使自己和他们一样。　　　　　　　　　　　　　　　　1　2　3　4　5
(30) 不论其他人怎么说,我需要选择一个符合我兴趣的职业。　1　2　3　4　5
(31) 对于职业,我还没有作出明确的决定。　　　　　　　　　1　2　3　4　5
(32) 对我来说,如果我选择了一个父母不赞同的职业,我想我将来会后悔的。
　　　　　　　　　　　　　　　　　　　　　　　　　　　　1　2　3　4　5
(33) 不论我多努力去尝试,我或许得不到我想选择的职业。　　1　2　3　4　5
(34) 我希望能得到咨询,来帮助我更加了解自己的兴趣和人格特点。
　　　　　　　　　　　　　　　　　　　　　　　　　　　　1　2　3　4　5

第十一章　心理健康的自我维护

引　言

人是社会动物,生活中会经历各种各样的事情,生活也不会一直一帆风顺,遇到问题如何调整自己的状态,积极觉察很关键。本章主要介绍了挫折与适应、心理危机的觉察与干预。通过本章的学习,同学们要了解引起挫折的原因,知道挫折发生后所产生的防御机制,了解心理危机的表现形式,积极调整好自己的生命状态,危急时刻学会助人与自助。

学习目标

1. 了解挫折引起的心理反应,以及应对挫折时常见的心理防御机制。
2. 了解大学生心理危机的表现形式。
3. 掌握心理危机的自我觉察,积极应对生命危机状态。

第一节　挫折与适应

人们在生活和工作中,不可能总是一帆风顺的,必然会遇到这样或那样的挫折。挫折对人并非都是坏事,它能使人得到锻炼,增长知识和才干,提高认识问题和解决问题的能力。但是,挫折会引起各种生理和心理反应,使人心理失衡、情绪紊乱、行为失措,严重的则会导致身心疾病。因此,如何正确对待和应付挫折,保持身心健康,提高社会适应能力,是心理健康中的一个重要问题。

一、挫折概述

挫折是指个体在从事有目的的活动过程中,因遇到难以克服的困难或干扰使目标无法实现、需要不能满足而产生的情绪状态。

(一)引起挫折的原因

引起挫折的原因是多种多样的,但概括起来,可以分为客观因素和主观因素两个方面。

客观因素包括自然环境和社会环境给人带来的困难和限制而引起的挫折。例如,洪水、地震等自然灾害,以及疾病、死亡、意外事故造成伤残和失去亲人等。社会环境是指个人在社会生活中受到政治、经济、文化、道德、法律、风俗习惯等社会规范的限制,使个人的目标无法实现,它往往是以他人约束的形式出现的。例如,在政治运动中受到冲击;受到不公正的对待,正义得不到伸张而蒙冤受屈;因与领导关系紧张而使个人才华不能得到充分发挥;青年男女恋爱、婚姻受到家长的阻挠或社会习俗的约束而不能结为伴侣等。一般说来,社会环境对实现目标所形成的阻碍更多,影响也更深远。

主观因素是由个人本身的原因造成的,它包括两个方面:个人的生理、心理条件和动机冲突。例如,由于个人的能力、体力以及生理上的某种疾病和缺陷的限制,使自己不能从事理想的职业。想当运动员个子太矮,一个色盲想成为画家,一个智力缺陷者想成为科学家,无论他们付出多大的努力,都是很难实现的。动机冲突是指一个人同时有几种需要和动机,但并非都能够兼得,从而使人举棋不定,难以抉择而造成心理上的挫折。

挫折对每个人来说都是不可避免的。但是,面对同样的挫折情境,各人的主观感受却是不尽相同的。对某人构成的挫折情境,对另一个人不一定引起挫折。有的人能承受严重的挫折却毫不气馁,有的人稍有挫折就意志消沉。这说明人们对挫折存在着明显的个体差异。形成这种差异的原因,主要与个人的抱负水平和对挫折的承受力有关。抱负水平是指一个人对自己所要达到的目标规定的标准。规定的标准高,抱负水平就高;反之,则低。抱负水平高的人比抱负水平低的人更容易体验到挫折。

 **案例分析**

张海迪,1955年秋天在济南出生。5岁患脊髓病,胸以下全部瘫痪。从那时起,张海迪开始了她独到的人生。她无法上学,便在家自学完中学课程。15岁时,海迪跟随父母,下放(山东)聊城农村,给孩子当起教书先生。她还自学针灸医术,为乡亲们无偿治疗。后来,张海迪自学多门外语,还当过无线电修理工。在残酷的命运挑战面前,张海迪没有沮丧和沉沦,她以顽强的毅力和恒心与疾病作斗争,经受了严峻的考验,对人生充满了信心。她虽然没有机会走进校门,却发奋学习,学完了小学、中学全部课程,自学了大学英语、日语、德语和世界语,并攻读了大学和硕士研究生的课程。1983年,张海迪开始从事文学创作,先后翻译了《海边诊所》等数十万字的英语小说,编著了《向天空敞开的窗口》《生命的追问》《轮椅上的梦》等书籍。其中《轮椅上的梦》在日本和韩国出版;而《生命的追问》出版不到半年,已重印3次,获得了全国"五个一工程"图书奖。在《生命的追问》之前,这个奖项还从没颁发给过散文作品。最近,一部长达30万字的长篇小说《绝顶》,即将问世。从1983年开始,张海迪创作和翻译的作品超过100万字。

(二)挫折承受力

挫折承受力是指个体对挫折可忍耐和接受的程度,是一个人遇到挫折时能承受打击或免于行为失常的能力。它标志着一个人适应环境的能力。一般说来,挫折承受力高的人能忍受较大的挫折，在大的困难和阻碍面前仍能百折不挠、奋力拼搏。挫折承受力低的人遇到轻微的挫折就会消极悲观，一蹶不振，严重的还会造成行为失常或心理疾病。可见，提高挫折承受力对于人们维护和保持心理健康具有重要的意义。

人们对挫折的承受力受个人神经活动类型、健康状况、知觉判断和社会经验等影响。神经活动类型强而平衡的人比神经活动类型弱而不平衡的人承受力高，身体健康的人比体弱多病的人承受力高，生活中饱经风霜、遭遇坎坷的人比一帆风顺的人更能承受挫折。挫折承受力可以在后天的社会生活环境中通过学习和锻炼而得到提升。因此，家长和教师应该教育青少年有意识地忍耐和接受生活中的挫折，并适量地创设挫折情境，培养和提高青少年对挫折的承受力，以提高对社会的适应能力。这对于他们维护和增进心理健康，适应复杂的社会生活有积极意义。

二、挫折的心理反应

各种原因造成的挫折都会对人的心理行为发生影响并引起各种反应。挫折的心理反应主要有以下几点。

（一）攻击

人们受到挫折后，多因愤怒情绪而产生攻击行为。攻击有直接攻击和转向攻击两种。直接攻击是把愤怒的情绪直接指向造成挫折的人或物，表现为对人讥讽、咒骂、拳脚相加或损物伤人等。转向攻击是当事人对自己缺乏信心而自责，把攻击目标转向自身；或觉察直接攻击会引起严重后果，而把愤怒情绪向次要或无关的人或物发泄；或者因挫折来源不明，个体找不到明显的攻击对象，把攻击的目标指向无关的人或物，寻找替罪羊，迁怒于他人等。例如，邻居闹纠纷，指桑骂槐、含沙射影；职工在单位受到批评，回家后打骂孩子、摔盆打碗。这些都是转向攻击的现象。

（二）退化

退化又称"倒退"。个体遭受挫折后，表现出与自己的年龄和身份很不相称的幼稚行为，即以童年时期的行为方式应付挫折，以求满足自己的需要，获得他人的同情和照顾。这种不成熟的行为模式称为"退化"。例如，有的人因自己的不合理要求受到拒绝而大哭大闹，甚至就地打滚。有人认为，疑病症就是一种退化的表现，患者认为自己有病，就可以不去承担社会责任，从而得到别人的照顾，可以依赖父母或他人。这种行为往往是不自觉而产生的。

（三）冷漠

冷漠是指个体受到挫折后对挫折表现出漠不关心、无动于衷的态度，这是一种更为复杂的情绪反应。当无法对引起挫折的对象进行攻击，或采取攻击会受到更大的挫折又无法逃避且看不到改善的希望时，就会出现这种冷漠的反应形式。冷漠是暂时的、表面的现象，并不排除心理上的愤怒。

三、应对挫折的心理防御机制

挫折后的心理反应是人们对挫折的直接反应,而心理防御机制则是比较间接的反应。失败和挫折会使自我受到威胁和伤害,并可能导致心理失衡而引起精神上的痛苦。人们为了解除心理上的焦虑、烦恼和痛苦,使自尊心免受伤害,往往自觉不自觉地采用种种使自己容易接受的方式去解释和处理当前矛盾,这种对策或心理活动,称为"心理防御机制",或称"心理自卫机制"。

心理防御机制是生活中一种普遍的心理现象,往往是人们在挫折情境中不自觉而运用的方式,是心理适应机制的一种。它可以暂时缓解心理紧张,减轻内心的焦虑和痛苦,以适应挫折,或由此引向积极的方面。但是,这并不能从根本上解决现实矛盾,而且往往带有一种歪曲事实、自我欺骗的性质,只能起到回避现实的作用。如果使用不当,会使现实问题复杂化,甚至会陷入更大的挫折和冲突中,给自己带来更多的痛苦和不安,发展下去就会产生不良适应,导致心理病态,造成更严重的后果。常见的心理防御机制有以下几种。

(一) 合理化

合理化又称"文饰",是人们最常用的一种心理防御机制。当个人的动机和行为不符合社会标准或无法达到目标而受到挫折时,为了减少内心的痛苦,维护个人的尊严,人们会找出种种理由为自己的行为作出"合理"的解释,以掩盖自己的过错。《伊索寓言》中的狐狸吃不到葡萄说葡萄酸,就是一种典型的合理化作用。相反,"甜柠檬心理"则强调凡是自己有的东西就都是好的,以肯定自己的价值,减轻内心的失望和痛苦,现实生活中这样的例子很多,如学生考试成绩不好,却说老师教得不好,题目太难;球场失利,却说裁判不公正等。

(二) 潜抑

潜抑又称为"压抑",是把不能被意识所接受的思想、情感、欲望和痛苦经验等,在不知不觉中压抑到潜意识中去,有意识地"忘却"以保持自我的安宁,避免焦虑和痛苦。潜抑作用是最基本的防御方式之一,在日常生活中常被运用。例如,人们平时遇到烦恼纠缠时就会自言自语说:"算了,别去想它了。"但是,被潜抑的东西并没有消失,遇到机会还会活动起来,在不知不觉中影响人们的心理和行为,干扰人们的正常情绪。长期的潜抑作用会危害心理健康而导致心理异常。

(三) 投射

投射又称"推诿",是指个人将自己不喜欢或不能接受的、自己却具有的性格特点、观念、态度、动机和欲求等转移到别人身上,认为别人有这样的缺点和恶习,以此减轻自己的不安和内疚,维护个人的尊严。所谓"以小人之心,度君子之腹"就是这种机制的表现。例如,有的人,自己对人虚伪,却说别人都是虚伪的。

（四）否定

否定是一种无意识的心理防御机制，是指对已经发生的事实加以否定，认为它根本就没有发生过，以此避免心理上的不安和痛苦。例如，人们对自己的亲人突然抱病身亡或因车祸猝死总是不相信是事实而不被意识接受，认为不可能发生，这就是一种否定。

（五）反向

反向又称为"矫枉过正"，是外在行为与内在动机表现方向相反的现象。例如，有些人特别好自吹自擂，实际上可能内心很自卑，但又怕别人看出，从而导致的反向行为；有的人对某人表现出过分的逢迎献媚，很可能内心对他怀有敌意或仇视。"此地无银三百两"就是一种反向作用。

（六）抵消

抵消是指用某种象征性的活动或事情来抵消已经发生的不愉快事情，以补救心理上的不安。例如，有的人无意中做了伤害别人的事情，便表示道歉，说声"对不起，请原谅"，以此抵消对别人的伤害；有些人用求神、拜佛等来抵消自己内心的罪恶感或邪恶的念头，以使心理上得到安慰。

 **知识拓展**

项羽：在挫折面前失败

项羽（前232～前202），名籍，字羽，下相（今江苏宿迁）人。楚国名将项燕之孙。楚亡后，他随其叔父项梁流亡吴中（今江苏苏州）。年少时曾学习书法不成，又学剑，仍不成。立志要学万人敌（就是能抵挡一万人的本领），于是从叔父学兵法。但仅略知其意，又不肯竟学。项羽身高八尺，力能扛鼎，年轻时志向远大。一次秦始皇出巡在渡浙江（今钱塘江）时，项羽见其车马仪仗威风凛凛，便脱口而出：彼可取而代也。秦二世元年（前209），陈胜、吴广在大泽乡振臂一呼，揭竿而起，项羽随项梁在吴中举兵响应。24岁的项羽，被人民起义的急风暴雨推上了历史舞台。

项梁起义后，征集精兵八千，项羽做了裨将（副将）。为了便于号召，采纳谋士范增建议，立前楚怀王的孙子熊心为王，建都于盱眙，仍称楚怀王。项梁率义军在和秦军战斗中接连取胜，产生了骄傲轻敌思想，结果在定陶（今山东定陶县西北）被秦军章邯指挥的军队打败，项梁战死。定陶之战后，秦军北渡黄河，攻打起义抗秦的赵王歇和张耳，将赵军围困于巨鹿（今河北平乡）。楚怀王任命宋义为上将，项羽为次将，率兵救援。宋义率军到达安阳（今河南安阳南），便畏缩不前，屯兵46天。当时，阴雨连绵，起义军缺衣少粮，处于困境之中。项羽当机立断，杀了宋义，迫使楚怀王任他为上将军，并命他立即挥师北上救赵。

项羽率军进抵漳河南岸与秦军隔岸对峙。他先派英布、蒲将军带领两万精兵渡河，切断秦军运粮通道。随后亲率主力渡河，凿沉船只，毁坏炊具，烧掉营舍，每人只带三天口粮,这就是著名成语"破釜沉舟"的由来。一到战场,楚军便以雷霆万钧之势,迅雷不及掩耳的行动,把秦军包围起来。项羽身先士卒,冲锋陷阵,楚军个个勇猛杀敌,以一当十,九战九捷,大败秦军,俘获秦将王离,杀死秦副将苏角,迫使秦副将涉间自杀,解了巨鹿之围。在项羽军与秦军激战时,各路诸侯援军却缩在壁垒上观看,不敢参战。战斗结束后,项羽召集援军将领,他们入辕门,皆膝行而前,莫敢仰视。项羽成了诸侯军的统帅。

巨鹿之战后,项羽乘胜追击,秦军节节败退,军心涣散。章邯见大势已去,率二十万秦军投降了项羽。项羽却在西进途中,在新安城(今河南渑池东)下令将这二十万降卒全部坑杀。这时,另一路起义军刘邦乘秦军主力被项羽牵制在巨鹿,关中空虚,占领了咸阳。

项羽大为不满,率军破关而入,进驻鸿门(今陕西临潼东北)。当时项羽军四十万,刘邦军不足十万,双方力量悬殊。刘邦自度力量不敌项羽,便采纳张良计策,拉拢项羽叔父项伯,亲自到鸿门请罪。鸿门宴上,觥筹交错中闪烁着刀光剑影。项羽的谋士范增几次举起所带玉玦,暗示项羽杀死刘邦,项羽却优柔寡断,被刘邦借故逃脱。这就是历史上有名的"鸿门宴"的故事。项羽依靠强大兵力,暂时压制刘邦。引兵进入咸阳,"杀秦降王子婴,烧秦宫室,火三月不灭,收其货宝、妇女而东"。项羽挟其军事上的余威,以诸侯上将军自居,发号施令。他自立为西楚霸王,取梁、楚之地九郡(占有今江苏、安徽、山东、河南部分地区),定都彭城(今江苏徐州)。同时又割地封王,分封了十八个诸侯。封刘邦为汉王,王汉中、巴蜀,企图限制刘邦势力的发展,使其不得东进。结果养虎贻患,导致汉军势力日后卷土重来。

由于项羽分封不公,引起诸侯和功臣不满。先是田荣据齐反楚,项羽急忙率军讨伐,刘邦便乘隙东进。公元前208年8月,汉军从汉中潜出故道,打败项羽所分封的秦地三王,迅速东进,直抵阳夏(今河南太康)。接着,汉军又乘项羽与齐军交战之际,一举攻入楚都彭城,项羽急忙率三万精兵还救彭城。

此时,刘邦仗恃兵多将广,麻痹轻敌。项羽军则收复失地心切,斗志旺盛。三万楚军在项羽率领下,出山东经胡陵(今山东鱼台东南)趋萧(今江苏萧县西北),直抵彭城汉军侧背。战斗从拂晓开始,楚军勇猛顽强,边打边冲。到了午时,已将汉军打得大败。楚军追到彭城东北的泗水,汉军纷纷落水,死者十余万。汉军向南方山地溃逃,楚军追击至灵壁(在今安徽省)以东的睢水上,又歼灭数十万人。刘邦只率数十骑逃出重围,连妻子吕雉和父亲太公都做了项羽的俘虏。彭城一战,项羽决策果断,迅速率精兵回救彭城,出敌不意,击溃汉军数十万之众,是战史上以少胜多的范例。

彭城之役后,项羽乘胜进军,在京邑、索亭间(荥阳西、南)同刘邦打了一仗,结果被阻于荥阳以东。双方在成皋一带相持两年之久。刘邦发兵向项羽发动总攻,在垓下把项羽军团团包围。此时,十万楚军已兵疲粮尽,士气低落。夜间又听到汉军在四面唱起了楚歌。项羽大为吃惊,便借酒浇愁,慷慨悲凉地唱道:力拔山兮气盖世,时不利兮骓不逝。骓不逝兮可奈何兮,虞兮虞兮若奈何?唱罢飞身上马,带领八百骑突围南去。来到东城(今安徽定远东南),只剩二十八人。他想东渡乌江重整旗鼓,又觉无颜见江东父老,奋力拼杀一阵,遂横剑自刎而死。

项羽是一位超群的军事统帅。他能征善战,战场上豪气盖世,叱咤风云。巨鹿之战,项羽破釜沉舟,以寡击众,全歼秦军主力,客观上为刘邦进入咸阳,推翻秦朝创造了条件。

楚汉战争中,破田荣,救彭城,救荥阳,夺成皋,一生大战数十次,多获胜利。所以,古人称他"有百战百胜之才"。然而,项羽又是一位悲剧式的人物。秦朝灭亡后,他自称霸王,忙于分封诸侯,扶持六国贵族的残余势力,违背了人民要求统一的愿望,造成了混乱割据的局面。他行为残暴,坑杀秦降卒二十余万。入关后,火烧秦宫,大火三月不息。他烧杀掳掠的暴行,违背了人民的意志,是他战败的根本原因。项羽自恃武功以威慑诸侯,缺乏远见,不争取同盟,又嫉贤妒能,不能用人,招致众叛亲离,军心涣散。军事上,他缺少战略家的眼光,刚愎自用,不纳良言,以致屡失战机,没有巩固的后方基地,没有充足的粮饷和兵源,虽然屡战屡胜,反而由盛而衰。所以,虽然项羽具有杰出的军事指挥才能,也难以避免失败。在面对最后的失败时,他没有大丈夫能屈能伸的气度,面对打击时自暴自弃,最终以自刎的方式告别了人世。

四、挫折适应

人们在遇到挫折时,能采取有效策略,改变主观态度和客观条件,以达到心理平衡,称之为"适应"。积极的适应是心理健康的重要品质,是人格成熟的表现。积极的适应主要有以下几种。

(一) 理智

当人们遇到挫折时,要以正确的态度对待挫折,消除不良情绪的困扰,具体分析挫折产生的原因,找出克服困难和阻碍的办法,从而使问题得到解决,取得心理上的平衡。人们要认识到,在现实生活中,挫折是不可避免的,关键是我们要正确对待,做好必要的心理准备,敢于面对挫折,去争取胜利。挫折对我们也有积极意义,它能使我们经受磨炼,增强社会适应能力,成为生活中的强者。

(二) 调整

当人们受到挫折后,可以重新调整和安排自己的动机、愿望和目标,以适应新的情况和要求。例如,由于目标定得过高,虽作尝试而无法达到时,可以调整目标,降低要求,改变行为方向,则有可能取得成功。

(三) 升华

人们将不为社会所认可的动机、欲望和行为导向符合社会规范的方向或崇高的追求,使之具有建设性、创造性,这就是升华。一些人由于生活中的不幸或失恋而转向诗歌、绘画、文学创作等以抒发其情感。歌德在失恋后写下了不朽的文学名著《少年维特之烦恼》,我国诗人屈原受贬而写作《离骚》,都是情感的升华。升华一方面转移、实现了原有的情感,达到了心理平衡。同时又能从中得到快乐,实现人生的价值。

(四) 代偿

当人们不能达到目的而受到挫折时,可以用另一种活动或目标来代替,以此弥补因失败而丧失的自尊和自信,驱散内心的压力和痛苦。例如,因身体残缺而刻苦钻研技术,积极参加文体活动和社会群体活动,以减轻内心的空虚和苦闷,松弛精神紧张和心理压力,使生活得到充实,富有活力。

(五)合理宣泄

宣泄是人们对于由挫折等一系列的刺激所引起的心理障碍进行排解和疏散,以减轻心理压力、减弱情绪强度的一种心理调节活动。排解不良情绪的方法很多。例如,当心中有了不平之事或怨恨,可以向组织领导汇报,也可与周围同志开展谈心活动,相互交换意见,用批评和自我批评的方法使问题得到解决,消除误会;或者向至亲好友倾诉自己的委屈和烦恼,以得到安慰、开导和同情;万不得已,也可痛哭一场,使心理上的积怨和心理压力随眼泪释放出来,顿时会感到轻松许多。

中国有一句老话,叫"男儿有泪不轻弹",似乎男子汉是不应该哭泣的。其实,从身心健康这个角度来讲,"泪往肚里流"是不可取的。流泪也是一种宣泄,无论是偷偷流泪还是号啕大哭,都能将消极情绪排泄出来,从而令不愉快的情绪得到缓解,减轻心理压力。

(六)转移

当遇到挫折而使紧张情绪无法排解时,可以暂时离开挫折情境,转移注意力去从事别的活动,如外出散步游玩、看电影、听听音乐或从事体育活动、参加劳动等,这样就会使消极情绪逐渐消除或缓解。有的人在生气时从事体力劳动,即是一种转移的做法。

(七)幽默

幽默是一种积极的心理防御机制。当个人遇到挫折、处境困难或尴尬时,用幽默可以化解困境使自己得到解脱,以维持心理平衡。幽默能使生活充满乐趣,表达人征服忧患的能力。一般说来,人格成熟的人,常懂得在适当场合,使用巧妙的幽默把原来困难的情境转变一下,以渡过难关,成功地适应困境。

知识拓展

大哲学家苏格拉底有位脾气暴躁的夫人,常常给这位著名学者以难堪。一次,苏格拉底正在跟一群学生谈论学术问题,夫人突然跑来,无端地发脾气,先是大骂一阵,接着又往苏格拉底身上浇了一桶水,把他全身都弄湿了,这使大家非常难堪。可是,苏格拉底却诙谐地笑了一下说:"我早就知道,打雷之后,一定会下雨的。"大家听了都会心地笑了。总之,挫折是经常发生的,因此,提高对挫折的适应能力对每个人都是必要的。适应能力越强,心理健康程度越高。适应能力是通过学习训练形成的,我们要多与实际接触,培养乐观、顽强的性格,积极进取,以不断提高适应能力。

第二节　心理危机的觉察与干预

青少年时期心理危机的主要形成因素涵盖生理、心理、社会诸多方面：处于性成熟过程与"生长爆发"阶段的发育冲突，自我意识与人际关系的模糊性（同一性迷惘），突发事件与应急能力低下（重大灾难、亲人亡故、身患重症、被奸污、恋爱失败等），以及一些与心理障碍、精神疾病等有关系的前驱表现。天性脆弱、心理承受能力较差的人，经不起社会方方面面的刺激，就可能产生心灵扭曲、行为怪异，还可能导致情感、理智和行为上的"错位"，甚至自杀。

一、危机及其理论

（一）心理危机及危机干预

危机（crisis）这一概念在很多领域中被广泛使用。美国著名的《韦氏大词典》将危机定义为"决定性或至关紧要的时间、阶段或事件"。《辞海》解释为："危机是一种紧急状态。"在我国传统文化中，危机是一个非常玄妙的词语，凡是有危机的地方都隐藏着机遇，既体现了辩证思维的智慧，又反映了危机和机遇并存的思想。

1. 心理危机

心理危机表现为静态与动态两种。静态心理危机强调的是一种状态，主要表现为：个体运用惯常的应对方式无法处理所面临困境时的一种不平衡心理状态，这是一种过渡状态。人不可能长久地停留在危机状态之中，整个心理危机活动期的持续时间因人而异，短者为24～36个小时，最长也不应该超过4～66周。在危机状态下，个体会出现一系列负性的生理、情绪、行为反应。如果危机反应长时间得不到缓解，便会引发心理疾患或过激行为。

2. 心理危机干预

危机干预是一个短期的帮助过程，目的是随时对那些经历个人危机、处于困境或遭受挫折和将要发生危险（自杀）的人提供支持和帮助，使之恢复心理平衡。危机干预是从简短的心理治疗基础上发展起来的治疗方法，以解决问题为目的，不涉及来访者的人格矫治。大学生心理危机干预是指对面临心理危机的大学生采取迅速而有效的应对措施，给予支持与帮助，使之逐渐恢复心理平衡。

（二）危机历程

一般来说，危机的发展要经历以下几个时期：

（1）前危机期。个体处于平衡状态，能够应付日常生活的应激事件。但个体可能会遭遇到应激强度很大的事件，个体运用解决问题的常规技术则不能摆脱困境。在这种情况下,个体就开始产生不安感。

(2) 冲击期。高强度生活事件发生前的几个小时,表现为不合理思维、焦虑、惊恐,个别人出现意识不清。在这个时期,个体会将情境视为一种威胁,也可能视为一种丧失或者是挑战。如果在这个时期问题无法得到解决,紧张还会继续加重。

(3) 危机期。冲击期的表现持续下来,表现为不能解决面临的困难而退缩,否认问题的存在、合理化或形成不适当的投射。在这个时期,个体的紧张和焦虑达到难以忍受的程度,处于一种渴求解脱的状态。一般说来,危机期的个体会感到巨大的痛苦,有强烈的求助愿望,容易接受别人的帮助。

(4) 适应期。用积极的办法接受现实,成功地解决问题,焦虑减轻,自我评价上升,社会功能恢复。处于适应期的个体在自身或者外界的帮助下采取了一些方式来应对危机,并取得了一定的干预效果,个体能逐渐地适应社会生活。

(5) 后危机期,也就是危机后期。在这个时期,有些人变得更成熟,获得更多的积极应对技巧;有些人则出现人格改变,或表现出敌意、抑郁、滥用酒精与药物、神经症、精神病或慢性躯体不适,甚至有可能自杀。

二、大学生的危机表现

(一) 大学生危机的特点

当今社会正在经历着急剧变化,大学生也面临着前所未有的严峻挑战,他们在心理和生理上都承受着巨大压力。大学生这个群体具有特殊性,他们的文化水平较高,心理发展水平处在发展的关键时期,这是人生全程最重要的阶段。所以,他们这一时期遇到的心理危机的特征既有普遍性,也有特殊性。一般来说,大学生心理危机的特点主要表现在以下方面。

(1) 对他们造成了损失。危机是对个体而言有害的事件,会给大学生造成心理上或物质上的损失。

(2) 症状复杂,难以理解。危机是个体的生活环境、家庭教养、朋友交往等关系相互交织的综合反映,不遵循一般的因果关系的规律。因此,危机是复杂的。

(3) 感到无法控制,没有迅速解决的办法。对于处于危机中的大学生而言,基本上会感觉到无法控制自己的情感和周围的环境,也找不到迅速解决的方法。任何企图寻找迅速解决问题的做法,都会适得其反,最终都可能会导致危机进一步加深。

(4) 具有不确定性,且伴随着常规的改变。危机使人们常常感觉到事件的结果不能确定,并能感觉到危机给日常生活带来了明显的变化。

(5) 具有普遍存在性。危机是一种正常的生活经历,而非疾病或病理过程,没有人能够幸免危机。对于成长中的大学生也不例外。想稳定、冷静地处理任何危机不太容易,但是把握机会、设定目标、形成计划、通过努力处理问题都是能够做到的。

(6) 处于危机中的个体防御机制削弱。危机时期,个体的认知、情感和意志能力都受到了限制,这时面临危机的个体防御机制就会受到影响。

（7）危险与机遇并存。对于正处在危机中的大学生来说,危机意味着危险,又蕴藏着机遇。其危险在于它可能导致个体严重的病态,包括自杀和杀人;机会在于它带来的痛苦会迫使当事人寻求帮助,危机的解决会导致积极的和建设性的结果,如增强应付能力、改变消极的自我否定、减少功能失调的行为。大学生在寻求帮助的过程中,能够使个体获得成长和自我实现,最终走向成熟。

（8）具有时代性。当代大学生的心理危机,反映了时代、社会对大学生的要求和期望,以及个人对理想的追求,表现为通才型的人才、身体健康、心理承受能力强、完成学业、胜任职业、继续深造、实现理想等压力下的冲突和矛盾,不是孤立的。

（二）大学生常见的危机

根据大学生心理危机的来源和表现,主要有以下几种危机较为常见。

1. 成长危机

一方面,大学生已经进入青年中期,正处于生理发育的基本成熟和部分心理发展相对滞后的特殊时期,人生观和世界观逐渐形成,心理状态不稳定,容易受到外界的各种影响而产生心理危机;另一方面,大学生性生理已经基本成熟,性意识增强,渴望异性的友谊和爱情。但由于大学生心理还没有完全成熟,生活经验缺乏,常会产生一些不正当的行为,给身心带来严重影响。

2. 人际关系危机

大学生人际关系危机主要是指在校大学生在与他人相处和交往的过程中表现出的不适、自闭、逃避、自恋、自负以及难以调和与他人关系的不良心理状态和行为表现。从中学到大学,大学生面临着一种全新的人际关系。在中学时代,他们或许能够凭借出色的成绩赢得同学和老师的认可;但在大学,成绩好不一定就能获得好的人际关系。这需要一定的技巧,同时也需要懂得在出现矛盾时怎么来解决。另一方面,大学的同学来自五湖四海,每个人的家庭背景、生活方式、价值观、性格、兴趣爱好可能会千差万别,这些差异会不可避免地带来摩擦和冲突,就会产生人际关系上的危机,给大学生的心理健康带来严重影响。

3. 就业危机

近几年来,由于社会竞争的加剧、高校扩招、就业市场的不景气,大学生找工作或找比较理想的工作越来越困难。在这种情况下,一些同学表现出严重的危机感。同时,一些同学为了缓解就业带来的压力,不断给自己施压,使自己长期处于紧张状态,一旦努力失败就会给自己带来严重的心理挫折感。由于大学毕业生供给突然增多,但社会的工作岗位需求变化似乎并没有与之相应,所以部分大学生看不到自己的前途在哪里。特别是对那些学习成绩不好、能力又不出众的学生而言,就业就像一座大山压在他们的身上。他们努力增强自己日后的就业实力,给自己设置一些不切实际的目标,花费大量的财力和时间来学习热门实用的课程,这样就处于长期的紧张状态和高负荷压力下,一旦失败就会体验到严重的挫折感和失败感。

4. 学业与生活危机

大学生的学习压力相当一部分来自于所学专业非己所爱,这使他们长期处于冲突与痛苦之中;课程负担过重,学习方法有问题,精神长期过度紧张也会带来压力。另外,还有参加各类证书考试及考研所带来的应试压力等。精神长期处于高度紧张的状态下,极可能导致大学生出现强迫、焦虑甚至是精神分裂等心理疾病。生活的压力主要在于学生不善于独立生活和为人处世,还有生活贫困所造成的心理压力。目前,我国高校在校生中约有20%是贫困生,而这其中5‰～7‰是特困生。他们中有些人虚荣心太强,经不起贫困带来的精神压力,总觉得穷是没面子的事,不敢面对贫困,与同学相处敏感而自卑,采取逃避、自闭的做法,有的同学甚至发展成自闭症、抑郁症而不得不退学。

5. 情感危机

当前,大学生对情感方面的问题能否正确认识与处理,已直接影响到大学生的心理健康。情感危机是指一个人在感情中遭到突然打击,使他无法控制和驱使自己的感情,从而严重地干扰他的正常思维和对事物的判断处理能力,甚至使生活学习无法进行。在极度的悲痛、恐惧、紧张、抑郁、焦虑、烦躁下,极易产生自杀和做出莽撞的事来,导致精神崩溃。在大学生中最常见的情感危机莫过于失恋,这是诱发大学生心理问题的重要因素。恋爱失败往往导致大学生心理变异,有的人因此而走向极端,甚至造成悲剧。

 **案例分析**

从多年前云南大学马加爵、清华大学刘海洋、复旦大学张明明,到近两年河北师大李启铭、西安音乐学院药家鑫……一幕幕苍白的现实,赤裸裸地拷问着中国的教育现状。高校学生自杀事件经常见诸报端。当寒窗苦读,追逐了多年的象牙塔出现在眼前的时候,当憧憬的未来触手可及的时候……为什么会有人走向生命的尽头?有的人生得默默无闻,有的人死得掷地有声……也许他们很勇敢!2011年1月1日,华东理工大学商学院一名大二学生坠楼身亡。华东理工大学宣传部向媒体表示,死者的成绩不好,各门课程及格的比不及格的少很多,有些甚至是零分。2011年1月5日晚5时30分许,华中科技大学文华学院男生公寓5号宿舍楼,一名男生从4楼跳下。医护职员赶至现场施救时,跳楼男生已不治身亡。得知跳楼者死了,一名女子趴在死者身旁痛哭不已。据称,跳楼者是该校大一学生。2011年1月5日晚8时30分许,武汉某大学一学院男生宿舍7号楼,一名男生从楼顶跳下,当场身亡。死者仰躺在宿舍楼前的草坪上,像是睡了过去。死者身高1.7米左右,体型偏瘦。现场已拉起警戒线,多名警察正在勘查,大量观看学生正被学校治理员劝离现场。据了解,事发前,学校一名巡查职员曾发现7号楼顶趴着一个人,因天气暗淡,并不能确定,正当他前往细看时,那人已经从楼顶跳了下来。事发后,学校领导带领治理职员迅速赶往现场,发现跳楼者是该校计算机系大四学生,住在7号楼212寝室。知情者称,该跳楼男生已找好工作单位,预备毕业后就上岗。该生跳楼亦可能与情感有关。2011年01月09日,身患白血病的小伙刁旭亮高考结束,被青岛一所大学录取,当准备到学校报名时,病情突然加重,不得不住进青岛的医院。因不忍拖累父母,在医院治疗期间,用水果刀刺进喉咙试图自杀。幸亏家人及时发现,经抢救才保住他的性命。记者昨天采访了解到,刁旭亮家住偏远农村,家庭十分困难,为了治病,目前家人已经负债20余万。

（三）大学生危机发生后的反应

危机发生后，个体会在躯体、认知、情绪、行为等方方面面发生种种变化。在躯体方面，会产生疲劳、失眠、头痛、做噩梦、容易惊吓等。在认知方面，在危机状态时注意力集中于急性悲痛之中，并从而导致记忆和知觉的改变。在情绪方面，常出现害怕、焦虑、忧郁、伤心、悲伤、易怒、绝望、否认与不安等情绪。在行为方面，当事人不能完成职业功能，不能专心学习和从事家务活动；与人隔绝，回避人或采取不寻常努力以使自己不孤单，变得令人生厌或黏着性；与社会联系破裂，当事人感到与人脱离或相距甚远，可发生对己和对周围的破坏行为并以此作为对解决问题的最后努力；拒绝他人帮忙，认为接受支持是自己软弱无力的表现，其行为和思维、情感是不一致的；还会出现一些平时不多见的行为。从过程来看，个体在危机发生后可能出现一系列的反应。

（1）事后震惊。事后震惊指危机过后，经历危机的人可能产生的一种潜在反应，表现和特征是：周期性或持续性的颤抖，长期心烦意乱或心不在焉，极端不安和精神恍惚，精神错乱。

（2）责难，即责怪自己和责怪他人。

（3）内疚和焦虑。面临危机的个体可能因为害怕、恐惧和忧虑而感到不知所措。他们告诉咨询员紧张的情绪将引起他们突然发作或者衰变。他们的精力过剩，从而导致他们以一种坐立不安的方式行动，这在日常生活的坐、站、步行中可得到证明，并且借助于抽烟、喝酒、祈祷、打电话、吃药和那些能够帮助自己的人交谈等途径来减少焦虑。伴随着焦虑反应的共同的心理症状有过多的出汗、头痛、心悸、胸痛、战栗、换气过多、头晕眼花。焦虑的人不时地在思索、幻想、睡梦和演讲中反复体验创伤。一般正常的问题被夸大，并被设想得特别严重，似乎是不可克服的；日常的家庭杂务变成了主要的障碍物，并且需要相当完善的计划才能完成。

（4）抑郁。人们在面临危机时往往表现得很抑郁。特别是在很极端的时候，人们会极度地悲伤、痛心或绝望。在这种情况下的个体在认知上会表现得很无助，他们会认为面对如此的情景，无论采用什么方法和手段都是没有用的，无论任何人也无法摆脱这种情况。

（5）逃避和专注，并有假装适应的反应。这是所有心理危机反应中最敏感的。这些人表面上都好像很成功地驾驭了创伤和压力，在感觉上他们似乎驾驭得太好了，以至于故作轻松。假装适应的反应是一种由抑制、自我克制等综合状态构成而支撑起的相当脆弱的防御方法。假装适应的人很少主动寻求帮助。

（6）休克。人们可能被创伤事件弄得不知所措，他们感到麻木和茫然，而留给他们自己的仅仅是"这并没有真正发生在我身上"的感觉。这会在他们的外表上表现出来，经常眼神呆滞，说话时恍恍惚惚，难以集中注意力，走路僵硬，并且很容易受到暗示的影响。一些人由于突发事件而引起的压力反应是对他人或自己进行攻击，总觉得能够发泄满腔的怒火和重新获得自尊的唯一途径就是毁灭那个他们认为伤害了自己的人。另一些人则可能是自我毁灭式的，比如疯狂地驾驶、酗酒，直到神志不清为止。

（7）寻求改变。危机中的个体虽然对事件的不确定感到很难受，处理问题的能力受到了限制,但个体也不会坐以待毙,他也想获得别人的帮助,寻求摆脱困境,只不过常常采用一些不当的方式来处理问题。

三、危机干预技术

危机干预也叫"危机调停",是指对于困境和挫折中的个体予以关怀和支持,使之恢复心理平衡的过程。危机干预的概念最初源自林德曼和凯普兰的工作,他们认为危机干预是化解危机并告知如何应用较好的方法处理未来的应激事件,通过支持性的治疗可以帮助人们度过危机。危机干预本身是属于一种心理卫生的救助措施,主要针对心理适应陷入危机状态者,给予适时救援,助其度过危机,然后再从长计议,并且视情况轻重转介有关机构接受治疗。国内的一些医疗单位设置的"生命热线"和一些社区服务机构成立的各种"自助组织"都是属于危机干预的范畴,目的是为陷入危机的个体和群体提供及时的危机调适。虽然干预危机的方法多种多样,但大体可以归为两大类:一类是情绪干预,另一类是问题干预。危机干预可以从个体自己和寻求帮助开始。

(一)自我支持技术

处于危机中的当事人,注意力明显不集中,可能会忽略一些明显的事情,包括对自身可利用的资源的忽略。自我支持技术的目的在于从自身的角度出发来解决危机,调整情绪,使自身的功能水平恢复到危机前。

1. 寻求滋养性的环境,搜集充分的信息

改变境况的第一步就是要充分了解问题之所在。虽然个体在危机中会陷于莫名其妙的恐惧和不知所措的境地,不知道发生了什么事,也不知道将可能发生什么事,但可以肯定的是,那些过去有类似经历的人能够从其经验中得到帮助。人们还可以向有经验的人和处理危机的专家请教,或从有关书籍中寻找解决问题的办法。环境对人的心情会有很大的影响,处于危机中的个体一般对周围所处的环境把握不住。

2. 积极调整情绪

危机的出现显然会使人们感到极度的紧张和沮丧。调整情绪的中心环节,就是要培养承受这些痛苦感受的能力。通过调整情绪,将使诸如焦虑导致恐慌、沮丧导致失望等情绪的恶性循环得到控制。当危机超出我们的控制以及我们无力改变外部事物时,把握自己的情绪尤为重要。此时,将注意力集中在努力调整自己的情绪上,将会取得很好的效果,尽管这样做在同样的情境下不一定有同样的效果。

情绪调整法包括抑制、分散等回避痛苦的方法。这些方法能转移人的消极思想和情绪,为个体的心理重建赢得时间。抑制在一定程度上是自动的过程。不过,我们也可以有意识地控制它,譬如提醒自己"别想它了,想点别的吧";分散则是指不断地做事,集中注意力于当前的工作而不去关注那些痛苦感受。抑制法和分散法有其明确的适用范围,特别是在危机的早期阶段。接受自己的情感,对个体而言是一种必要的体验,也是可以承受的。当然,为了缓解痛苦,稍后可以再次使用分散法。但此时,个体需要的是体验失落的凄凉。

向别人诉说自己的情感、往事和痛苦的思绪能使悲伤变得可以忍受。这种一般性的治疗人类疾病的方法是相当有效的。人类是最具社会性的动物,当遇到痛苦,把感受告诉一位同情你的人将大有裨益。在大多数危机中,需要一遍又一遍地诉说痛苦,以便使开展心理调适工作所需要的信息被个体充分吸收。由于每一次的述说相当于痛苦的再体验,因此,逐渐地人们会变得不那么恐惧。重要的不是给危机受害者提供建议或分担痛苦,而是在他们体验极度恐惧和紧张时和他们待在一起。这意味着我们可以帮助他人控制情绪,但不要刻意地减弱、伪装情绪或竭力地劝说。

个体使强烈的、痛苦的情感变得可以忍受的一条普通而有效的途径就是"自我对话"。无论何时何地人们可以通过和自己对话,对所发生的事情、对他们自己的感受进行"实况转播"。这种"自我对话"很像一种内心的对话。不要采用这些消极的想法,如"我过不了这一关""这太可怕了,我快疯了""我太孤独了,没有人帮助我、理解我"。可以调节沮丧情绪的积极的想法应该这样,如"我能够解决这个问题,先不管它""我以前也曾遇到过困难的情境,并且最终克服了困难""这些感觉的确可怕,但它们不会对我造成伤害""这种感觉不会持续太长的时间,会好起来的""别人遇到了更严重的危机,但他们都渡过了难关"等"自我对话"。这类"自我对话"的目的是去除灾难性想法。它为危机受害者建立积极的对人对己的依赖感打通了道路,也减少了人们承受压力时所耗费的心理资源。

3. 建立良好的人际关系

孤立无援的个体很希望能够得到别人的帮助。在危机期间和危机过后,个体都需要与周围的人保持这种良好的人际关系。不一定是要求他们提供强烈的情感支持,而是与他们保持日常的联系、共同分享经验、共同面对事物。这有助于遭受危机的个体重新适应社会,还可以分散他们的注意力,使得他们不再为消极紧张的情绪所困扰。这种良好的关系可以表现为与自己的朋友一起散步、听音乐或是静静地坐一会儿。在危机中能否得到这种帮助,很大程度上取决于已有的社会网络的种类和人的性格特征。有些人平易近人,非常合群。有些人比较内向和害羞,在与别人交往时心存疑虑,并且伴随着紧张和不安。有社会性焦虑的人常常对人际关系比较强调。对别人缺乏兴趣,在与他人交往时总在想该说些什么,却忘了最基本的倾听原则。这些困难都会妨碍友谊的建立。从心理学的角度来说,每个人在与朋友的交往动机中都包含着肯定自我的成分,人们在交往中倾向于选择能肯定其自我感的人。

4. 面对现实,正视危机

在危机的前期,人们习惯于采取积极的态度来应对危机,利用一切可以利用的资源来避免危机带来的损害。但到了危机的中后期,当个体积极应对危机的策略失败而使个体感到绝望的时候,他们就会消极地逃避现实,采取退缩的策略来应对危机,他们不愿意承认现实情境,常常歪曲现实情境,以此来避免危机带来的损失。面对现实,正视危机,有利于个体激发自身潜在的力量,动员一切资源来寻求危机的解决办法。

5. 暂时避免作重大的决定

处于危机中的个体,处理问题的能力比平时要低。这是由于个体受到问题和情感的双重困扰,收集信息和处理信息的能力受到一定的限制。也就是说,这时个体对面临的问题不会进行深入的分析,掌握的信息量又太少,无法作出正确的决策,个体虽然在这时很想摆脱危机,努力去寻求一切解决问题的办法,但危机的无法控制往往使得个体无功而返,甚至造成更大的伤害。在危机时期,避免作重大的决定,有利于个体的自我保护,避免再次受到伤害。

(二) 危机干预的理论模式

当前,心理危机领域的研究尚未完全成熟,各种理论和思想如雨后春笋般纷至沓来,具有代表性的观点和思想主要包括以下几种。

1. 认知模式

认知模式认为,危机导致心理伤害的主要原因是当事人对危机事件和围绕事件的相关境遇进行了错误思维,而不在于事件本身或与事件有关的事实。该模式要求危机干预工作者帮助当事人认识到自己认知中的非理性和自我否定成分,重新获得思维中的理性和自我肯定的成分,从而使当事人能够实现对危机的控制。认知模式较为适合于那些心理危机状态基本稳定下来、逐步接近危机前心理平衡状态的当事人。

2. 哀伤辅导模式

1944年由林德曼提出的"哀伤辅导"(Grief Work)概念是当前危机干预理论最为重要的基础之一。这种模式强调在强烈的悲痛面前,不能沉溺于内心的痛苦中,而应该让自己感受和经历痛苦,通过哭号等方式发泄情感,否则容易产生不良后果。

3. 平衡模式

平衡模式认为,心理危机状态下的当事人常常处于一种心理情绪失衡状态,他们原有的应对机制和解决问题的方法不能满足他们当前的需要。因此,危机干预的工作重点应该放在稳定当事人的情绪,使他们重新获得危机前的平衡状态。这种模式主要适合于危机的早期干预。在危机早期,个体处于极度茫然、混乱和自我失控状态。这一时期的干预目标应主要集中在稳定个体的心理和情绪方面,在其达到某种程度的稳定之前,不宜采取其他干预措施。

4. 支持和干预技术模式

支持和干预技术用于危机的不同阶段,侧重点各有不同。危机初期,当事人的情绪很不稳定,焦虑程度较高。这一阶段支持技术的应用旨在使当事人的情绪状态恢复到危机前的水平,可以应用暗示、保证、发泄、环境改变、药物镇静等方法,如有必要,可以考虑短期的住院治疗。在危机后期,干预技术占据主导地位。危机干预的主要目标之一是让当事人学会对付困难和挫折的一般性方法,这不但有助于渡过当前的危机,而且也有利于以后的适应。危机干预工作者在干预过程中的职能主要为:帮助当事人正视危机、正视可能的应对方式,帮助当事人获得新的信息或知识,尽可能地在日常生活中给其提供帮助;回避一些应激性境遇,避免给予不恰当的保证,敦促其接受帮助;等等。

5. 心理社会转变模式

心理社会转变模式认为,人同时具有自然属性和社会属性,是遗传天赋和社会环境共同作用的结果。因此,对于危机的考察也应从个体内部和外部因素着手,除了考虑当事人的心理资源和应对能力外,还要了解当事人的伙伴、家庭、职业和社区的影响。危机干预的目的在于将个体内部适当的应对方式与社会支持和环境资源充分地结合起来,从而使当事人认识到有更多的问题解决方式的选择机会。同认知模式一样,心理社会转变模式也适合于心理危机达到较为稳定状态的当事人。

6. 教育、支持与训练的社会资源工程模式

教育、支持与训练的社会资源工程模式是在给一些面临危机时的社会团体提供支持的基础上发展起来的。其目的在于当人力资源有限时,通过训练团体领导,提供及时的危机干预和减轻情感痛苦的服务,从而使团体内的心理健康资源得到最大的利用。这一模式也包括对其他人员如牧师和警察的培训,是开发环境支持资源的成功尝试。

7. 整合的危机干预模式

整合的危机干预理论是指从所有危机干预的方法中,有意识、系统地选择和整合各种有效的方式和策略来帮助当事人。正因如此,整合危机干预模式很少有理论概念,而是各种方法的混合物。整合干预理论是以任务为指向,它的主要任务包括:确定所有系统中有效的成分,并将其整合为内部一致的整体,使之适合于需要阐释的行为资料;根据对时间和地点的最大限度的了解,考虑所有相关的理论、方法和标准,以评价与操作临床资料;不确定任何特别的理论,保持一种开放的心态,对得到成功结果的方法和策略进行不断实验。

四、自杀干预

自杀是个体有意识地采取各种手段自愿结束自己生命的异常行为。它是一种复杂现象,并且导致了很多的社会问题。全世界每 40 秒就有一个人自杀身亡。在中国,每两分钟就有 1 人自杀身亡,有 8 人自杀未遂。自杀虽然是我国人口死亡原因的第五位,但在 15 至 34 岁人群中,自杀则是死亡原因的首位。我国每年有 28.7 万人自杀身亡,有 200 万人自杀未遂。有 150 万人因家人或朋友自杀出现长期而严重的心理创伤,有 16 万小于 18 岁的孩子因父亲或者母亲自杀而变成单亲家庭。

(一) 自杀的原因

导致自杀的原因很复杂,与环境和个人等诸多因素有关。国内对青少年的企图自杀所作的研究显示,自杀诱因以人际间的冲突为首,特别为亲子间或男女感情的冲突。自杀者大半无精神疾病,其诊断多为适应障碍症。由此可见生活压力事件在诱发自杀上扮演了重要的角色。弗洛伊德的心理动力论认为自杀是由一个人经历强大的心理刺激时激发的内部冲突所导致,是罪恶感和侵略感转向自身的结果。迪尔凯姆的社会学理论认为压力与影响是自杀行为的主要决定因素。

 **案例分析**

2010 年 1 月 12 日,温州一大学的在校大学生小王,留下一份带着泪水的遗书后,在洞头一风景区跳崖身亡。就在前一天,他因为被怀疑在超市拿了一支 28 元牙膏没付钱,在学生公寓楼下与人争执。

同日,上海警方从松江大学城河道内打捞起两具尸体。经证实,这一男一女两死者分别是浦东新区和松江区两所高校的大一新生。警方初步调查显示,两人可能因感情问题跳河自杀。据悉,溺亡的女生是东华大学人文学院大一新生小冯,为松江本地人,19岁;男生系上海某医科大学学生,姓江,今年20岁。松江警方透露,经法医初步尸表检验,两具尸体均未发现他杀迹象,符合溺水死亡征象。

巨大的情感创伤会改变一个人的世界观和价值观(至少是在短时间内),让人觉得活着没有意思,患得患失。一些过于注重得失的人,在巨大损失发生以后,不能接受,会有任何东西都离他而去的错觉,甚至失去活下去的勇气。

(二) 自杀人群的基本特征

想自杀的人一般会表现出与常人不一样的认知和行为,也就是存在一些预示自杀的征兆:

(1) 情绪反常。持续的焦虑与愤怒、持续的罪恶感和羞耻感、痛恨自己、害怕失控、害怕疯狂、担心伤害自己和别人、极度悲伤等都是情绪反常的表现。

(2) 人格改变。人格表现变为退缩、厌倦、冷漠、犹豫不决,或为喧闹、多话、外向。

(3) 行为改变。自杀者往往表现出与平常不一样的行为,毫无原因地请人吃饭、送人钱财、归还物品等,有时表现出无法专心。

(4) 时常谈论生死问题。谈论或撰写有关死亡或毁灭的情节,对死亡的话题感兴趣。

(5) 探望亲友。无缘无故地去探望自己的好友。

(6) 写遗书。

(7) 与家庭社会隔绝,孤立自己。

(8) 饮食、睡眠习惯改变。睡太多或失眠,有时候会很早醒来,没有胃口、体重减轻或吃得过量。

(三) 自杀的干预策略

对自杀进行干预的最终目的在于预防自杀,主要针对的是诱发自杀发生的种种因素,从而采取不同的干预策略。个体的自杀倾向或行为,常是一种沟通的信息,他们内心是矛盾的。如果防范处理得当,是可以避免悲剧的发生的。

1. 提高心理素质

心理素质差是导致自杀的最直接的内在动因。因此,个体应该积极主动地培养自身的素质,社会也要提供相应的机构来提供这种服务,配合学校的心理健康教育,从而加强学校、家庭、社会和个体的这种联系。心理素质的提高可以通过阅读关于心理健康的书籍,接受心理健康教育,向专业人士进行咨询,掌握一些调控心理的方法和技巧并且在生活中加以运用。心理素质的培养要特别注意挫折容忍力和情绪调控能力的培养。一方面,从知识上掌握挫折的各种应对方式和情绪的各种调控技术;另一方面,在实际生活中加以有意识的运用,甚至可以主动地给自己创造一些挫折的环境,培养自己的容忍力和调控能力。

2. 设置危机干预机构，普及有关预防自杀的知识

如建立危机干预中心、自杀防止中心、生命热线、希望热线等，使处于危机之中的人知道有求助的机构。许多高校设置的热线心理咨询电话，能有效地为处于危机状态的人提供及时的帮助。自杀者在自杀前犹豫不决、万分痛苦时打了电话，咨询员立刻介入，采取紧急对策，可以有效地避免自杀行为的发生。普及的知识应该包括自杀的原因、有自杀倾向者的表现和危害、自杀者的心理、自杀的预防机构等，这样有利于做好自杀的早期发现和预测工作，并采取有效措施及时预防自杀。

3. 消除自杀行为发生的根源

消除自杀根源是指要控制好自杀的手段，不能让欲自杀的人轻易就能掌握自杀的手段。对自杀的高危地点也要进行防范。

4. 在心理健康教育中增加自杀预防知识宣传

首先，要对大学生进行宣传，正确引导他们认识社会、适应社会，热爱生活、钟爱生命，提高面对挫折的应对能力与康复能力，增强遇挫不馁、重新开始的勇气和自信，学会以积极乐观的生活态度面对困境。其次，还要对学生工作干部、班级辅导员、教师进行宣传，使他们了解什么是心理危机，大学生哪些方面的问题容易出现心理危机，哪类个性特点的学生容易出现心理危机，哪些言语和行为表现可能是自杀的前兆，对出现自杀预兆的学生如何处理及干预，怎样救助他们并教会他们自救。从许多高校的情况来看，这种宣传是十分必要的，因为自杀言行的表露多是由同学或学生管理干部发现并及时干预和挽救的。

 **知识拓展**

在韩国首都首尔，地铁站随时能听到贝多芬的《致爱丽丝》等柔和的乐曲，政府这么做是为了缓解乘客的低落情绪，防止有人跳下站台轻生。每当音乐快结束时，还会传出播音员的声音："亲爱的乘客，让我们多想想爱我们的父母及兄弟姐妹，生命是多么宝贵呀。"

5. 自杀干预的若干要点

在进行自杀干预时，以下各点需要特别留意。

（1）要有生命关怀的觉悟和高度的警觉心。任何人谈及对于生命有厌恶感觉时，都应予以注意，将其视为一种求救的信号。即使有些人习惯将寻死挂在嘴边或以死亡来威胁别人，也不要忽略他真会自杀的可能性。要认真对待口头的自杀威胁，不要以为他们只是开玩笑，或不认为他们真的会如此做。

（2）对于有重大丧失的个体，要适时地给予关心、同情及安慰。对于有自杀征兆的个体，要经常向其表达并让其了解到你的关切。想自杀的个体常会有情绪低潮及行为退缩的征兆，对个体多一点关心，可以提早发现。

（3）发现个体有自杀的征兆时，要信赖自己的判断，宁可反应过度，也不要麻木不仁，以免追悔莫及。至于在辅导室或由周记、信函中注意到青少年有自杀倾向时，宜积极面谈建立信任关系。

（4）自杀问题的处置，往往需要家庭的参与。其家庭应该积极寻求专业人士的协助，不要有"家丑不可外扬"的心态。

(5) 如果个体处在危机阶段,要随时陪在个体身边,并切实找出个体想自杀的原因。
(6) 出于安全考虑,把可能的自杀工具拿走。
(7) 最后,那种"基于保密的原则,不能把青少年有自杀的想法告诉他的父母"的观念是错误的。当保密会危及一个人的生命安全时,保密性就被置于第二位。也就是说,当你所辅导的对象可能伤害自己或别人时,不论从法律的角度或是人道的立场,你都有通知相关人员的义务。

五、大学生心理危机干预的策略

(一) 建立心理危机信息反馈系统

建立快速、高效的适应学校实际情况的信息反馈系统,使我们能够在大学生突发心理危机时,采取及时有效的措施帮助他们摆脱痛苦,度过危机,重新开始美好的生活。建立快速、高效的心理危机信息反馈系统包括以下几个方面:

(1) 心理危机预兆识别的预警制度。心理咨询机构应对大学生进行心理普查,了解他们的心理健康状况,建立大学生心理健康档案。通过心理普查识别出心理问题严重的学生,对这些可能发生或正在处于心理危机的大学生进行重点帮助,尤其是对有较重心理应激障碍以及有抑郁症、精神分裂症倾向以及自杀倾向的大学生应予以重点关注。

(2) 学校心理危机干预机构的值班制度。学校心理危机干预机构应每天安排专业人员值班以便及时有效地对处于严重心理危机中的大学生进行干预。

(3) 心理危机应急处理中的快速支援制度。根据发生的心理危机的严重程度和影响范围确定心理危机应急处理中的快速支援部门和人员的到位时间和地点。

(4) 心理危机处理的信息沟通制度。及时畅通的学校内、外部心理危机信息沟通对心理危机应急处理有十分重要的影响。应事先制定各种类型和程度心理危机的报告层级和通报范围。

(二) 构建心理危机预防体系

当前,大学生对心理危机及其干预知识缺乏足够的了解,部分学生出现危机时难以获得及时救助,从而导致严重的后果。

构建心理危机预防体系,首先要利用选修课、讲座、心理辅导网站、热线电话等形式,宣传、普及心理危机应对的基本知识,有针对性地开展心理危机教育,教会大学生及时处理心理危机的基本知识,引导他们树立防范心理危机的意识,帮助他们提高应对心理危机的能力。其次要对学生干部、辅导员、教师进行预防心理危机的专题培训,使他们具备初步的识别心理问题的能力,并要求学生干部、辅导员、班主任深入学生日常生活,同时充分发挥学生党团员、学生干部的骨干作用,及时了解学生的学习、生活、思想和心理状况。从许多高等学校的情况来看,这种教育是十分必要的,因为许多心理危机的征兆大都是由同学、辅导员、教师和学生管理干部发现的。最后,提高心理健康教育专兼职教师的专业水平。大学生心理危机干预工作不是任何人都可以胜任的,也不是仅凭工作热情就可以做好的。随着时代的发展,关于心理危机干预的研究也在不断发展,建立一支受过专业训练的高素质的心理健康教育工作队伍,才能适应学校心理危机干预工作的要求。

(三) 改善大学生的社会心理环境

大学校园是大学生学习生活的重要场所,校园文化对他们的健康成长有着直接或间接的影响。充分利用大学生强烈的参与意识,活泼、好动、乐于展示自我的特点,开展丰富多彩的校园文化生活,形成积极向上的校园氛围,必将有益于大学生身心健康发展。改善大学生的社会心理环境主要包括以下几个方面。

(1) 强化课堂教学。课堂教学是校园文化建设的主流文化,课堂教学文化的多元化、学科知识的综合化有利于学生知识结构优化。另外,大学生心理健康课在影响大学生的心理健康方面起着非常重要的作用。

(2) 加强体育运动与课外娱乐活动。体育运动与课外娱乐活动是校园文化建设中最为活跃的部分。从心理学的角度上看,体育是人原始本能欲望冲动释放的合理化,是满足本我欲望冲动在现实生活中的升华,强健的身体具有更强的抵御挫折的能力。在课外娱乐活动中,大学生不仅可以排解由学业带来的极大压力与生活中的烦闷,而且还有利于促进人际交往。

(3) 参与社会实践。让大学生参与丰富的社会实践,有利于淡化大学生头脑中既有的现实主义、浪漫主义色彩,重新调整自我,找准自己在社会中的合理位置,同时在实践中也可培养学生克服困难的信心、不断进取的韧性。

(4) 整合校内外的各种资源。优化校园环境,强化育人意识,真正形成全员育人、全方位育人、全过程育人的育人工作新态势。

 知识拓展

聚焦大学生自杀

大学生是社会和家庭的宝贵财富。大学生自杀不仅是社会的极大损失,同时也会给相关家庭带来巨大的痛苦。

自杀的大学生基本上都是智力正常的人,其中只有少数是抑郁症患者和精神分裂症患者。低年级大学生自杀大多是因为学校生活适应问题,高年级自杀多是因未来社会适应问题。对心理正常的人来说,自杀不是一种冲动性行为,是经过长时间的深思熟虑作出的理性决定。调查发现,假期前后是大学生自杀的高发阶段,是一个需要关注的危险时期。对高校学生来说,特有的寒暑假生活节律,使得学生在假期前后一段时间会进行一些阶段性的总结和反思,对一些长期困扰自己的问题进行一些抉择思考,寻求一些解决途径和措施。一旦这些途径和措施失效,这种长期困惑自己的精神压力还是不能解脱,就可能精神崩溃,从而走上不归路。因此,假期前后对大学生来说是一个危险时期,需要我们特别注意。

大学生自杀都有一定预兆。自杀者的预兆可以理解为是自杀者表达的一种求救信

号。这种预兆对于危机干预是一种十分重要的线索。预兆包括一定的言语、行为、状态和综合征状。言语预兆是指当事人把想死的念头对周围的人用语言表白或诉说,或者在日记、信件、绘画和乱涂乱画的只言片字中表现出来。例如,有的自杀者在死前给父母写信,有的在纸上写下"长痛不如短痛""南山已见,我意已决""乐趣何在?意义何在?放不下牵挂着心的父母年迈体弱"等。行为预兆,如行为的明显改变或无故给同学送礼物、送东西等。例如,有位自杀者在不是生日的自杀前三天,特意买了一个生日蛋糕款待同学,并说:"以前我曾说要请同学们为我过生日吃蛋糕的,今天就算是过生日吧!"又说:"我今天实现了一个愿望,这就没有以前答应了别人而没有做到的事了。"这就是典型的言行预兆。状态预兆,如情绪、性格的明显反常或学业成绩的明显骤降。综合征状如严重的抑郁、孤独、绝望、依赖和对自己生活的不满等。有位自杀者前一天不吃不喝,在床上躺了一天,这是典型的状态和综合征状预兆。

了解自杀的一般性问题,可以有效防止大学生自杀。在周围的同学出现自杀预兆时,要及时向老师、家长反映,并对自杀倾向者进行跟踪看护。

 **本章小结**

本章主要介绍了挫折与适应、心理危机的觉察与干预。通过本章的学习,同学们要了解引起挫折的原因、应对挫折的防御机制、心理危机的表现等问题;学会处理这些问题,知道心理危机的知识,在觉察到有心理危机存在的现象后,能够及时地进行干预。大学生不仅要调整好自己的心理,还要学会挽救周围的人。

 **心理测验**

焦虑自评量表

焦虑自评适用于具有焦虑症状的成年人,具有广泛的应用性。国外研究认为,SAS,即焦虑自评量表,能够较好地反映有焦虑倾向的精神病求助者的主观感受。而焦虑是心理咨询门诊中较常见的一种情绪障碍,所以近年来 SAS 是咨询门诊中了解焦虑症状的自评工具。

量表内容与格式:

1. 请根据您一周来的实际感觉在适当的数字上划上"√"表示,请不要漏评任何一个项目,也不要在相同的一个项目上重复地评定。

2. 量表中有部分反向(即从焦虑反向状态)评分的题,请注意在填分、算分评分时的正确理解。

3. 本表可用于反映测试者焦虑的主观感受,对心理咨询门诊及精神科门诊或住院精神病人均可使用,但由于焦虑是神经症的共同症状,故 SAS 在各类神经症鉴别中作用不大。

4. 关于焦虑症状的临床分级,除参考量表分值外,主要还应根据临床症状,特别是要害症状(要害症状包括：与处境不相称的痛苦情绪体验、精神运动性不安、自主神经功能障碍)的程度来划分,量表总分值仅能作为一项参考指标而非绝对标准。

评分标准：

1. 没有或很少时间有(1分)；2. 有时有(2分)；3. 大部分时间有(3分)；4. 绝大部分或全部时间都有(4分)。

测试题目：

(1) 我觉得比平常容易紧张和着急(焦虑)。　　　　　　　　　　1 2 3 4
(2) 我无缘无故地感到害怕(害怕)。　　　　　　　　　　　　　1 2 3 4
(3) 我容易心里烦乱或觉得惊恐(惊恐)。　　　　　　　　　　　1 2 3 4
(4) 我觉得我可能将要发疯(发疯感)。　　　　　　　　　　　　1 2 3 4
(5) 我觉得一切都很好,也不会发生什么不幸(不幸预感)。　　　1 2 3 4
(6) 我手脚发抖打战(手足颤抖)。　　　　　　　　　　　　　　1 2 3 4
(7) 我因为头痛、颈痛和背痛而苦恼(躯体疼痛)。　　　　　　　1 2 3 4
(8) 我感觉容易衰弱和疲乏(乏力)。　　　　　　　　　　　　　1 2 3 4
(9) 我觉得心平气和,并且容易安静坐着(静坐不能)。　　　　　1 2 3 4
(10) 我觉得心跳很快(心慌)。　　　　　　　　　　　　　　　 1 2 3 4
(11) 我因为一阵阵头晕而苦恼(头昏)。　　　　　　　　　　　 1 2 3 4
(12) 我有晕倒发作或觉得要晕倒似的感觉(晕厥感)。　　　　　 1 2 3 4
(13) 我呼气吸气都感到很容易(呼吸困难)。　　　　　　　　　 1 2 3 4
(14) 我手脚麻木和刺痛(手足刺痛)。　　　　　　　　　　　　 1 2 3 4
(15) 我因为胃痛和消化不良而苦恼(胃痛或消化不良)。　　　　 1 2 3 4
(16) 我常常要小便(尿意频数)。　　　　　　　　　　　　　　 1 2 3 4
(17) 我的手常常是干燥温暖的(多汗)。　　　　　　　　　　　 1 2 3 4
(18) 我脸红发热(面部潮红)。　　　　　　　　　　　　　　　 1 2 3 4
(19) 我容易入睡并且一夜睡得很好(睡眠障碍)。　　　　　　　 1 2 3 4
(20) 我做噩梦。　　　　　　　　　　　　　　　　　　　　　 1 2 3 4

总分统计：

评分方法：SAS采用4级评分,主要评定症状出现的频度,其标准为："1"表示没有或很少时间有,"2"表示有时有,"3"表示大部分时间有,"4"表示绝大部分或全部时间都有。20个条目中有15项是用负性词陈述的,按上述1～4顺序评分。其余5项即第5,9,13,17,19),是用正性词陈述的,按4～1顺序反向计分。

分析指标：SAS的主要统计指标为总分。将20个项目的各个得分相加,即得粗分；用粗分乘以1.25以后取整数部分,就得到标准分,或者可以查表作相同的转换。

结果的解释：按照中国常模结果,SAS标准分的分界值为50分,其中50～59分为轻度焦虑,60～69分为中度焦虑,70分以上为重度焦虑。

 **心理训练**

团体心理训练——感恩父母

道具：
歌曲《感恩的心》，每个同学写一份以"我所了解的父母"为主题的问卷。

场地：
以室内为宜。

活动程序：

1. 给学生五分钟的时间，让学生填写下面的空白处：（播放背景音乐《感恩的心》）

我所了解的父母

爸爸生日_____	妈妈生日_____
爸爸最喜欢吃的食品_____	妈妈最喜欢吃的食品_____
爸爸所穿鞋子的尺码_____	妈妈所穿鞋子的尺码_____
爸爸的兴趣爱好_____	妈妈的兴趣爱好_____
爸爸年轻时的理想_____	妈妈年轻时的理想_____
爸爸最得意的一件事_____	妈妈最得意的一件事_____
爸爸最后悔的一件事_____	妈妈最后悔的一件事_____
爸爸的最大优点_____	妈妈的最大优点_____
爸爸对我的期望_____	妈妈对我的期望_____

2. 学生填写完后，让一部分同学起来分享他对父母的了解。

 思考与练习

1. 在挫折与压力面前，你将如何化解，请试着与同学们分享。

2. 怎样理解大学生心理危机干预的重要性和必要性？当你身边的同学、亲人和朋友发生了心理危机，你打算如何提供支持或干预？

第十二章 大学生心理咨询

 引　言

随着现代社会人们对心理健康的不断重视,心理咨询这个行业也应运而生。心理咨询的发展是与职业指导、心理测量技术的开展和心理治疗乃至整个社会的变化、科技的进步联系在一起的。在我国,心理咨询首先出现在学校,并迅速得到发展,成为学校教育的重要方面。学校心理咨询对学生的健康发展起着重要的作用。由于学生对心理咨询的认识存在着一定的误区,导致很多学生有了问题不愿求助。本章主要介绍了心理咨询的工作范围、学生常见的问题和存在的错误认识。通过本章的学习,同学们要了解心理咨询的一些基本知识,能够消除对心理咨询的误会,做到遇到问题积极求助。

学习目标

1. 了解心理咨询的基本概念。
2. 了解大学生常见的心理问题的类型。
3. 掌握解决应对心理困惑时求助的方法和途径。

第一节　心理咨询概述

心理咨询是一门科学,一种技术,同时也是一门艺术。它在维护人的心理健康,提高人的社会适应性方面起到了非常重要的作用。

一、心理咨询的概念

（一）心理咨询的定义

心理咨询是指咨询者运用心理学知识,特别是心理学的理论和技术,通过语言、文字等媒介给咨询对象以帮助、启发、指导的过程。通过心理咨询可以缓解咨询对象的心理紧张和冲突,解决其在学习、工作、生活等方面出现的心理问题,提高其适应能力,维护其身心健康,促进其个性的发展和潜能的开发。

 **知识拓展**

2016年12月7日至8日,全国高校思想政治工作会议在京召开,中共中央总书记、国家主席、中央军委主席习近平出席会议并发表重要讲话。他强调,要坚持把立德树人作为中心环节,把思想政治工作贯穿教育教学全过程,实现全程育人、全方位育人,努力开创我国高等教育事业发展新局面。

(二) 心理咨询与心理治疗

心理咨询与心理治疗的异同,一直是人们争论的问题,这是因为在实践中,心理咨询与心理治疗的确有许多重要的重叠成分。例如,二者所采用的理论方法常常是一致的;二者遇到的工作问题常常是相似的,如心理咨询人员与心理治疗工作者都可能面临求助者的情感危机问题;二者都注重建立帮助者与求助者之间的良好人际关系,并认为这是有效帮助的前提。尽管有上述的相似之处,心理咨询与心理治疗仍然存在一定的区别。

1. 对象不同

心理咨询的工作对象主要是正常人,或正在恢复和已经复原的心理患者;心理治疗则主要是针对有心理障碍的人。前者主要针对生活中的适应和发展问题,其中,解决发展性问题又是咨询的特色;后者主要是针对各种心理障碍,如人格障碍、神经症和精神病。

2. 性质不同

心理咨询更强调教育性、支持性和发展性,强调发掘、利用求助者潜在的积极因素,指导、帮助求助者澄清认识,作出决策。心理治疗主要是"医治",强调人格的改造和行为的矫正,以克服、消除不良精神症状为主,甚至有时还要借助药物治疗。

3. 专业不同

从事心理咨询与心理治疗人员所受的专业训练不尽相同。而且前者更多的在非医疗情境中开展,后者更多的在医疗的情境中进行。

由上述可知,心理咨询与心理治疗是目的相同的实践活动,但各有侧重和分工。

(三) 心理咨询与思想政治工作

心理咨询也不同于思想政治工作。这表现在以下几点。

首先,目的不同。心理咨询不规定亦不干预咨询对象的价值观,而思想政治工作则要用统一的、积极的世界观(价值观)去塑造人的心灵。

其次,任务不同。心理咨询主要解决心理健康问题,而思想政治工作则主要解决思想健康问题。

再次,方法不同。心理咨询的主要形式时个别谈话,而思想政治工作除了个别交谈外,还经常采用作报告、参观、评比等形式。即使个别谈话,二者在具体方法上也是大为不同的。

最后,队伍不同。与思想政治工作人员相比,从事心理咨询的人员要求有更特别的知识和技能,需要经过专门的训练。此外,心理咨询与思想政治工作在起源、理论基础等方面也都存在区别,绝不能混为一谈或互相取代。

二、心理咨询过程的基本阶段

(一)掌握情况

咨询人员主要通过倾听和发问来获取信息,搜集资料,包括了解咨询对象本人的基本情况以及与咨询对象有关的社会背景。为了全面掌握情况,还可以采取与咨询对象的亲友、同事谈话以及心理测量等手段。

(二)分析诊断

在掌握材料的基础上,咨询人员要对所获取的材料,包括谈话记录、测验结果和日记等进行整理,并进行认真思考、系统分析,力争做到把握咨询对象存在问题的实质。在分析中,要注意找出其中重要的线索,注意咨询对象与其亲友等谈话的异同点,要对心理测验作客观分析,要注意咨询对象的个人见解。

(三)确立方案

咨询人员在全面、准确地分析咨询对象的情况后,应确立相应的方案。首先制订方案要考虑几方面因素:成功的可能性、最小的代价、适合个人的特点。其次,还应制订相应的指导计划,对方案的实施过程和可能出现的情况等做到心中有数。

(四)劝导帮助

这是心理咨询的关键阶段。咨询人员应帮助咨询对象纠正认识上的偏差,还要教会其掌握一定的改变不良习惯或纠正某种行为的具体措施或训练方法。要根据不同咨询对象的具体情况,灵活地运用各种方法。

 **案例分析**

某高校的一名大学生因抑郁而在寝室自杀了。该高校心理咨询中心的老师被邀为死者的室友做团体咨询,帮助他们宣泄对此事的惊恐情绪。而其中一个室友文静经过多次团体辅导,她的情绪还是特别激动。文静说,她认为是自己的冷漠促成了室友的自杀,她不能原谅自己的粗心与无情;她每次回到宿舍,都仿佛又听到了那室友的声音;而晚上一闭上眼睛,她又仿佛看到那室友流着眼泪向她走来……

咨询老师:"我发现你对室友的死感到无比的内疚自责,我很钦佩你这种勇于自我批评的精神。但我也怀疑,这次事件是否勾起了你自己以往生活中某些不快的经历。"

她的眉头一动一动的,嘴角一抽一抽的,最后断断续续地说:"我……我有一个表姐……也是在5年前吃安眠药自杀的……她在出事前的好几天里,都不跟周围的人讲话,也不跟我讲话……后来,我们是从她留下的遗书里了解到她的死因的。唉,我要是能想到在那几天中多找她说说话,多陪陪她,也许她就不会出事了。我怎么会这么傻啊!"

在这个案例中,咨询老师采用了精神分析的方法与文静讨论她内疚之情的潜在因素,结果发现这本质上是因为她在补偿她对表姐自杀的悔恨之情。正是这种悔恨情绪的宣泄不足,构成了她潜意识中的"未完成情结",使她甘心忍受当前的内疚煎熬。文静起先对这种"未完成情结"的潜意识作用并非清楚,直到咨询老师帮助她领悟到室友之死与表姐之死的关联后,她才彻底宣泄掉了埋藏在心灵深处的痛创,从而解开了心中的"未完成情结",最终摆脱了内疚对自我的煎熬。

(五) 追踪巩固

追踪巩固是评价整个咨询过程中的诊断分析是否正确、治疗劝导是否合适的重要一环。及时了解咨询对象心理问题的解决情况,可以为继续咨询提供依据,既有利于巩固和发展咨询效果,又可以防止出现新的心理问题。追踪巩固有3种形式:备忘录形式,即由咨询人员在劝导帮助后,将备忘录交给咨询对象,让其按要求填写,包括生活中发生的重要事件、主观体验、别人的评价等;访问形式,由咨询人员定期进行访问,检查咨询效果;座谈会形式,约请咨询对象的亲友、同事等进行座谈,从而取得对咨询效果的评价。

三、心理咨询的类型

(一) 个别咨询与团体咨询

个别咨询是咨询者与咨询对象一对一的咨询活动,是心理咨询中最常用的形式。它具有保密性强,易于交流,触及问题深刻,便于咨询人员提供深入、耐心的帮助,有利于个案积累和因人制宜等优点,但这种咨询比较耗费时间。

团体咨询是将具有同类问题的求助者分成若干小组或较大的团体,进行共同商讨、指导或矫治。较之个别咨询,团体咨询在节省时间和人力、扩大社会影响、集中解决一些共同的或较迫切的心理问题方面极具优越性。在帮助有害羞、孤独等人际交往障碍的学生方面,团体咨询更有其特殊功效,因为它有助于形成浓厚的团体感染气氛和支持效应,从而有助于咨询对象问题的解决和障碍的排除。其局限性主要是个人的深层心理问题不便暴露,个体的心理问题差异也难以照顾。

(二) 其他咨询方式

1. 通信咨询

通信咨询是咨询人员以通信的方式对咨询对象及其相关人员所提出的心理问题给予解答、指导的咨询形式。它的优点首先在于不受居住条件限制,简单易行,覆盖面广;其次,咨询机构在选择专家答疑解难时也有较大的针对性;再次,对于那些不擅长口头表达或较为拘谨的咨询对象来说,更具优势。其不足在于,一方面,咨询效果易受咨询双方的书面表达能力、理解能力和个性特点的影响。另一方面,也存在往返周期长,咨询双方缺乏非言语交流,咨询效果难以细致、具体、深入等不足。

2. 电话咨询

电话咨询是利用通话方式对咨询对象给予劝慰或进行危机干预及指导的咨询方式。电话咨询具有方便、省时、保密性强,又保证双方充分语言交流等优点,尤其是在心理危机的紧急干预和自杀防范方面极为有效。

3. 现场咨询

现场咨询是咨询机构的专职人员深入基层或咨询对象的生活或工作场所,提供咨询服务的一种咨询形式。由于现场咨询着力解决与人们生活中关系密切的问题,便于进行面对面交流,便于开展科普宣传,容易起到以点带面的作用,因而效果显著,较受人们的欢迎。

4. 门诊咨询

门诊咨询是通过咨询人员对咨询对象的临床诊断,弄清咨询对象的心理问题症结或心理疾病的本质,作出准确的判断,并施以相应的心理治疗。门诊咨询对咨询人员有较高的专业要求。

5. 专栏咨询

专栏咨询是通过报纸、刊物、广播、电视等大众媒介,对具有一定普遍性或典型意义的心理问题进行解答的一种形式,其优点是覆盖面广、信息量大、具有治疗与预防并重的功能,这是其他性质的心理咨询形式所不及的。

6. 网络咨询

网络咨询是指以网络为媒介,运用各种心理学理论和方法帮助当事人以恰当的方式解决其心理问题的过程。就目前而言,网络咨询的方式主要包括即时聊天软件(QQ)、电子邮件(E-mail)、电子布告(BBS)、个别或团体交谈等。互联网被人们形象地喻作"双刃剑",所以网络心理咨询作为一种新形式,它既有传统心理咨询所无法替代的优势,又有其明显的弱点与限制。

四、心理咨询的任务与内容

(一) 心理咨询的任务

心理咨询的任务主要表现在三个方面。首先,疏导宣泄咨询对象的不良情绪以缓解其心理压力,鼓励其自行说出内心困扰以解除心理障碍;其次,协助咨询对象改善自己的认知结构,以新的正常经验代替旧的异常经验,树立对己、对人、对事的正确观念与态度;最后,为咨询对象重新建立和谐的人际关系,养成良好的行为习惯提供必要的指导与帮助。

(二) 心理咨询的内容

心理咨询的内容包括发展性咨询、适应性咨询、障碍性咨询三个方面。发展性咨询的目的是为了帮助咨询对象更好地认识自己和社会,增强适应能力,学会扬长避短,充分开发潜能,提高学习与生活的质量,追求完善的发展。这类咨询对象属于心理比较健康、无明显心理冲突、基本适应环境的个体。适应性咨询的目的是排解心理困扰,减轻心理压力,改善适应能力,提高学习、生活的效率。这类咨询对象属于基本健康,但在生活、学习中有各种烦恼,有明显的心理矛盾和冲突的个体。障碍性咨询的目的是通过系统的心理治疗,消除心理疾病及各类心理障碍,恢复心理平衡。这类咨询对象属于心理有障碍,患有某种心理疾病,影响了正常的生活与学习,求询心切的个体。

五、心理咨询的原则

心理咨询的原则是指导心理咨询工作的基本原则,是心理咨询人员在咨询活动中必须遵守的基本要求。

(一) 信赖性原则

信赖性原则是指在心理咨询过程中,咨询人员应从尊重、信任的立场出发,努力与咨询对象建立起朋友式的信赖关系,以确保咨询工作顺利进行。咨询对象来咨询前,往往有一种矛盾的心理。他们既对咨询人员充满期望,又担心不能碰到热情、有耐心、学识渊博的咨询人员,因此,一般比较拘谨,带有观望的态度。咨询人员应热情接待,创造一种和谐的交友气氛,相互建立一种信任感,使咨询对象的紧张心情松弛下来,由观望变为信任,产生愿意交往的心理,能毫无保留地吐露真实情况和想法,为顺利进行心理咨询奠定牢固的基础。

(二) 整体性原则

整体性原则是指在咨询过程中,咨询人员要有整体观念,对咨询对象的心理做到全面考察、系统分析,使咨询工作准确有效,防止和克服咨询工作中的片面性。心理咨询中强调整体性原则,是因为不仅人的心理是一个有机的整体,知、情、意、行是密切联系在一起的,心理过程、心理状态与个性心理特征,心理因素与生理因素等方面也相互作用、相互影响,而且个体身心因素与外部环境特别是社会环境之间也存在彼此制约、互为因果的错综复杂的联系。因此,心理咨询工作绝不能"只见树木,不见森林",而应综合考虑个体心理的完整性和统一性,个体身心因素与外部环境的制约性、协调性,全面考察和分析咨询对象心理问题的形成原因,以便作出科学的诊断与恰当的处理。

(三) 指导性原则

指导性原则是指咨询人员要针对咨询对象的具体情况,从理论到实践的各个层次上提出积极的建议,帮助咨询对象获得合理的认知形式、良好的行为方式。首先,咨询对象的心理障碍多半是由家庭、社会、工作中的矛盾引起的,并因此可能带来消极厌世甚至敌对的情绪。咨询人员应实事求是地对问题进行分析,逐步逐项地加以开导,帮助他们改变看问题的角度,建立新的思维方式。其次,指导性原则还体现在咨询人员应帮助咨询对象归纳、总结在克服心理障碍中的一些行之有效的做法,多从理论上加以指导,理顺头绪,增强咨询对象的自信心,提高其克服心理障碍的自觉性和积极性。

(四) 差异性原则

差异性原则是指咨询人员在咨询中既要遵循心理咨询中的一般特点和规律,又要注意咨询对象的个别差异。

首先,要根据咨询对象的性别、年龄、职业、文化程度确定咨询的方法。例如,不同文化程度的咨询对象,对咨询工作的理解和接纳程度有很大的不同。文化程度较高的咨询对象会有较强的分析能力、评判能力,因此在咨询中可以和他们深入讨论有关问题,从理论上提出建议,帮助他们纠正认识的偏差;但对一些文化程度较低的咨询对象,则不宜进行过多的理论探讨,而应深入浅出地解释其心理症结所在。

其次,要根据咨询对象的具体情况,选择相应的诊治措施。对某些心理障碍、心理疾病相类似的咨询对象,由于其个性、病因不同,对这个人有效的方法、措施,对另一个人未必适合。即使对同一个人,当其再度出现同样的心理问题时,曾经有效的方法、措施也不一定同样有效。总之,差异性原则就是要真正做到具体问题具体分析、具体解决。

(五) 保密性原则

保密性原则是指心理咨询人员有责任对咨询对象的访谈内容予以保密,咨询对象的名誉和隐私权应受到道义上的维护和法律上的保证。保密既是咨询双方建立和维系信赖关系的基础,也是维护心理咨询工作声誉的大问题,替咨询对象保密也是维护社会伦理道德、捍卫法律尊严和公民权利的必然要求。从道德上说,咨询过程中经常不可避免地要涉及咨询对象的缺陷或其他人的隐私,甚至会涉及单位或家庭内部的矛盾冲突,了解这些情况的目的在于更好地为咨询对象消除心理障碍。但如果这些深层的隐秘得不到应有的保护和尊重,就很可能激化矛盾,引起事端,甚至有可能造成咨询对象的绝望和轻生,因此,不得随意向外泄露。从法律上看,维护公民的个人权益是我国宪法明文规定的,心理咨询工作者应牢记自己的法律责任和义务,坚持为咨询对象保守秘密,保护咨询对象的合法权益。此原则在涉及咨询对象或其他生命安全时失效。

(六) 矫正与发展相结合的原则

矫正与发展相结合的原则是指咨询中既要为咨询对象排除心理障碍,使其心理获得平衡,又必须积极促进其发展,这样才能最大限度地发挥咨询的功效。心理咨询中矫正与发展相结合是人的心理发展的客观要求。在心理咨询过程中,如果这些深层次的问题没能得到根本解决,咨询对象的情况就会时好时坏,出现反复现象。要彻底根除心理障碍,就必须将矫正与发展结合起来,不仅矫正表面障碍,而且更要发展、完善其人格特征、认知结构,只有这样,才能真正达到促进身心健康的目的。其次,从心理咨询目标看,矫治障碍只是一个具体目标,促进人的发展才是心理咨询的终极目标,只有将两者结合起来,才能在最大程度上发挥心理咨询的功效。

 知识拓展

关于心理咨询

1. 什么是心理咨询?

心理咨询是咨询师通过会谈,帮助客人缓解改善症状、渡过难关的方法。

心理咨询作用于客人的心理层面,使得我们看待问题的角度、感觉发生变化。从而,我们内心也更有力量去面对问题,走出困境,踏上新的人生旅程。

2. 如何求助?

如果你的心情不好,以致影响到了你的生活,就需要到所在地医院的心理科或精神科问问。

如果你是有些心理困扰,平时还过得去,就是心绪来了会不开心,寻找当地的咨询师。

3. 心理咨询的一般流程有哪些?

(1) 与咨询师联系要求约谈。电话/邮件/QQ简短沟通,确定第一次的会谈时间、会谈方式、付费方式等。

(2) 方式:面谈、视频。

(3) 费用:一般200~500元/次。

(4) 过程:

① 正式会谈开始,进行1~4次的评估访谈,确定咨询、治疗、分析关系和咨询、治疗计划。

② 每次45~50分钟,开始正式咨询,十数次到数百次不等。

③ 咨询次数因症状和咨询目标而不同。

④ 结案,达到咨询目标,回访。

4. 什么时候你需要心理咨询?

- 觉得孤独、想找人说说话。
- 失恋、工作挑战太大、同事相处不良、生意伙伴失信。
- 胸闷难受、心区疼痛(医院检查不出身体问题)、焦虑不安、容易发火、忧郁、失眠。
- 家庭婚姻出现问题:夫妻间交流困难、夫妻间的性功能障碍、处理离婚。
- 与孩子无法顺利沟通:小孩学习成绩下降、与你产生对抗等等。
- 经常严重猜忌别人是否说你坏话或随时随地会遭受批评而害怕交往别人。

5. 心理咨询为什么收费?如何收费?

收费是对双方权利与义务的约束。一方面可以促进、激发客人积极改变自己的动力,另一方面也是对咨询师遵循咨询伦理和咨询合同的约束。

咨询费用因咨询师的不同而不同,通常是100~500元/次,每次45~50分钟。一般在第一次前先付一次费用后,开始第一次的约谈。双方有意建立咨询关系后,按次或几次支付一次。

第二节 大学生常见心理问题及类型

心理问题是指所有各种心理及行为异常的情形。心理的"正常"和"异常"之间并没有明确和绝对的界限。一般认为,人的心理及行为是一个由"正常"逐渐向"异常"、由量变到质变,并且相互依存和转化的连续过程。因此,生活在现实社会中的每个人都在一定程度上存在心理问题。心理问题是普遍存在的,只是程度不同而已。

一、心理困扰

心理困扰主要是指各种适应性问题、应激问题、人际关系问题等,是大学生在成长过程中必然遇到的各种境遇性的心理问题。

(一)难以适应生活环境的转变

在大学校园里,有不少同学难以适应生活环境的转变,产生了不同程度的心理困扰。

 案例分析

小李,男,18岁,大一学生,出生在一个较为偏僻的农村,个头不高,体态瘦弱。他是家里的"独苗",全家人自他出生就对他非常疼爱。家里尽管比较穷,但在生活上基本没有委屈过他。他性格内向,不善言辞,因成绩优秀,以前并不孤独。但自从考入大学之后,周围的一切都是陌生的。以前他学习好,无论到哪里都是中心。可现在变了,没有人捧,他感到很失落,很不适应,不知如何与老师和同学交往。他也曾想改变孤立状态,但没有成功。他感到在学校活得太累,头疼、失眠、孤独、自卑,注意力分散,成绩明显下降。成了严重心理问题队伍中的一员。

(二)学习紧张与竞争压力造成心理负担过重

经过高考拼杀的学生带着良好的感觉进入大学校园之后,突然发觉自己站在"山顶"的感觉没有了。在高手如云的集体中,昔日那种"鹤立鸡群"的优越感已荡然无存,"众星捧月"的地位变了,无形中在心理上产生了一种失落感。

(三)人际关系失调造成社交障碍

人际关系失调造成的社交障碍的表现是心理自卑、行为畏缩,面对挑战采取逃避态度或无力去应付。想与人交往,又怕被人拒绝、嫌弃;想得到别人的关心与体贴,又害羞不敢与人接近。不与人交往并非出于自愿,实是内心矛盾重重。

消除社交障碍主要是学会正确评价自己,增加自信,消除自卑和恐惧。否则,对自己

的神态举止特别敏感,生怕在别人面前出丑、失态,反而使自己在别人面前感到异常紧张。社交障碍是一种恐惧心理的自我加强过程。恶性循环一旦形成,恐惧愈演愈烈,最后严重影响正常的学习和生活。有这种问题的同学要大胆一些,多参加集体活动,并敢于抛头露面。

(四) 理想和目标落空造成内心困惑

进入大学后,学习失去了升学考试时的动力,又不可避免地接触到了社会阴暗面,习惯于只读"圣贤书"的学子们在现实面前感觉到困惑。有的学生在中学时成绩优秀,进大学后很快奉行"60分万岁",有的甚至认为上大学没什么意思。

(五) 情感受挫促成心灵苦闷

时下的大学校园,恋爱已是公开的秘密,部分大学生匆匆加入"恋爱族"。由于对爱或被爱缺乏正确的理解,往往饱受失恋之苦,但又难以自我调适。轻者陷入情感的漩涡难以自拔;重者则会痛不欲生,寻死觅活,甚至导致精神失常、自杀等严重后果。

二、心理障碍

心理障碍是指人的感知、思维、记忆、智能、注意、意志及行为等心理过程和人格偏离正常人群,并没有能力按社会认为适宜的方式行动,不能适应社会。

(一) 神经症及分类

神经症是一组由心理因素造成的非器质性的、大脑神经机能轻度失调的心理障碍,表现为持续的心理冲突。觉察到或体验到这种冲突就会深感痛苦。常见的神经症有神经衰弱、强迫性神经症、抑郁性神经症、焦虑性神经症、疑病性神经症、恐怖性神经症等。

(二) 人格障碍

人格障碍是指明显偏离正常人格并与他人和社会相悖的一种持久和牢固的适应不良的情绪和行为反应方式。

(三) 性心理障碍

性心理障碍也称"性行为变态",是指与生殖活动没有直接关系,在寻求性满足的对象和方式上与常人不同,且违反当时的社会习俗而求得性满足的性行为活动。调查发现,大多数性行为变态者都能适应社会生活。性行为变态者对于正常的性生活通常没有要求,甚至心怀恐惧,其变态的性行为常带有强迫性、反复性,受惩罚后也会感到悔恨,但终究难以自控。

第三节　对心理咨询认识的误区

　　心理咨询是一个由心理咨询师与求助者组成的人际互动过程。咨询师通过利用专业知识为求助者提供一个敞开自己心理世界，认识自己内心，并调整、改变自己心理运作方式的场所和氛围，从而帮助求助者认识自己的心理问题，找出解决问题个人化的方法，并督促求助者实施解决措施。可以说，心理咨询是生命的交流，它能使人走出困惑，从而更好地认识自我、激励自我、再现自我。然而，在现实生活中，有相当一部分人对心理咨询存在着误解。

一、大学生对心理咨询认识的误区

（一）误区一：心理问题就是心理变态

　　心理咨询的对象主要是在日常生活中遇到困难或挫折而产生心理问题的正常人群。心理障碍患者只是咨询对象的一小部分，发病期的精神病人不属于心理咨询对象的范畴。我们每个人在成长的不同阶段及工作的不同方面，都有可能会遇到这样、那样的心理问题，导致消极情绪的产生。对这些问题如能采取适当的方法予以解决，个体就能顺利健康地发展；若不能及时加以正确处理，则会产生持续的不良影响，甚至导致心理障碍。这样看来，心理问题是日常生活中经常会遇到的，就这些问题求助于心理咨询并不意味着有什么不正常或有见不得人的隐私。相反，这表明了个体具有较高的生活目标，希望通过心理咨询更好地完善自我，而不是回避和否认问题。

（二）误区二：心理咨询无所不能

　　有些人将心理咨询神化，认为心理咨询无所不能，就像一个"锁匠"，什么样的心结都能一下打开，所以常常咨询一两次，没有达到预期的"奇效"，就大失所望。其实，心理咨询是一个连续的、艰难的改变过程，咨询效果常与求助者的个性及生活经历有关。就像一座冰山，积封已久，没有强烈的求助、改变的动机，没有恒久的决心与之抗衡，是难以冰消雪融的。

（三）误区三：心理咨询就是同情安慰

　　有些人将心理咨询看作是一种简单的同情和宽慰，或者是泛泛说教，或者是把大事化小、小事化了。其实，心理咨询的目标是鼓励人自求自助，帮助他经历痛苦，战胜痛苦，走出困惑，它不是同情而是共情。同情只需涉及对方感情上的安慰和物质上的帮助，同情则需进入对方的精神世界，理解和分担他的各种精神负荷，实际是一种精神帮助。

（四）误区四：心理咨询师就是救世主

有些求助者把咨询师当作"救世主"，将自己的所有心理包袱丢给咨询师，而自己无须思考、无须努力、无须承担责任。其实，心理咨询的成效30%取决于咨询师，70%取决于求助者。咨询师只起分析、引导、启发、支持、促进求助者人格成长的作用，他无权把自己的价值观和愿望强加给求助者，更不能代替求助者去思考、去改变、去作决定。真正的"救世主"只有一个，那就是心理求助者自己。

（五）误区五：心理咨询就是心理治疗

心理咨询虽然也常常采用心理治疗的技术，但两者的程序及主要服务对象、范围、任务是不同的。心理咨询着重处理的是正常人所遇到的各种问题，诸如日常生活中的人际关系问题、职业选择问题、适应发展问题、教育问题、婚姻家庭问题等等。其任务在于促进成长，强调发展模式，帮助来访者发挥最大的潜力，为正常发展消除障碍。而心理治疗的适应范围则主要为某些神经症、性变态、心理障碍、行为障碍、身心疾病、康复中的精神病人等，其任务多在帮助病人弥补已形成的损害，解决和改变发展结构障碍。前者以发展性咨询为主，在非医疗情况下开展；后者以临床治疗为主，在医疗状况下进行。

（六）误区六：心理咨询就是思想工作

有些人认为心理咨询就是做思想政治工作。在他们看来二者都是靠谈话来实现，都是为了改变人的观点和行为反应。心理咨询作为医学中的一门学科，有着严谨的理论基础和诊疗程序，它与思想工作是有本质区别的。思想工作的目的是说服对方服从、遵循社会规范、道德标准及集体意志。而心理咨询则是运用专门的理论和技巧寻找心理障碍的症结，予以诊断治疗。咨询师持客观、中立的态度，寻找心理的症结，探讨"为什么会这样"，而不是对求助者进行批评教育。希望求助者能走出上述的误区，了解心理咨询的性质和工作方式，打消顾虑，敞开心扉，积极主动地与心理咨询师进行配合，帮助自己解除痛苦，营造积极健康的生活。

二、如何请教心理咨询师

（1）把心理医生看作是一个可以信赖的好朋友。

（2）"有问必答"比"拐弯抹角"更利于沟通。一些求助者存在种种顾虑，有的求助者说到一半时忽然又后悔了，改变了主题；有些人因怕露丑、害羞等原因不肯说关键的问题。这些都不利于达到心理咨询的目的。

（3）不必过分地关注自我的表现与形象。求助不是求职或与上级领导谈话。咨询师并不太关心你表层的东西，而是更注重解决你的心理问题。在与咨询师的谈话中，你要尽可能地放松一些，有话直说，"开门见山"最好。

（4）防止就事论事地纠缠于细节之中。有些求助者怕咨询师不了解自己的经历与问题的发生、发展和现状，用大量时间去讲述一件事的细节。其实，这是不必要的。咨询师更关注你的思想观念及对问题的认识。对于事情的叙述,先可大致讲一讲,然后等咨询师提问再说。

(5) 不要期望由心理咨询师给你"决策"。比如说"我该不该去""与恋爱对象是否继续保持关系"等问题,不少求助者希望咨询师能给一个明确的答复。而心理咨询师的职业准则恰恰是避免这种不能完全负责的"硬性指导"。他们只能给你讲些观点和道理,启发、疏导你的"症结",最后的大主意还得由你自己拿。

(6) 不要希望一次咨询就"根治"。解决心理问题往往要有一个过程,那种希望"一点通""仙人指路"走捷径的想法是不现实的。如果与心理咨询师面谈不便,还可以电话交流。当然,现在网上交流也成了时尚。

(7) 心理问题不要等成了"心病"时才去求助。现实中,心病不算病的观念还很有市场,不到万不得已,人们似乎还不愿与心理咨询师打交道。其实预防心理疾病与心理疾病的及早治疗更为重要,在"心理才感冒,还未发高烧"时就应该去找心理咨询师。

(8) 对于有关"性"的问题,最好能找同性别的心理咨询师。尽管心理咨询师在诊治病人时有严格、严肃的科学态度,但涉及"性"的问题,同性之间说话更为方便和深入一些。退一步说,如果找不到同性咨询师,向异性心理咨询师谈"性"的问题也是可以的,不必过分紧张。在他们眼里,求助者的性别是无关紧要的。

知识拓展

西方现代心理学的主要流派

构造主义心理学

构造主义心理学,主要代表人物是冯特和他的学生铁钦纳(E. B. Titchener,1867~1927),是自心理学独立后的第一个心理学派。该学派于1899年产生于德国,后在美国得到发展,20世纪30年代以后渐趋衰落。构造主义认为,心理学的研究对象是意识经验,即心理经验的构成元素及结合的方式与规律,并主张心理学应该用实验内省法研究意识经验的内容或构造,找出意识的组成部分及它们如何结合成各种复杂心理过程的规律。他们强调心理学是一门纯科学,其基本任务是理解正常人的一般心理规律,但不重视心理学的应用。该学派是用实验法独立研究心理学问题的学派,促进了西方心理学派的兴起和美国心理学的发展。它的研究成果已经成为现代心理学组成部分。但由于它确定的研究对象过于狭窄并陷入元素主义与内省主义境地,因而遭到许多心理学家的反对。

行为主义学派

行为主义学派(又称早期行为主义学派)于1913年产生于美国,其创始人是华生(J. B. Watson,1878~1958)。这一学派不同意心理学探讨意识,认为心理学是行为的科学,心理学的目的应是寻求预测与控制行为的途径。他们认为心理学应当研究"客观观察所能获得的并对所有的人都清楚的东西",也就是人的行为,并提出"刺激—反应"(S-R)的行为公式。行为主义主张客观的研究方向,有助于摆脱主观思辨的性质,更多从实验研

究中得出结论。但他们无视行为产生的内部过程,反对研究意识,引起不少人的非难与反对。

新行为主义学派的主要代表人物是托尔曼(E. C. Tolman)、赫尔(C. L. Hull)、斯金纳(B. F. Skinner)。新行为主义认为,有机体不是单纯地对刺激作出反应,它的行为总是趋向或避开一个目标。在动物和人的目的行为之间,必须有一个"中介"因素,这就是个体的认知。也就是说在"刺激—反应"过程中,加进一个中介变量(O),使行为主义的模式成为"S-O-R"。这是西方现代心理学的主要流派之一。新行为主义强调客观的实验操作,冲击了内省心理学,促进了心理学的广泛应用和程序教学的开展,但陷入了还原论和机械论的境地。

格式塔学派或称完形学派

格式塔学派1912年创建于德国,创始人韦特海默(M. Wertheimer,1880~1943)、考夫卡(K. Koffka,1886~1941)、苛勒(W. Kohler,1887~1967),后期代表有勒温(K. Lewin,1890~1947)。这是西方现代心理学的主要流派之一。此派反对构造主义的元素主义和行为主义的S-R公式,主张心理学应该研究意识的完形或整体结构,并认为整体不等于部分之和,意识不等于感觉、感情的元素的总和,行为也不等于反射弧的集合,思维也不是观念的简单联结。他们这种重视整体的观点和强调各部分之间动态的联系以及对创造性思维的认识,对后来心理学的发展起到了积极的推动作用。但该学派否认过去经验的作用,陷入唯心主义先验论的境地。

精神分析学派或心理分析学派

精神分析学派产生于1900年,创始人是奥地利精神病医师、心理学家弗洛伊德(S. Freud,1856~1939)。这一学派的理论在20世纪20年代广为流传,颇具影响。弗洛伊德认为,人的心理可以分为两部分:意识与潜意识。潜意识不能被本人所意识,它包括原始的盲目冲动、各种本能以及出生后被压抑的动机与欲望。他强调潜意识的重要性,认为性本能是人的心理的基本动力,是摆布个人命运和决定社会发展的永恒力量。他把人格分为本我、自我、超我三部分。其中本我与生俱来,包括先天本能与原始欲望;自我由本我分出,处于本我与外部世界之间,对本我进行控制与调节;超我是"道德化了的自我",包括良心与理想两部分,主要职能是指导自我去限制本我的冲动。三者通常处于平衡状态,平衡被破坏,则导致精神病。精神分析学派重视潜意识与心理治疗,扩大了心理学的研究领域,并获得了某些重要的心理病理规律,但他们的一些主要理论遭到许多人的反对。20世纪30年代中期,以沙利文(H. S. Sullivan)、霍妮(K. Horney)、弗洛姆(E. Fromm)为代表的一批心理学家反对弗洛伊德的本能说、泛性论和人格结构论,强调文化背景和社会因素对精神病产生和人格发展的影响,在美国形成了新精神分析学。新精神分析学派仍然保留着弗洛伊德学说中的一些基本观点,尽管在其理论中有不同的概念名称,但归根结底,仍然是潜意识的驱动力和先天潜能起主要作用。

认 知 学 派

认知心理学起始于20世纪50年代中期,60年代后迅速发展。1967年美国心理学家奈瑟(U. Neisser)的《认知心理学》一书的出版,标志着这一学派理论的成熟。广义的认知心理学还应该包括皮亚杰(J. Piaget)的发生认识论,他把人的认识发展看成是一种建构的过程,并仔细研究这一过程的发展阶段。狭义的认知心理学是指用信息加工的观点和术语解释人的认知过程的科学,因此,也叫信息加工心理学。这一学派反对行为主义理论,认为不一定必须在搞清心理的生理基础后,才能研究心理现象。他们把人看成计算机式的信息加工系统,认为人脑的工作原理与计算机的工作原理相同,因而可以在计算机和人脑之间进行类比。他们强调人的已有知识结构对行为和当前认知活动的决定作用,并力求通过计算机模拟等方式发现人们获取和利用知识的规律,达到探究人类认知活动规律的目的。他们还承认人的主观能动性、意识的能动作用,强调对人的认知过程进行整体综合分析。认知心理学派的理论含有辩证法的因素,对反对行为主义的机械论、弗洛伊德主义的非理性主义有积极的意义,对扩大心理学的研究方法、促进心理学的现代化、发展人工智能和计算机科学等均有贡献,而且成为当前心理学研究的主要方向。但他们把人的心理看成是计算机的信息加工系统加以研究,在心理学界依然存在争论。

人本主义心理学

人本主义心理学是由美国心理学家马斯洛(Maslow,1908~1970)和罗杰斯(C. Rogers,1902~1987)于20世纪50年代末60年代初创建的。它既反对精神分析学派贬低人性、把意识经验还原为基本趋力,又反对行为主义学派把意识看作是副现象,认为人不是"较大的白鼠"或"较缓慢的计算机",主张研究人的价值和潜能的发展。因为,他们相信,人的本质是善良的,人有自我实现的需要和巨大的心理潜能,只要有适当的环境和教育,人们就会完善自己、发挥创造潜能,达到某些积极的社会目的。为此,他们从探讨人的最高追求和人的价值角度,认为心理学应改变对一般人或病态人的研究,而成为研究"健康"人的心理学,揭示发挥人的创造性动机、展现人的潜能的途径。该学派被称为心理学的第三势力。

本章小结

本章主要对心理咨询进行了概述,介绍了大学生常见的心理问题及类型、大学生对心理咨询认识的误区。通过本章的学习,同学们要了解心理咨询的方式,熟悉大学生中常见的心理问题及表现,知道大学生对心理问题认识中的误区,并克服这些问题,对于自身存在的心理问题,能有效地通过心理咨询来解决。

 **心理训练**

风 雨 同 行

目的:
通过游戏让学生接纳他人的长处,取长补短,培养学生在体验团队合作中扬长避短的意识。

要求:
1. 有一定的活动空间。
2. 眼罩、口罩、短绳、搬动的其他物品,可以任意准备。

程序:
1. 按7人一组分组。在7人中规定有2个"盲人",2个"无脚人",2个"无手人",一个"哑巴"。
2. 在角色分配完成后按要求"盲人"戴上眼罩,"哑巴"戴上口罩,"无脚人"捆绑双脚。
3. 主持人把各组带到比赛的起点,让小组成员把所有的物品搬运到终点。

评分:
以用时最少者为胜。

 思考与练习

1. 你对心理咨询有什么看法?
2. 有些同学认为心理有问题就是有精神疾病,你认为对吗?请谈谈你的看法。

参 考 文 献

[1] 金宏章,张颈松.大学生心理健康教育[M].北京:科学出版社,2017.
[2] 韩方希,王月琴.大学生心理健康教育[M].北京:科学出版社,2017.
[3] 唐慧敏.大学生心理健康教育[M].北京:高等教育出版社,2017.
[4] [法]卢西亚·罗莫,斯蒂芬妮·比乌拉克,劳伦斯·科恩,格雷戈里·米歇尔.青少年电子游戏与网络成瘾.葛金玲译,上海:上海社会科学出版社,2016.
[5] 刘林.面向论坛文本的大学生情绪识别研究[D].华中师范大学,2016.
[6] 杨林胜.大学生一年随访期内自杀行为及其预测因素研究[D].安徽医科大学,2015.
[7] 张卫平.大学生心理健康教育德育功能研究[D].辽宁大学,2015.
[8] 吴霞.改革开放以来大学生心理健康教育研究[D].西南大学,2015.
[9] 贺双艳.大学生调节定向心理过程研究[D].西南大学,2015.
[10] 张大均,吴明霞.大学生心理健康[M].北京:清华大学出版社,2015.
[11] 黄希庭,郑涌.心理学导论[M].北京:人民教育出版社,2015.
[12] 刘慧.大学生团体心理咨询实务[M].北京:中国人民大学出版社,2015.
[13] 张斌.大学生完美主义特点及其与抑郁的关系研究[M].长沙:中南大学出版社,2013.
[14] 孙智凭.大学生心理健康教育与拓展[M].北京:中国传媒大学出版社,2013.
[15] 许国彬.大学生心理测查与行为指导[M].北京:科学出版社,2012.
[16] 杨雪梅,朱建军.大学生心理咨询与治疗案例解析[M].北京:中央编译出版社,2012.